Edith Hamilton

THE
GREEK
WAY

希腊精神

[美] 依迪丝·汉密尔顿 著

葛海滨 译

献给

多丽丝·菲尔丁·里德

(Doris Fielding Reid)

编者导言

依迪丝·汉密尔顿（Edith Hamilton, 1867 – 1963）出身学问世家，从小受到良好的语文教育，特别是古典教育。成年后一直从事教育工作。55 岁退休后开始写作。1930 年出版的《希腊精神》（The Greek Way）让她蜚声读书界。此后陆续出版了《罗马精神》（The Roman Way, 1932），《以色列的先知》（The Prophets of Israel, 1936），《真理的见证：基督及其诠释者》（Witness to the Truth: Christ and His Interpreters, 1949），《神话》（Mythology, 1942），《希腊文学的伟大时代》（The Great Age of Greek Literature, 1943），《上帝的代言人》（Spokesmen for God, 1949）等。每一部都基于深厚的研究，写作则面对普通读书人，行文流畅易读，让人读后受益甚丰。她还翻译了几部希腊悲剧和柏拉图的对话，也成为希腊经典英译的名篇。汉密尔顿出版最后一部主要著作《希腊的回声》（The Echo of Greece）时，已 90 高龄，文字仍青春蓬勃。

西方文明主要由希腊、罗马、希伯来、基督教汇流发展而来。希腊、罗马代表此岸理性，希伯来、基督教代表信仰。在艺术、文学、哲学、科学等精神领域，希腊人创造了无尽的奇观。在政治组织的艺术方面，在世俗生活的文明方面，罗马则为后世提供了辉煌的典范。汉密尔顿说到希腊、罗马，如数家珍。对希伯来、基督教传统，汉密尔顿也有深入研究。在《上帝的代言人》序言中，她提到自己是以研究者的身份而非信仰者的身份来写作的。我觉得这也是个优点。宗教首先要求信仰,不过,我们不能什么都信仰,我们早已生活在多种精神传统的融会之中;心怀景慕,从多种精神传统中汲取心的光华与智的能量,是现代人,尤其现代的中国人当行之道。更多了解,更多赏慕,不囿于粗陋框架中的中西之争,岂不善哉!

我在美国读书期间,在旧书摊上买到汉密尔顿的几部书,都是一口气读完,尤喜爱《希腊精神》,读了不止一遍。后来,年轻友人葛海滨有意读一点儿希腊,我就推荐他读这本书作为入门,他读得高兴,就断断续续把它翻译出来,作为翻译练习,有些难译的句子,我也曾与他切磋。现在,华夏出版社又行一桩功德,推出这套"汉密尔顿的古典世界"丛书,包括译文经过修订的《希腊精神》。这些书,博学、明达、丰满、优雅,我相信,必有益于滋养我们的心智,必为读书人所喜。

陈嘉映
2008年3月于北京

目录

- 001 中译本序：希腊是一个奇迹
- 009 原序
- 001 第一章　东方和西方
- 013 第二章　理智与精神
- 031 第三章　东西方的艺术
- 045 第四章　希腊的文学风格
- 061 第五章　品达
- 077 第六章　柏拉图眼中的雅典人
- 095 第七章　阿里斯托芬和旧喜剧
- 127 第八章　希罗多德
- 149 第九章　修昔底德
- 167 第十章　色诺芬
- 185 第十一章　悲剧的概念
- 195 第十二章　埃斯库罗斯
- 215 第十三章　索福克勒斯
- 229 第十四章　欧里庇得斯
- 241 第十五章　希腊人的宗教
- 257 第十六章　希腊人的方式
- 287 第十七章　现代世界的方式
- 295 译后记
- 297 作者简介

中译本序

希腊是一个奇迹

陈嘉映

希腊是一个奇迹。近世的研究已经找到希腊各式各样优越之点的外族来源，但这丝毫都不改变这样一个事实：希腊是一个奇迹。各个民族的神话、文字、数学、建筑风格、军队组织及其他等等在或深或浅的各个层面上影响了希腊，或者不如说，汇集到希腊，就像百川汇海一样，在希腊聚集成伟大的形象。

我们谈到古希腊，有意无意会拿现在的中国和它比较。最先映入眼帘的差异大概是规模。希腊的一个城邦，公民多半是几千人，超过两万人的寥寥可数。相比之下，我们中国有十亿以上的"公民"。这个比较是很外在的，但很多重要的事实都和这一点连着。例如，你我作为一个个人和社会、和政治共同体的关系必然与一个希腊人有霄壤之别。我们今天的民主、法制、政治公开性这些观念都是从希腊人那里学来的，但我们在这些方面的观念不可能与希腊人一样。在现代国家中，美国可算是民主、法制、政治公开性的模范了，但是和希腊相比，民众的政治参与是非常片面的，经常只限于几次选举，施政的公开性也是极其有限的，大多数人根本无法懂得那些政策举措的含义。

再以竞技体育为例。希腊人重视体魄的健美，充满游戏精神，热爱竞争,同时又十分讲求规则和公平,现代所谓体育者,只可能在希腊诞生,而且这种体育精神也是希腊的突出标志。我们从希腊人继承了体育运动,"奥林匹克"这个名字已经表明了这一点。然而,近代体育只不过保存了希腊体育的几个片面。最突出的差别就是,希腊没有职业运动员〔希腊晚期出现了一些半职业的运动员〕。他们不会明白为什么我们会把一个小孩子从公众生活隔离开来,用各种技术和仪器去锻造他,最后制造出一架能获取金牌的运动机器。

希腊没有职业运动员,也没有职业诗人、职业哲学家、职业军人。一个公民参与公民大会、在法庭上进行审判,他是一个战士,同时是一个家长,照顾家庭的生计。后世所理想的"全面的人",几乎只能在希腊找到。也许还可以加上文艺复兴时期的欧洲,只不过只限于少数精英而已,而精英和普通人已经隔得很远了。

面向更高的生存是希腊的理想。有一个人所周知的希腊词叫 arete,大意是:卓越。后世也把它译作"品德""德性"。这个译名不算错,没有更高的品位,谈何德性?不过,卓越和现在所谓"有道德"还是很不一样。现在所谓道德,几乎变成了个人的甚至内心的语词。以希腊人的率真,他们不会把卓越当作只求内心满足的德性。卓越带来荣耀。"同侪和后人的称颂才是对卓越的回报。"①希腊人多次放逐自己最优秀的人,这也许是个让人惋惜的制度,但这不意味着人们不承认这些人的卓越。这也许就够了,追求卓越并非只为满足内心,但卓越也不是用来换取各种琐碎利益的手段,卓越者本来也不希图什么。生不带来死不带走,这不是咱们中国人才明白的道理,只不过,人谁无死的结论可以是让我们辉煌生活一场吧,也可以是让咱们就这么混吧。谁能证明瞎混是错误的?但有人碰巧喜欢富有魅力的

---

① 基托:《希腊人》,第318页,上海人民出版社,1998。

生活,喜欢大自然的美,喜欢生命力的洋溢。用哪个词来描述希腊人?活力,而不是活着。

希腊人的卓越观念也和希腊城邦的尺度有关。你的勇敢是你所关心的人看得见的,你的歌声是你熟知的人听得到的。当你只为陌生的追星族歌唱,哪怕他们成万上亿,哪怕他们如痴如狂,都不足以给你带来光荣,只能给你带来虚荣——大把的银子另说。当你失去了和亲近的人的联系,只有数字能表明成就,最适合统计学衡量的是钱,挣钱的行业汲取了每个民族中多一半精英人物。大亨和歌星有点满足感,那是相当抽象的满足感。的确,在希腊城邦的尺度中,卓越的个人作为一个实体被看到,在我们这个几十亿人口的地球村里,卓越最多作为一个片面的性质被看到。要想出人头地,你就必须在一个狭窄的方面拼命训练〔希腊人不带恶意地认为专门技术是奴隶的特长〕,放弃你作为一个完整的人的生存,乃至放弃德性,放弃arete。

卓越者固然与众不同,那是作为一个完整的人与众不同,是在卓越的方向上与众不同。希腊人大概难以理解"片面的深刻"这样的用语。他们大概更难理解我们把怪异和优异混为一谈。在希腊人看来,只有全面发展的优异个人才有个性,而我们今天所说的个性,常常只是有点怪异而已。对希腊人来说,仅仅个性,仅仅是我的,仅仅表现出自己与别人不同,是毫无意义的,个性有一个广泛的目标,那就是城邦的福祉和更高的生存。这一点也许在艺术观念的转变上表现得最为突出。在希腊,艺术是把一件事情做好的本事,而现在,艺术家所追求的则是单纯的标新立异,不管这种标新立异有何益处有何卓越之处。倒是别人没做过,但不是别人没有能力去做,只是别人不屑去做,或羞于去做。

现代人也许会争辩说,希腊的神祇偏爱英雄,我们的上帝偏爱普通人。可是别以为我们不再卓越，是因为我们把卓越平分了。我没看出现代的普通人得到多少偏爱。实情倒往往是，当才智之士满足于普通人的那些需要，普通人就连这些需要也满足不了了。

希腊人自己知道他们出类拔萃，在希罗多德、埃斯库罗斯、苏格拉底、伯里克利的著作和演说中，在几乎所有希腊作品中，我们都能够看到这一点。他们清楚，他们是自由人，而别的民族生活在奴隶状态之中。与当时所有别的社会相比，自由的个人是希腊最鲜明的特征，也是希腊人留给后世的最宝贵的遗产。

无怪乎希腊时代是人类心智取得最伟大成就的时代。在心智生活的各个方面，希腊的突出特点是对鲜明形式的追求。形象、显现、展示，具有头等的重要性。在原始宗教那里，意义集中在神秘的核心，宗教崇拜愈重，日常世界就愈加无足轻重，而在希腊人那里，神秘的意义通过可感可解的形象呈现出来。在一个公共空间中，神的偶像主要不再在于它的象征作用，而在于它的可感的形象。这并不是要使神秘的东西消失，而是使意义充盈于日常世界之中。精神生活和世俗生活深入融合。艺术家呈现神的形象，哲人们思考神话。据说第一个天球仪是阿那克西曼德发明的，于是，宇宙成为一个形象，一个景观，theoria，展现在我们面前。真理不再被理解为某种私人的感悟，真理能够也应该通过形象获得自身的独立存在，获得公共的展现。

才华结晶在清晰的形式之中。那时的作品，无论是雕塑、建筑还是悲剧，还是希腊人的演说、哲学、政治组织，到处都闪耀着智性的光芒。研究者指出，即使在德性或 arete 中，理智的含义也殊不亚于其道德含义。理智是塑造更高形式的必由之路。我们今人却耻言理智，因为不知从什么时候起，理智不再是用来塑造更高的形式，而是专用来谋求蝇头小利了。

正是这种对智性的崇尚，希腊人发展出了我们今天称之为"科学精神"的东西。天文学是从巴比伦传到希腊的，但到了希腊，它就完全与星相学摆脱了关系，成为标准意义上的科学，从而具有新的意义，并且很快就大大发展了。不过，科学精神和我们今天视为科学的东西并不重合，希腊人在远为广阔的意义上理解科学，凡世界和人生的真理都是科学所要探索的。也许，我们不要叫它科学，而叫它哲学。可惜，今天的哲学已经无力概观过于膨胀的知识体系，今天的科学已经无力把繁复的数理和数据带回自然理解之中。希腊的思想家却从一开始就在寻找自然和理解的统一原理，arche。arche 这个词不是从神话来的，它也不是像太极那样抽象的一，arche 要求的是丰富性的统一而不是单调的还原论。希腊人对世界的丰富多彩感受太深，展现结构性解释的智力冲动太强，那种抽象的万物归一对于希腊智性来说太乏味了。希腊哲人对真理比对学说更感兴趣。与其他学派相隔绝、个人自悟或门派自悟的学说不会是希腊意义上的真理。对自然的理解、对人性的理解，就像政治事务一样，是可以拿到民众之间进行讨论的。先人的解释和理论，没有哪一条是绝对不可冒犯的。我最近读到一篇文章，从苏格拉底之死等事例论证说雅典是没有言论自由的。这个论断多荒唐啊。在伯罗奔尼撒战争中，索福克勒斯为雅典人所作的戏剧中没有一字一句提到这场战争，阿里斯托芬的戏剧中倒是时常谈论这场战争，在他的戏剧中，雅典的英雄统帅常被描绘为小丑。本书作者汉密尔顿以此为例来说明希腊的思想言论自由，别说咱们这里，就是欧美也望尘莫及。①

理智不是才华和激情的敌人，相反，才华和激情只有通过理智才成为建设的原动力。希腊人在精神上的建设意愿是无与伦比的。希

---

① 见本书第23页。

腊当然不是一个缺少激情的地方,希腊人的激情如此充沛,乃至我们在各种各样的希腊作品中、在任何关于希腊的论述中几乎找不到假充激情的例子。然而,希腊的确不是一个狂热的地方,基托甚至断言:"很难想象某个希腊人会是个狂热分子。"①与希腊那种激情和理智的结合对照,我们不能不感到我们自己的时代更近乎狂热和平庸的交替。现代人的过激表现在各个方面,包括那些不显眼的方面。就说现代关于平等的狂热吧。极端平均主义的惨痛结果现在我们还该记得,这种平等不仅让优越者愤愤不平,同样也使那些在等级社会中处于劣势的群体经受更大的苦难。然而在我们这个虚伪已渗入骨髓的时代,哪怕他宝马雕车,腰缠万贯,或权倾天下,只要他主张平等,似乎我们至少得承认他有良好的用心。为此而生的一个恶果在于,那种理想的平等社会永远不会出现,而我们为此浪费的精力原可以用于寻求一种较为均衡的社会状况。在希腊人眼里,消灭贫富差别会是一种离奇的、没有任何益处的幻想,人的团体需要的是比例和均衡,而不是一盘散沙式的平等。希腊人提倡节制,以"毋过度"为格言。财富应当受到节制,富人应当慷慨大度乐于施舍。

当然,希腊也有贪财的人,但是在希腊全盛时期,简朴是风尚。对于热爱生活的人,简朴不是一种理想,而是一种需要。奢侈不仅需要花费精力去挣,而且需要花费心力去享用。奢侈和心智的贫瘠即使不成正比,也是经常相伴相生。我们的衣柜里挂满了各式各样的衣裳,可是我们不得不用这些衣裳去包裹自己不是太胖就是太瘦的身体。看看希腊,我不能不怀疑人类走错了路。

我个人,对西方文明,像中山先生一样,"心怦怦然而向往之",而西方文明中我所热爱的一切,差不多都来自希腊:理性的开明,落落

---

① 基托:《希腊人》,第 227 页,上海人民出版社,1998。

大方的竞争,坦诚和自信,对个人人格的尊重和对公益事业的热心,对身体美的热爱,思辨和求真的爱好,无穷的探索精神,赋予无形以形式的理智努力。与希腊人相比,现代人一望可知和残废差不多。当然,现代也并非一无是处。最突出的一点是我们现代人所具有的广泛的人道观念,即使希特勒也不敢公然宣称他将有计划地屠杀敌国的人口。我们,至少在观念上,比较重视那些不幸人群的尊严和福利。反过来说,希腊也不是天堂,多数恶行和缺陷在希腊也能找到。那里有阴谋和腐败,有暗杀和欺诈,那里有狡猾的人、贪婪的人,甚至也有无赖。而且说到底,希腊毕竟在战火中、在道德沦丧中、在平庸中湮没了。是啊,有生之物必有消亡之日,唯可庆幸者,是人类有过希腊。

那么,最后再说说希腊的兴亡吧。希腊是在战胜波斯以后到达全盛时期的。假如在希波战争中,落败的是希腊一方,希腊还会有这样的鼎盛时期吗?我想不会。〔当然不止这个,整个世界历史都将改写。〕弱小的民族,靠智慧和勇敢战胜远为强大的对手,我想不出有什么比这更能增进人的精神力量了。那么,假使雅典帝国轻易战败了斯巴达同盟,雅典会赠予我们更加璀璨的文明吗?我想不会,雅典成了帝国,变得越来越霸道,霸权有时能带来秩序、太平和经济繁荣,但它从来无助于而通常有害于心智的提升。我想到当前,曾经给人们带来众多美好事物与美好希望的美国一心建立自己的霸权地位,恰恰在这个时候,它在精神上的吸引力开始消退。

希腊是西方文明的黎明,也是人类文明最灿烂的时光。西方是希腊的嗣出,但希腊遗产不是只属于西方的。中国人大可不必用我们的诸子百家秦俑汉简来与希腊一较短长,因此十分得意或分外自卑。中国人也是人,知道美丑贵贱,热爱美的、健康的、充满活力的事物,无论它从春秋来还是从希腊来。谈论希腊的西文著作汗牛充栋,可我们的图书馆里查不到几本,今葛海滨先生重译其中极具吸引力的一本——《希腊精神》,真是件快心事。葛海滨先生的英文中文都不错,书译得认真,不过他像我一样,不是研究希腊的专家,译文难免有不足人意之处。不过,这样的好书,我想还会再版,爱希腊如我者,期望译者和读者合作,使译文更加精良。

原　　序

　　《希腊精神》的第一版是一部未完成的作品。其中介绍了一些希腊鼎盛时期的作家，但其他几位同样杰出的作家却并未提及。那样一来，对于希腊最为辉煌的时代的思想和艺术成就，我们所描绘的画面并不完整，因为有些最重要的思想和艺术成就被遗漏在外。比方说品达，他被希腊人看作和埃斯库罗斯同一级别的人物；还有两位历史学家希罗多德和修昔底德，他们至今仍旧是这个世界上顶尖的史学大家。的确，如果对希罗多德的热切的求知欲望和温厚的仁爱精神一无所知，如果对修昔底德深邃的思想和忧郁的辉煌毫无了解，我们就无法对公元前五世纪雅典思想生活的深度、广度和辉煌有任何真正的感受。

　　这一版弥补了上一版的不足，伯里克利时代的所有作家都有涉及。

　　在写新增的几章的时候，我清醒地认识到，对身处当今乱世的我们来说，往昔的某些东西可以带来慰藉和力量。"让我们保有我们静谧的神殿，"施农古尔写道，"因为其中珍藏着永恒的视角。"宗教就是一座保存着这种未受搅扰的永恒视角的坚实堡垒；但还有别的堡垒。我们拥有许多静谧的神殿，可以给我们一片可以稍事喘息的空间来忘却身边的一切琐事，让我们超越焦虑、迷茫的思绪，去捕捉那永恒的价值，那任何自私和怯懦的偏见都不能动摇的价值，因为这些价值来之不易，是人类永世的财富。正如亚里士多德所说："卓越是人类孜孜以求的。"

在当今这个风雨飘摇的世界里,已经发生的坏事和即将发生的更坏的事接踵而至,令人无暇他顾,这时候,我们就应当回头去了解过去多少年来人们建立起来的所有精神堡垒。除非我们重建这些精神堡垒,否则那永恒的视角终将被磨灭,我们对当前的问题也会作出错误的判断。我们只能如此,正如苏格拉底在临死前最后一次谈话中所说的那样:"我们寻求纯洁、永恒、无可变易的地域,在那里,当灵魂到来的时候,它不会受到阻挠和妨碍,而是眼望着真理和神圣(这不是个人看法的问题),不再在迷茫中犯错误。"

上个世纪,一位执教于法兰西学院的杰出法国学者在德军攻占巴黎之后对班上的学生说:

> 先生们,正如我们今天在这里相聚,因为我们生活在一个自由的国家,一个文学的国家,一个没有疆界的国家,在这个国家里,没有法国人也没有德国人,也没有任何偏见和狭隘,我们只珍视一样东西,那就是各种形式的真理。今年,我提议我们一起来学习伟大的诗人和思想者——歌德的作品。

多么高贵,又多么令人感到平静。永恒的视角打开了,明澈而安宁。狭隘、仇恨——又是多么荒谬、多么渺小。

"远在天涯海角",存在着一个安宁的理想国度,那就是柏拉图所称的"心智美丽而永生的孩童"。我们今天需要去寻求这座静谧的神殿。在那里,有一片在思想的澄明和平衡上超群绝伦的圣地,那就是希腊的文学作品。

> 希腊以及它的基石
> 建成于战争的风云之中
> 基于清澈的海洋般的
> 思想及其永恒

第一章
东方和西方

在孕育了古埃及和早期亚细亚文明、
在那个钟摆越来越远离一切现实的世界里,
一种崭新的东西出现了。
希腊人诞生了,我们知道的这个世界开始了。

公元前五百年，在承平已久的文明世界西部一个偏远的边陲小城，活跃着一股新奇的力量。一种前所未有的东西开始在人们的心智中萌生发展，这种新生的力量带给后世的影响是如此深远，虽然经过了漫长的历史岁月和这期间发生的一次又一次覆地翻天的社会巨变，仍然磨砺不灭。雅典迎来了她短暂、辉煌、才人辈出的时代，这个时代所塑造的理智和精神的世界，对我们今天的理智和精神有着极其深远的影响。正是因为两千四百年前这个希腊小城在一两百年间取得的成就，我们今天才有不同的思维和感觉。在艺术和思想领域，那个时代取得的成就，后世鲜有其匹，更无出其右，并且，所有后世西方的艺术和思想都深深地烙有那个时代的印迹。然而这个伟大的文明诞生的时候，辉煌的古代文明业已消亡，而"恣意的野蛮"的阴影正笼罩着整个世界。但就在那个黑暗荒蛮的世界里，活跃着一股炽热的精神力量。在雅典诞生了一个和所有以往的文明不同的、崭新的文明。

探究这个文明形成的原因，以及希腊人如何能够取得如此伟大的成就,对我们来说有着非常重要的意义。希腊之所以长期以来都深为我们所注意,不仅因为我们的思想和精神都或多或少打着希腊的烙印,而且还因为这种对北方蛮族的深远影响挟带着一种力量,秉持着理性之光和典雅之美,穿越漫长的岁月,使我们想摆脱也无法摆脱。希腊对我们也有直接的贡献。希腊遗留下来的东西是那么的稀少,又是那么的遥远,因为时间、空间和陌生、艰涩的语言等诸多原因与我们是如此的隔膜,使它们看起来只不过是旅行家和学者们才感兴趣的东西。但是实际上希腊人的发现,或者毋宁说希腊人是如何发现的,以及他们是如何在一个黑暗混乱、分崩离析的旧世界中创建了一个崭新的世界,对我们这些眼见着一个旧的世界在一二十年间就被完全抛弃的人们来说,有着非同寻常的意义。当时的希腊人如何获得了澄明的思想和对艺术的推崇,这一点非常值得我们这些处在当今这个迷茫纷乱的世界的人们去认真思考。希腊人的生活境况和我们确实很不一样,但我们应时刻牢记,虽然人类生活表面上发生了很大的变化,但人内心的变化却很小,而且人类的经验是我们永远也无法学完的一门课程。伟大的文学作品,无论是过去的还是现代的,表现的是对人类心灵的大知大觉;伟大的艺术,表现的是对内在与外在世界需求之间的冲突的解决;从实质上来看,人类在这两方面的进步都不是很大。

希腊取得的所有成就中只有很少的一部分留存了下来,而我们却无从知道这一部分是否就是希腊文明中最优秀的部分。如果真的是最优秀的留存了下来,那倒有些奇怪。因为在很久以前那个纷繁混乱的世界中,适者生存的法则并不适用于艺术。但侥幸留存下来的那很小的一部分就足以证明希腊人在他们所涉及的思想、艺术领域无不有惊人的成就。他们的雕塑无与伦比,他们的建筑精美绝伦,他们的文章作品空前绝后。散文总是后世才发展起来的,希腊人于此只是稍有涉足,却也留下了许多精品。在历史学上再没有人比得上修昔底德;除圣经之外,在诗体散文上,没有人可与柏拉图媲美;在诗歌领域,希腊更是无与争锋;说起史诗,没有人可以与荷马相提并论,品达的颂歌无出其右;有史以来的四个悲剧大师中有三个是希腊人。这份丰富的艺术宝藏留存到今天的实在太少了:他们的雕塑,凋损破碎,化为灰尘了;他们的建筑早已倾圮;他们的绘画永远不会再为我们所见;除了极少数之外,大多数的文学作品都已散轶不存。我们所有的只不过是旧日的一些残迹;两千年来,我们所有的也只有这些。然而就是这些鸿篇巨制的残迹,却从来都是对世人的激励和挑战,也是我们今天最为珍视的财富。希腊的天才们绝无可能不得到我们现代人的极力推崇。他们的伟大成就人所尽知。

然而,这些伟大成就产生的根源却并非尽人皆知。现在,人们在谈及希腊的时候更为时髦的是把它称为一个奇迹,认为我们无从了解希腊争芳斗艳的朵朵奇葩到底植根于什么样的土壤。人类学家们的确很是忙碌,他们总是把我们带回到那些所有人类的事物,也包括希腊的诸般事物所诞生的荒蛮的原始森林中;但是,光看到一粒种子,并不能知道它将来会开出什么样的花朵。人类学家则总是通过漫长的岁月之后仅存的模糊印迹把我们指向一些奇怪的仪式,但是这些奇怪的仪式和一出希腊悲剧之间有着一条他们无法帮我们跨越的鸿沟。解决这个问题最简单的办法就是不沟通这条鸿沟,而只是简单地把希腊悲剧称为一个奇迹,从而便无需再多加解释,但事实上这条鸿沟并非不可逾越;确实有一些道理可以说明为什么希腊人的理智和精神活动使雅典在短短的时间内取得了历史上任何其他时代无法比拟的丰硕成果。

所有人都同意希腊属于古代世界。任何历史学家,无论他怎样划分古代和现代,希腊人都无可争辩地属于古代。但只是就时间的先后而言，他们处在古代社会的时间段中；希腊人身上没有任何他们所处的那个时代的标志。我们所能重新构建的古代社会都带有同样的标志。在埃及，在克里特，在美索不达米亚，只要我们能读到些史料，我们都会发现同样的情况：每个国家都由一个专制的君主所统治，他的一时兴致和感情好恶决定了国家的命运；民众生活悲惨、慑威臣服；教士或僧侣组织控制着国家的知识领域。我们所了解的东方国家到现在仍是如此。这种情况从远古时代起，沿袭几千年至今，本质上没有丝毫改变。只有在过去的几百年——甚至更短的时间里——才出现了一些改变的迹象，做出需要与现代社会合拍的姿态。但是其精神仍旧是亘古不变的东方精神。这种精神从远古流传至今，从来都和一切现代的事物不相调和。这种状况和这种精神却与希腊人格格不入。希腊人既没有去仿效他们之前的文明，也没有去仿效他们同时代的文明。他们给这个世界带来了一些全新的东西。他们是最早的西方人；西方精神，也就是现代精神，是希腊人的创建，希腊人是属于现代社会的。

我们却不能这样评定罗马。罗马在很多方面更像古代世界和遥远的东方，君主像神明，他们使人民饱受欺凌、充满恐惧，并把这作为他们最大的乐趣，这和古代和东方国家别无二致。并不是说罗马精神具有东方的印记。罗马产生的是通常意义上的务实事之人，对他们来说，东方圣哲的玄思冥想不过是最闲极无聊的举动。"真理是什么？"比拉多曾轻蔑地问。但罗马精神距希腊精神和距东方精神同样遥远。当希腊的领袖地位传到罗马的时候，作为希腊最显著标志的思想、科学、数学、哲学等等对世界本质及其种种形式的热切追求中断了许多个世纪。如果我们坚持古典世界具有同样的特点，那么古典世界就变得神秘而难以理解了。很难找出古希腊和古罗马的共同之处。区分古代和现代、东方和西方的唯一标准是人在处理一切事物中的至上的理性，它产生于希腊并在所有古代社会中仅存于希腊。希腊人是最早的理智论者。在非理性占主导地位的古代世界中，希腊人成为理性的首倡者。

对我们来说，希腊人这个地位的重要性和开创性并不是很容易就能认识到的。我们生活的这个世界看起来像是合乎理性的、可以理解的。这个世界尽是确定的事实，我们对之也颇有了解。我们发现了许多规律，我们也可以利用这些规律对许多巨大的、盲目的自然力量加以控制，让它们帮助我们达到我们的目的，我们的主要精力也花在增强我们对外部物质世界的控制上。总的来说，对于我们可以解释并可以为我们带来好处的事物，我们绝不怀疑它们的重要性。我们之所以有这样的态度，是因为在上天赋予我们的所有能力中，我们对于思辨的能力格外重用。我们既不展开幻想的翅膀翱翔于世界之上，也不凭借精神的光明去发掘每个人内心世界的奥秘。我们仔细观察着我们周围的世界发生的一切，思考我们观察到的一切。我们最主要的也是最具本质特点的活动是我们对智力的使用。我们身处的社会是建立在理性观念上的，情感体验和直觉认识只有在有了理性的解释的时候才会得到承认。

我们发现希腊人因为运用理性来了解世界的缘故，他们也生活在一个合乎理性的世界之中，我们把这个成就当成一件很自然的事情接受下来，觉得没有必要再多说什么。但事实上，即使到了今天，我们的观点也只是在某个严格限定的范围之内才是正确的。在广袤千里、人口众多的东方就不是这样。在东方，外在世界的万物递变相对来说就显得无足轻重，当然更不值得大智者们的注意。我们西方人所谓的对现实世界的事物的观察与思考，在东方不受任何重视。这种价值观源自远古时代。在希腊人出生的那个世界中，理性的作用是微不足道的；那个世界中所有重要的事物都属于那不可见的领域,那只有精神才能了解的领域。

在这个领域,构成这个可眼见、可体察、可耳闻的世界的所有外在的一切事物,只扮演间接的角色。精神现实既看不到、感觉不到,也听不到;只能通过体验;它们更是个人独有的、无法与人共享的东西。艺术家们也许能够以某种方式加以表达,但充其量也只能表达出其中的一部分。对精神最为熟知的智者和英雄可以把它们用语言、用绘画,或者用音乐表达出来——当然只有他们同时也是艺术家时才能如此。即使是最伟大的思想者,如果只通过思考,也做不到这一点。但每一个人都拥有精神的体验。

我们的理性和精神合起来使得我们区别于世界上其他的动物,使得我们认识真理,并为真理献身。这两者之间几乎没有什么分明的界限;它们都是我们身体中——借用柏拉图的话——那把我们不断从下坠的状态中提升起来的部分,或者用他最喜欢的一个说法:那赋无形予形的部分。但这二者终究大不相同。圣·保罗有一个极好的定义是这样说的:可见的都是短暂的而不可见的都是永恒的。他借此界定了理性的力量是作用于可见的世界的,而精神却与不可见的世界同在。

在希腊诞生以前的远古世界中,那不可见的事物越来越成为唯一的最为重要的东西了。希腊的标志——理性,是在一个以精神为主导的世界中诞生的一股崭新的力量。在一段不太长的时间里,西方与东方汇合了;西方偏重理性的特征和东方的精神传统结合了起来。心智的澄明补以精神的力量,这种结合所造成的影响及其对创造性活动的巨大推动,只有在我们探究在希腊诞生之前的世界的情形的时候,才最容易认识到。在希腊诞生之前,精神的力量被认为无穷之大,而理智却无立足之地。埃及的情形最能使我们清楚地认识到这一点,因为埃及的史料之全是其他任何国家所不能比拟的,所以我们暂时把目光从希腊转向埃及——这个曾经缔造了古代最辉煌的文明的国家,这样将有助于问题的讨论。

在埃及,人们关注的中心是死去的人。在这个曾经统治世界的辉煌的帝国中,死亡是人们最为关注的问题。一代又一代埃及人都认为死亡是他们最切近、最熟悉的东西。埃及遗留下来的不可胜数的以死亡为主题的艺术作品最好地说明了这种异乎寻常的现象。对埃及人来说,永恒的实在的世界不是他们身处的这个日常生活的世界,而是他们随时都会通过死亡之门到达的那个世界。

埃及的这种情况是由两种原因造成的。首先是人生的苦难。在古代社会中,普通百姓的生活一定悲惨之极。那些历经几千年的沧桑而留存下来的惊人的劳动成果,是以无数人的辛勤劳作甚至生命换来的,而在创造任何有价值的事物时,死几个人不是什么了不得的事。在埃及和尼尼微,一如在当今的印度和中国①,没有什么东西比人命更不值钱了。甚至一般的殷实富庶之家、达官显贵和经时济事之人,也不免终日惴惴不安。现存的一个埃及显贵的墓志铭中记载了他因一生未遭地方官员的鞭笞而致人艳羡。任何人生命财产的安危取决于口含天宪的君王的一时兴致。只要读一读塔西陀的著作中记载的早期罗马皇帝专制统治下的社会状况,就可以知道在古代世界里普通百姓的安全是怎样地毫无保障。

在这样的情况下,人们在此世中看不到任何获得幸福的希望,便很本能地想在彼世中寻求慰藉。人们毕生追求的安宁、和平和欢乐只有在死者麋集的冥世才能得到。相比之下,他们对现世的生活没有任何留恋之情,也没有什么让他们觉得比冥世更实实在在。即使他们努力地运用他们的思辨能力,也不能给他们带来多少好处。他

---

① "当今"指本书写作的年代——译者注。

们的智力与思辨的能力对于他们最为关切的问题,也就是他们在另一个世界的地位这个问题上,可以说是毫无用处。智力与思辨不能给他们无望的生活带来希望,也不能给他们任何力量去忍受那些无法忍受的苦难。心怀恐惧、饱经苦难的人们不会去寻求理性的帮助。他们本能地从外界现实退却,而这种注重死亡、贬抑理性的倾向又被另外一股势力推波助澜——僧侣阶层。

在希腊之前,思想领域的控制权掌握在僧侣们的手中。他们是埃及的知识阶级,权倾天下,连国王也受制于他们。这个庞大的组织一定是由一些当时非常杰出的人物建立起来的,他们头脑清晰,思维敏捷,但他们的旧学新知得到重视,只因为这些都增强了这个组织的影响力。但是,真理是一个行事谨慎的女郎,只有对不谋私利的追寻者才会显露真容。而随着僧侣势力的日益强大,任何对他们不利的想法都被打入冷宫,所以这些僧侣很快变成了可悲的知识分子,只会墨守前辈探索者的成果,再不去自由地思考。

这种情况还有另外一个无法避免的后果:他们所掌握的所有知识都只限于这个组织之内的人知道。因为教导人们学会自己思考,无异于自毁他们自己权力的根基。除了他们自己之外,其他任何人都没有必要有知识,因为无知即是敬畏,而在黑暗未知的迷境中没有人能独自找到自己的道路。他们必定需要一个权威的人来指引他们。僧侣的权力正是建立在无知的基础之上。实际上,神秘和制造神秘的人互为因果,互相促进。僧侣的权力源于无知所产生的神秘,他们自然就尽力使这神秘更加神秘,并压制想要探求这神秘的任何行动。理性在古代世界中所扮演的可怜的角色是由一个绝对的最高权威分配的。它同样也以无可争辩的绝对性限定了思想和艺术的范围。

的确,我们知道有一个人敢于起来反对这种绝对权威。有几年法老和僧侣产生了争端,最后法老获得了胜利。阿肯纳顿的故事是人们都熟知的,他敢于独立思考,并建造了一座城来供奉那唯一的神,而且对其极力宣扬。他的所作所为好像正触到了强大的僧侣阶级的痛处,但实际上却是另一种情形。那些僧侣们都是些饱学之士,对人性有深深的了解。他们等待着。这个有独立思想的人只能得一时之势——人们不禁要问:他和僧侣们的斗争是否耗尽了他的生命?——他死去之后,他所倡导的一切无一得以幸存。僧侣们控制了他的继承者。他们从纪念碑上磨去了他的名字。他从来也没有真正地触动僧侣们的权力。

但无论僧侣阶级对某个个别统治者的态度如何,从总体上来说,他们历来都一心一意地忠于当时的独裁政权。他们从来都是王位和更高权力的支持者。他们的本能没有错:民众的不幸正是他们的机会。民众不仅应该是无知的,更应该是慑服的、悲惨的,这样才会使他们的权力更有保障。人们的思想朝着未知世界的方向走得越远,那个世界的钥匙就越来越牢固地掌握在他们手中,他们令人恐惧的权力就更加稳固了。

当埃及衰亡之后,东方人朝着埃及指向的方向走得更远了。亚洲各国的悲惨境况是人类历史上可怕的一页。对于无法逃避的现实,东方人便否定这些现实有任何意义和价值,这样,他们就获得了能使他们忍受下去的力量。埃及人的世界里死者仍如生人一样行走、酣睡和宴饮,如今却彻底转变成为模糊含混的纯粹精神的世界。多少世纪以来印度都是东方的思想领袖,在那里,很久以前,理性世界就和精神世界分道扬镳,而整个宇宙落入后者的掌控之中。现实——我们双耳可闻、双目可睹、触手可及的现实,那现实生活之道——被看成没有任何意义的虚构的东西,和道毫无关系。我们两耳所闻、双目所见、伸手所及的一切全都是模糊的、不实在的、不断消逝的梦影；只有神灵的世界才是真实的。当现实生活过于艰辛、过于黑暗的时候，那是人们唯一的出路。当人们在尘世生活中的任何地方都不可能有任何形式的希望的时候，他们必定会去寻求一个避难所。这时人们就从恐怖的外在世界逃到了那饥馑、瘟疫、烈火和利剑所不能触动的内心的城堡中。这就是歌德所说的内心的宇宙，当外在世界的冲突不能解决的时候，它能够靠其本身的律法生存，创造自己的安全机制，形成自足的体系。

这样，东方人找到了一种方法来忍受那些本来无法忍受的事情，他们千百年来一直在不懈地追寻着这种方法，并情愿按照这种方法最牵强的暗示去做。在印度，真理的概念和外部现实已经完全脱离；所有外物都是虚幻；真理是内心的意向。在这样的世界中思辨之理性与善察之明目没有什么用武之地。因为既然除了神灵之外所有的一切都是虚幻，那么再去关心比之幻影犹不及的外物就是愚蠢之极的举动了。

在这样的社会条件下就不难明白为什么在思想领域中最为发达的学科会是数学。没有什么比通过数学想象出来的理想世界给生活带来实质的影响更小了，也没有什么学科给整个神学领域带来的触动更弱了。纯数学思维使人们遨游于苦难生活之外的领域，而且僧侣们也从来没有觉得在数学领域自由地进行思考有何不妥。在这个领域中，人们的思维可以随意驰骋。柏拉图曾经这样说过："和埃及人比起来，我们只是些幼稚的数学家。"印度在数学领域也有突出的贡献。但是，只要人的思想活动在某个方面受到限制，那么它即使在不受限制的方面迟早也必将难以为继。在当今的印度，精神已经绝对战胜了理智，佛教作为印度精神最大的产物，不管它盛行于何处，这种信仰的宗旨都认为此世万物都是幻灭，而对其本质进行的一切探求都归虚无。

像在埃及一样，印度的僧侣们也看到了他们的机会。作为僧侣阶层的婆罗门，以及森严的佛教等级制度拥有的力量实在是太惊人了。这是一个完整的循环：境遇悲惨的民众除了在那不可见的世界里再没有一点希望，而僧侣阶级的权力正是和此世无足轻重这样一种信念紧密地联系在一起的，所以他们也尽力维护这种信仰。这个循环在另一种意义上也是完整的：栖身荒舍以求一夜之安的旅人不会去修葺漏雨的屋顶，而居于此等悲惨境地的人的唯一的快乐就是否定尘世生活的重要性，他们也不会再试图去改善现实生活。印度走上了一条万物皆为人所未见的道路，直到那可见的事物也不再可见。

这就是人们世世代代因循一事的后果。我们是灵魂与肉体、理智与精神相结合的动物。当人们的注意力过于集中于一物而不及其余的时候，他们就只能畸形发展，变成一明一眇，对生活赋予我们的以及这个广阔的世界所包含的一切，他们都只能看见一半。但在孕育了古埃及和早期亚细亚文明、在那个钟摆越来越远离一切现实的世界里，一种崭新的东西出现了。希腊人诞生了，我们知道的这个世界开始了。

第二章
理智与精神

希腊精神的繁荣发展带来的累累的艺术硕果正说明了精神力量在希腊的存在。

理性和感情不是对立的。

诗的真理和科学的真理都是真理。

埃及是一片富饶的谷地,地势低缓,气候温暖,景物单调,尼罗河缓缓地流向远方,极目之处则是无尽的沙漠。希腊却是土地贫瘠,冬季寒风凛冽,山上皆悬崖壁立,即使是身强体健的人们为求果腹也不得不终日辛勤劳作。然而,当埃及饱受苦难和屈辱转而面向死亡的时候,希腊却顽强地抗争着,充满欢乐地面对生活。因为那些生活在荒芜的群山之中的人们可以凭山高路险以御外侮,从而得以安享和平幸福的生活,所以在那几乎寸草不生的山谷之中,某种全新的东西来到了这个世界上;生的快乐得到了表现。可能这种快乐最早就是在希腊诞生的,诞生在那野花盛开的山坡上放牧牛羊的牧人们中间;诞生在那在朗朗晴空下冲刷着那些紫色的岛屿的蔚蓝色的大海上航行的水手们中间。至少,我们在任何其他古代社会中都找不到欢乐的影子,而在希腊没有比欢乐更显而易见的了。在这个世界上,希腊人是最先开始游戏的人,而且他们的游戏活动有相当大的规模。在希腊,到处都有各种各样的体育比赛:赛马、赛船、火炬接力赛;还有音乐比赛,通常是赛歌;还有跳舞,他们有时在涂过油的兽皮上跳舞来表现双脚的技巧和身体的平衡；人们还比赛从飞驰的马车上跳上跳下。比赛的名目是如此之多，如果要将其全部罗列出来的话，读者肯定要感到厌烦。那些表现这些比赛的雕塑是我们非常熟悉的，比如掷铁饼者、马车手、摔跤手，还有那个舞笛表演者。定时举行的大型比赛一共有四种，这些比赛对所有的希腊人来说都非常重要，所以进行比赛的时候，他们都要以神的名义宣布停战，以便全希腊的人都可以无所顾虑、安全地参加比赛。在这些运动会上，被"运动员的诗人"品达赞颂为"身手矫健的年轻人"的那些希腊健儿角逐几乎是全希腊最高的荣誉。一个奥林匹克决胜者甚至比凯旋的将士还要光荣。他的野橄榄枝编成的花冠和悲剧家的奖品并列排放。游行、献祭、盛筵，还有最伟大的诗人欣然写下的颂歌，一个奥林匹克的优胜者被所有的这些盛誉包围着。修昔底德，这位生逢雅典陷落的苦难时期的历史学家，尽管他以简洁、严肃著称于世，但当他笔下的一个人物在竞赛中获得胜利的时候，他也会暂时停下其他的叙述，专门为这件事情写下一段，以使之获得应有的赞誉。假使我们对希腊人再没有别的了解，假使希腊的艺术和文学成就荡然无存，我们仅仅知道希腊人喜爱游戏而且他们大规模地游戏，就可以知道他们是怎样生活的，他们又是怎样看待生活的。境遇悲惨的人们和辛苦劳作的人们不会游戏。希腊的那些竞赛在埃及和美索不达米亚是不可想见的事情。在埃及人的壁画中，我们可以发现他们生活中的最微小的细节。如果他们在实际生活中也真的进行游戏和运动，他们的壁画中就会对这些活动有所表现。但实际上埃及人不游戏。埃及的祭司对伟大的梭伦说："梭伦，梭伦，你们希腊人都是些孩子。"不管怎样，是不是孩子都罢，他们自己很快乐。他们有足够的体力、兴致和时间来享受快乐。那些竞赛说明了一切。希腊灭亡之后，希腊人对生活之谜的解读也随着他们那些雕塑被历史的尘埃所埋葬，游戏便从这个世界上消失了。罗马野蛮、血腥的娱乐活动和真正的游戏精神没有任何干系。罗马的娱乐活动和东方一脉相承，而和希腊无关。希腊消亡的时候游戏也随之消失了，并且直到很多很多个世纪以后才得以重现。

快乐地生活，认识到世界的美好和生于其中的无限乐趣，是希腊迥然不同于以前所有的社会的一个特点。这个特点至关重要。希腊留给我们的所有事物中都铭刻着生的快乐，忽视这一点，就忽视了理解希腊如何在古代社会中取得了伟大的成就这个问题的最重要的方面。然而这一点却并非显见，因为希腊的文学作品中同样也充满了悲哀。希腊人深知生的苦涩如同他们深知生的甘甜。欢乐与悲哀、喜悦和苦痛在希腊文学中携手并存，却没有引起冲突。不懂得欢乐的人也必然不懂得痛苦。那些精神消沉抑郁的人们不懂得欢乐一如他们不懂得悲伤。希腊人和消沉抑郁无缘。他们的文学作品从不会基调灰暗、情绪低沉，而总是黑白分明的，或是深黑的、血红的、金黄的。希腊人深切地、无比深切地知道生之无常和死之切近。他们一次又一次地强调所有人类的种种努力都是短暂的、徒劳无益的，一切美好的、使人快乐的事物都会转瞬即逝。甚至当品达在赞颂竞赛胜利者的时候，生活对他来说也只是"幻影之虚梦"。但是，即使在最黑暗的时代，他们也从来没有失去生活的品位。生活永远是奇妙的、令人欣喜的，世界永远是美好的，而他们，永远为生于其中而欢歌。

能够证明希腊人这种态度的名言实在太多，简直让人无从选择。我们可以拿出所有现存的希腊诗歌来做证明，哪怕是那些悲剧中的诗篇。每一首希腊诗歌都让人们看到生命之火正在熊熊燃烧。没有任何一个希腊诗人不为这熊熊的烈火心胸激荡。希腊的悲剧中间常常穿插着一段欢乐的合唱。因此，希腊三大悲剧家中最冷峻、最严肃的索福克勒斯，在《安提戈涅》中歌唱酒神时唱到："呼吸火焰的群星,它们运转时与谁同欢。"或在《埃阿斯》中高唱"因狂喜而战栗,凭着惊喜的翅膀翱翔"的时候,他呼唤道:"潘,啊潘,来吧,远航者,从冰雪覆盖的悬崖上下来吧。得神明喜悦的舞神,来吧,因为我现在也要跳起来。啊,多么快乐!"还有在《俄狄浦斯在科洛诺斯》中,作者突然抛开了悲剧气氛,因为诗人忍不住他对户外世界、对夜莺清晰动人的啼鸣、对明净的万顷碧波、对娇美的水仙和"众缪司,还有持金缰绳的美神齐声赞美"的鲜艳的番红花的热爱。将悲剧的黑幕提升为展现生活无上的快乐的场景,这样的段落比比皆是。这不是靠对比来产生高潮的手段和技巧,这是他们作为悲剧艺术家的自然表现,更是作为希腊人的自然表现,他们那么深切地认识到生的奇妙和美丽,不可能不自然地将他们的欣喜表露出来。

甚至日常生活中点点滴滴的乐趣,在希腊人看来也是真切的享受。荷马这样写道:"盛筵、琴音、舞蹈、更衣、沐浴、爱和酣睡,这些对我们来说永远弥足珍贵。"再也没有什么时候像早期希腊的抒情诗中描写的那样,一食一饮,友朋相聚,或者冬夜里温暖的炉火,会给人们带来那么大的乐趣——"寒风怒吼的冬夜,晚宴之后,端一杯香醇的美酒,摆上一些干果点心,偎着温暖的炉火,坐在舒适的卧榻上";春天"闲暇的时候,在忍冬的芳香轻飚弥漫的白杨树林中,在梧桐和榆树的柔声私语之中"的一次慢跑;在一次欢宴中"穿行于酒席之间,聊发少年之狂,携一架竖琴,在云集一处的智者们中间静静地轻弹奏一曲"。这些在希腊人看来都是无上的乐趣。他们发明喜剧是再自然不过的事情了,古典喜剧中那种疯狂、喧闹、恣肆的寻欢作乐,那种激情的、充沛的、丰盈的生命活力最是他们的特点。埃及的坟墓,希腊的剧院,我们想到前者就像想到后者一样自然。将近公元前五世纪的时候,世界在雅典开始改变。

"生命的力量在生活赋予的广阔空间中的卓异展现",这是希腊对幸福下的一个古老的定义。这是充满生命活力的信念。在整个希腊历史中,这种生命的信念始终充盈着人们的心灵。它将希腊人引上了许多从前人没有走过的道路,但却没有将他们引向霸权和屈服之路。一个精神高昂、身体强健的民族是不容易屈服的,而事实上希腊崇山峻岭中的劲风也从不适合暴君。绝对地屈服于君权的奴隶理论只有在那些没有深山可以给反叛者提供退路,也没有峻岭迫使人们过着危险的生活的地方才能得以盛行。希腊从一开始就没有古代社会的影子。那些令人畏惧的、令人不敢仰视的神圣万能的主宰,无论是埃及的法老,还是美索不达米亚的政教合一的君主,他们的权力在几千年之中没有遇到任何人的怀疑,这样的权力在希腊的历史上却从来都未曾有过。甚至与之稍有相似的统治者也从未有过。我们知道一些希腊历史上僭主的情况,但我们更清楚地知道这样的时代很快就结束了。从君权产生的时候,对君权的绝对服从就是古代社会的生活准则,这个准则此后在亚洲甚至一直延续了许多个世纪,而在希腊却如此轻而易举地就被废除,以至于流传到现在的几乎只是人民对抗僭主的一些回声而已。

《波斯人》一剧是埃斯库罗斯为了庆祝希腊人在萨拉米斯大败波斯人而作的,剧中有许多地方表明希腊和东方的不同之处。波斯人禀告他们的女王说,希腊人都是自由人,他们参加战斗是为了保卫他们所珍视的东西。他们没有主人吗?女王问道。回答说,没有。没有人把希腊人称作奴隶或家奴。希罗多德在他的史书中也写道:"他们只服从法律。"我们可以从这句话中看到一种全新的东西。自由的信念开始萌生了。个人对于城邦来说全然无足轻重,这个从早期氏族社会流传下来,在古代社会中一直被广为接受的信念,在希腊被一种崭新的信念所代替,那就是:个人在城邦中是自由人,他出于自愿来保卫城邦。仅仅靠昂扬的精神和强健的体魄不足以带来这种变化。在希腊，另有一种力量在起作用——人们开始独立思考。

希腊早期的哲理格言中，有阿那克萨哥拉说过的一句话："在万物混沌中，思想产生并创造了秩序。"在一个由非理性的、令人畏惧的神秘力量统治的古代世界里，人们全靠他们甚至不能试着去理解的神明的恩赐活着，就在这样一个世界中，希腊崛起了，理性的时代开始了。关于希腊的最基本的事实是人们必须运用头脑来思考。古代的祭司说："至此且仅至此，我们划定思想的范围。"希腊人说："所有的事物都要被怀疑、被验证，思想没有界限。"一个非常重要的事实是当我们掌握了希腊的实在的有据可查的史料之后，我们发现希腊的祭司在思想领域从来没有起过任何决定性的作用，这和其他任何古代社会都是完全不同的。无论是在希腊的历史还是文学著作中，祭司都没有真正的地位。在《伊利亚特》中祭司命令释放一名俘虏以平息神的怒火，并制止当时正在流行的瘟疫，出于害怕瘟疫，人们才勉强执行了他的命令，而祭司在该书中只出现了这一次。特洛伊战争是人神共同参与的战争，但人神之间并没有任何神媒存在。在一些悲剧作品中出现过一两个先知，但他们的出现通常都是坏兆头而不是好兆头。在柏拉图出生一百年前，埃斯库罗斯所作的《阿伽门农》中有一段对宗教领袖的黑暗势力的最入骨的批判：

预言何曾给人们
带来过好消息？
先知作法的时候
念念有词
总是发出不祥的预言

使我们知道害怕。①

从这些话中我们也许可以看出当时的祭司和先知们可能掌握了一定的权力,但我们更确知的是这些话是诗人当着众多的观众说出来的,而且那些地位最高的祭司们都坐在最前排的座位上,但诗人得到的不是反对而是人们所能给予他们的最高的赞誉。希腊人对祭司的权力有非常严格的限定,这一点确定无疑,而且令人感到非常震惊。当然,希腊有很多祭司,也有很多祭坛和庙宇,即使在雅典,当公众面临危难的时候,如果有人藐视宗教仪式,也会引起迷信,触犯众怒,但在希腊,祭司的地位是在幕后的,他们所有的只是他们的庙宇和庙宇中的宗教仪式,仅此而已。

希腊人把庄严的宗教信念和那些与自己休戚相关的利益放在完全不同的位置上。他们从不去向祭司寻求指导和忠告。如果他们想知道如何教育他们的孩子,或者他们想知道"真理"是什么,他们会去问苏格拉底,或者去问杰出的智术师普罗塔哥拉,或者去问某位饱学的语法学家。他们从来没有想到过去问祭司。祭司能告诉他们在什么时间、以什么方式进行祭祀。那才是他们的职责,此外无它。柏拉图晚年所著的《法律篇》,其主旨和他自己年轻时候的离经叛道颇相反照,他在书中详尽地论述了宗教这个主题,但对祭司却只字未提。也许应该指出的是,和《理想国》的写作目的不同,柏拉图写《法律篇》不是为了描述一个理想的、天堂般的国度,而是直接面对当时希腊人的思想和感情进行探讨。书中的主要谈话者,那个雅典人,当他提出一些新的看法的时候,经常遭到另外两个对话者的反对,但他们

---

① 埃斯库罗斯:《阿伽门农》,《埃斯库罗斯悲剧六种》,罗念生译,第272页,上海人民出版社,2016。

却毫不意外、毫无异议地同意：那些随意谈论神明、牺牲和神谕的人，应该由议会成员对其提出警告！议会成员"应该和他们进行交谈，以改善其精神健康"。而这三个谈话者中没有任何一个人觉得这应该是祭司的职责。此外，"当一个人因为亵渎神明而被起诉的时候，执法官应该查明他这样做是故意所为还是幼稚的轻慢无礼"。很显然，如果事涉希腊人的生命和自由，祭司没有任何发言权。在争论接近尾声的时候，他们简短地提到了祭司应有的职权范围："当一个人要进献牺牲的时候，让他把他的供品交到一个祭司的手中，来进行这神圣的仪式。"这就是对话者们认为祭司在宗教中的地位，而他们在宗教之外没有别的作用。此外还有一个颇为值得注意的例子，最能表明希腊人的观点，雅典人把那些自称"能降魔驱鬼并能通过祭祀和祈祷交通鬼神的人"——也就是那些我们现在在最文明的地方仍能看到的那些利用巫术或其他诡秘的办法来祈求天恩的人——归结为具有"邪恶本性"。

  毋庸置疑，神谕在希腊，尤其是在德尔菲，有非常重要的地位，但是流传到现在的那些神谕性质的希腊格言却没有任何我们熟悉的那种宗教色彩。当波斯入侵希腊的时候，雅典人去向德尔菲的女祭司求计问策，女祭司没有让他们向诸神进献百牲祭，也没有让他们向先知奉献珍贵的礼品，而是教他们用木墙来保护自己，这是一个聪明的尘世的办法，至少地米斯托克利是这样理解的。一次，富庶的吕底亚国王克洛伊索斯派人带着丰厚的礼物到德尔菲去询问他能否战胜波斯，可能除了希腊，世界上任何地方的祭司都会向他暗示，他的礼品越丰厚，取胜的机会就越大，这样就能为他们的神庙赢得大笔财富。而希腊的最高神职人员给他的唯一的答复是，如果他发起这次战争，他将毁灭一个伟大的帝国。那要被毁灭的不巧正是他自己的帝国，但就像那个女祭司所说的，她对他的愚蠢没有任何责任，而且自然不会因为他的礼品丰厚，事情就会有什么好的转机。柏拉图所说的那些刻在德尔菲的神殿上的格言和希腊之外任何其他圣地的铭文都截然不同。其一是"认识你自己"，其二是"凡事勿过度"，这两句话和世界上其他任何地方的宗教戒条的风格都迥然不同。

这个世界上活跃着一种崭新的力量，那是有史以来最有震撼力的力量。"如果神放出一个思想者，这个世界马上就会乱套。"神在希腊放出了思想者。希腊人是理智的人；他们非常喜欢动脑子。这一点甚至清楚地表现在他们如何运用语言上。我们的书面语言源自希腊的日常用语。我们现在所说的"学校"一词，源于希腊语的"闲暇"。自然，在希腊人看来，一有闲暇的时间，人们会很自然地去思考和探寻万物之理。对他们来说，闲暇和求知是分不开的。在我们听来，哲学就算不是枯燥乏味的，起码也是很严肃的东西。哲学这个词来自希腊语，但这个词的原意中却没有它现在的这层意思。这个词对希腊人来说，指的是寻求对世间万物的理解，他们也按他们觉得最恰当的名字来称呼它，那就是——对知识的爱：

　　神圣的哲学多么富有魅力——

在古代社会中行医的人是那些熟谙某些巫术仪式的巫师和祭司。希腊人则把他们的医生称为"物理家"（physicians），意即熟知万物之理的人。这个例子就可以大致说明从古代走向现代的进程中希腊人思想变化的潮流。熟知万物之理的意思是说一个人对外在世界的各种现象知其然并知其所以然。他们运用自己的力量不是为了出世而是为了更加入世。对希腊人来说，外在的世界不仅是实在的，而且是有趣的。他们认真地观察这个世界，并对观察到的结果进行思考。这实质上就是科学的方法。希腊人是最早的科学家，所有的科学都源于希腊。

几乎在每个思想领域,"他们都迈出了开创性的脚步"。这句话在其表面意义之外有着更加深刻的含义。古代社会中没有产生科学,不仅仅因为现实变得越来越虚幻、越来越无足轻重,另外一个更为可信的原因是:古代社会中充满了恐惧。巫术的力量统治着世界,而巫术令人感到无比恐惧,因为它玄奥而不可测。这种恐惧牢牢地禁锢住了那些可能成为科学家的人们的头脑。希腊人的勇敢之处在于他们能够大胆地正视这个世界,并对这个世界进行思考。所有外邦人都对那种可怕的力量笃信不疑,希腊人却毫无畏惧地用理性来审视它,用智慧来驱逐它。伽利略,还有文艺复兴时期的其他人文主义者们赢得了世人的赞誉,因为他们为了了解宇宙的真实面目,敢于去挑战那些能永远放逐他们灵魂的势力所设定的限制。毋庸置疑,他们的行为是勇敢的、伟大的而且是值得敬佩的,但在自由思想这片令人心生畏惧的大海上,他们有领航者。希腊人在引领他们前进。希腊人早就独自完成了这伟大的探险行动。

昂扬的精神和顽强的生命力使他们坚定地反对暴君统治,也同样拒绝屈服于神权统治。他们不要任何专制的君王,而没有了束缚他们的主人,他们就可以自由思考。开天辟地以来,思想第一次获得了自由,一种甚至今天也难以实现的自由。不管是政权还是宗教都允许雅典人自由地去思考。

第一次世界大战的时候,如果有人写这么一部戏,戏中把潘兴将军演成胆小鬼、对盟军的事业大加嘲弄、说美国佬仗势欺人、对和平派进行美化,这样的戏肯定演不长。但当雅典人为自己的生存而战斗的时候,阿里斯托芬写下了很多这样的戏剧,而雅典人,无论是拥护还是反对那次战争的,都拥到剧院去看他的戏。在雅典,人想说什么就说什么是最基本的权利。欧里庇得斯说:"奴隶就是不能表达自己的想法的人。"苏格拉底被指控宣扬新神、腐蚀年轻人并因此饮鸩狱中是唯一的例外。但那时他已年近古稀,而他一生都在说他想说的话。当时雅典因为才遭惨败,正处于危难之中,而且不久之前还经受了一次政变,管理又极为不善。苏格拉底很可能死于一次所有国家都经历过的那种突然恐慌,当时人们的安全遭到突然的威胁,从而使他们变得有些残忍。尽管如此,判处他死刑的表决者也不过刚过半数,而他的学生柏拉图随后就以他的名义继续执教,不但从未受到任何胁迫,而且其从者甚众,声誉日隆。苏格拉底是雅典唯一因为持不同意见丧生的人。另外有三个人被驱逐出境。总共就这么几个,而哪怕是看一看最近五百年来在欧洲有多少人被残酷虐待、被杀害,我们就知道雅典的自由是什么样的了。

希腊人可以自由地思考这个世界,摒弃所有传统的解释,无视任何祭司的教条,不受任何外界权力的影响去追求真理。希腊人的科学天赋有着自由发展的空间,他们为我们今天的科学奠定了基础。

荷马史诗中的主人公在死去的时候呼唤更多的光,哪怕他将在这光中死去,他是真正的希腊人。他们不肯对任何东西不加分析而任其模糊不清。他们也不能容忍任何东西没有关联。某种力量驱动着他们寻求系统、秩序和关联。没有经过分析的囫囵整体是他们不能容忍的概念。甚至他们的诗歌也建立在明澈的思想上,有计划、有条理。尽管他们是伟大的艺术家,可是他们从未放弃去理解美,也从未放弃去表达美。柏拉图说过一段话,有非常典型的希腊风格,他说,有些人天生就被某种洞察力和灵感驱使着去创造善和美的东西。他们自己也不知道他们为什么要那样做,自然也就不知道如何向别人解释。诗人如此,在某种意义上,所有善良的人都是如此。但如果一个人能在善和美的直觉上加上善和美的理性,那他就会卓然于众生之上,一如一个活人卓然于死人的光怪陆离的冥世。这种说法在其价值观念上完全是希腊式的。任何希腊人都不会认为对美的思考是头脑的休息。他们生活在这个世界上,不会在任何事物上停止动脑子。他们必须对所有的事物进行分析和思考。他们对自己使用的任何常用词汇都一定有准确的把握,所有的哲学语言都是他们的创造。

但是,如果对希腊人的聪明才智只看到这里,我们看到的只是问题的一半。即使在希腊,科学和哲学也有着庄严的面孔,但希腊人却不认为运用智力有多么庄严。有一位希腊作家把"思想和观念"称作"头脑孕育出的美丽而永生的孩童",因为那是他们最喜欢的事物。即使在文艺复兴运动最为辉煌的年代,学识也从来没有像它在伟大的雅典的年轻人心目中那样光彩四射。来听听这段谈话吧。黎明的时候,苏格拉底被一个年轻人急促持久的砸门声惊醒,"是谁?"苏格拉底迷迷糊糊地问道。"啊,苏格拉底,"是他很熟悉的一个年轻人,"好消息,好消息!""也不看看是什么时候,好了,说吧。"年轻人已经进来了:"啊,苏格拉底,普罗塔哥拉来了,我昨晚听说的,当时我想马上来告诉你,可天实在太晚了。""怎么回事——普罗塔哥拉?他偷了你什么东西了吗?""没错,没错,是这么回事,"年轻人大笑道,"他偷走了我的智慧。智慧在他那里,他能给把他的智慧分给我,跟我一起去见他吧,快走。"几乎在柏拉图的每个对话集中都能找到和这个热情、欢快、好学的年轻人一模一样的人。只要苏格拉底走进竞技场,年轻人们就忘了锻炼、比赛,围过来。告诉我们这个,教给我们那个,他们喊叫着。友谊是什么?正义是什么?我们不会让你走,苏格拉底。真理——我们要真理。他们说:"我们喜欢听智者们谈话。"柏拉图在一次谈起国与国之间的不同之处的时候说:"埃及人和腓尼基人只喜欢金钱,我们的特点则是我们热爱知识。"圣路加说:"雅典人和旅居雅典的异乡人,他们所有的时间都花在谈论或倾听新鲜事情上。"甚至外邦人也受到了感染。耳濡目染希腊人对知识的热切爱好和对世上万物的强烈的好奇心,他们自然不会无动于衷。奔波于小亚细亚海岸的圣保罗曾遭暴徒袭击,然后被关在监狱中并遭到毒打。而在雅典,"他们把他带到最高执法官那里,问他:'我们能不能知道你这种新教义的内容是什么?'"

亚里士多德是个典型的科学家,他头脑冷静,观察客观,没有偏见,正直无私,但他在考察理性的时候却没有表现出超然和冷漠。他如此热爱理性,并乐在其中,每当谈起理性的时候,他总是情不自禁地超越科学精神的冷静范围。我们一定得把他的话录在这里,因为它太有希腊的特点了:

> 因为同人的整体本性相比来说,理性是神圣的,所以理性的生活比起人类(通常的)生活来也定然是神圣的。有些人竭力劝说我们作为人更应该考虑人的事情,要我们把眼光放在生死之上,我们不要去理睬他们。不,只要可能,我们就要尽量向高处看,去考虑那些不朽的东西,并尽力和我们身上最完美的东西保持一致。最能说明事物的本质特征的东西就是那最适合于它的东西,能够使之尽情尽兴的东西。对于人来说,那就是理性的生活,因为原是理性使人成其为人。

热爱理性、热爱生活,喜欢思考、喜欢运动,这是希腊与众不同的特点。埃及和东方通过苦难的生活和对理性的否定将精神推到了至高无上的位置。希腊永远不会走上这条道路。他们的天性以及他们生活境况使他们同这条道路永相隔绝,但他们对精神的了解同样深刻。他们的艺术最能证明他们在精神世界中的天分。实际上,正因为他们那些杰出的艺术成就,我们有时候甚至忘记他们智识上的成就。希腊对我们来说就是希腊的艺术,而这个领域不是理性统治的领域。希腊精神的繁荣发展带来的累累的艺术硕果正说明了精神力量在希腊的存在。希腊与印度和埃及的不同之处不是其精神的羸弱,而是其思想的高度发达。伟大的精神和伟大的思想在他们那里珠联璧合。对他们来说,精神世界不是自然之外的另一个世界,而是与他们所知的这个世界毫无二致。美和理性在其中同时显现。他们发现精神的结论和理性的结论并不是互相冲突的。理性和感情不是对立的。诗的真理和科学的真理都是真理。

很难引用谁的话来说明这种现象,但希腊最杰出的科学家的态度也许能作为一个例子。在某种意义上说,亚里士多德是位典型的科学家,他对事物有很强的观察能力和分析能力,全身心地投入他所能看见和所能了解的东西之中。像他这样一个纯粹理性的人,在任何其他的地方、任何其他的时间,除了靠理性得出的结论之外,他对任何用其他方式得出的结论都有些看不起甚至不屑一顾。但亚里士多德是希腊人,精神的力量对他来说也是非常重要的,有时候他甚至放弃科学的方法而采取诗学的方法。他在《诗学》一书中有一个非常著名的说法,即他认为诗的真理比历史的真理更高一个层次,因为诗的真理适用的范围更为普遍,而历史的真理则是片面的、有局限的,他不是以一个科学家的身份这样说的,对希腊之外的科学家来说,这个说法也没有太大的价值。此外,在下面的段落中,他阐明了他一生工作的目的就是探求世间的所有有生之物的本性,其中也没有任何迹象表明它是从科学家的观点出发的:

> 毋庸置疑,研究天体要比研究地上的东西给我们更多的乐趣,但因为天空如此高远,我们的感官给予我们的关于天上万物的知识就稀少而模糊。而那些活生生的东西则正相反,它们就

在我们的门外,如果我们真的感兴趣,我们就能够对其中任何一种有全面而确定的认识。我们能够欣赏一具雕塑的美,难道我们就不能感觉到生命给我们带来的快乐吗?特别是当我们因为热爱知识的缘故去寻找万物的起因并展示意义的存在的时候。然后自然的意图和她深藏的规律就会在所有事物中显现出来,她所有的作品都呈现美的某种形态。

除了在希腊,有哪个地方的科学家曾经这样阐明科学研究的目的?很显然,作为一个希腊人,亚里士多德只能用诗的方式来阐述这神圣事业的全部目的,而且作为一个希腊人,他也能用诗的方式阐述出来。

精神不可避免地将我们的思想带向宗教。希腊的宗教在我们看来却主要是或仅仅是一些神话故事,似乎并无教化意义。这与希腊人对精神事物的深刻把握颇不相合。一个像希腊那样产生了那么伟大的艺术和诗歌成就的国家不可能对宗教始终只有那么肤浅的认识,就像他们不可能不动脑子去思考荷马史诗中的男女诸神。而那些迷人的神话故事毕竟都流传自刀耕火种时期,那时人曾与自然有着直接的交流,可惜这种联系已然全部丧失,但希腊人从来不用口诛笔伐或者公开禁止来使人们忘记这些故事。那不是希腊人的风格。他们喜欢这些故事,随着这些故事展开想象,但他们还通过这些故事找到了所有东西方的宗教中背后深藏的东西。埃斯库罗斯可以像以色列的先知一样地说话,而他所赞颂的宙斯,以赛亚也将会理解:

> 父,造物主,万能的神,
> 伟大的艺匠,用他的手创造了人。
> 富有智慧,通过万物,

最终引导众生至安全的港湾……
他言行一体
他深思熟虑，对万物
作出最迅速的判断。

圣保罗在雅典最高法庭上说，"你们这些雅典人，我感到你们在所有的事情上都太迷信(superstitious)"——《圣经》上是这样记载的，但最后这个单词可以同样准确地译为"对神圣的力量有所畏惧"，这层意思从圣保罗对这个词的用法中就可以看得出来："因为我路过的时候看到你们的祈祷仪式，我在一个祭坛上看到这样一句铭文：献给未知的神。"这些话把我们带离了奥林匹斯山上那些快乐的众神，仿佛又回到了写下这些诗句的诗人那里："在茂密幽深的森林中，他有意设下的小径，我们却无力寻觅。"显然，建立那个献给我们无力寻觅的未知之神的祭坛，只能是由那些看破了言词动听的正统说教以及那些轻松的表象的人。苏格拉底被判处死刑的时候说的一句很简短的话，正好说明希腊人会怎样思考宗教，怎样把凡人的智慧和精神洞察力相结合，以扫除所有的浅薄之见，看透宗教最终极的本质："请记住，无论生前死后，邪恶不会伤及善良的人。"这是对信仰的最终表达。

苏格拉底死前和朋友的最后一次谈话，极准确地说明了希腊人是怎样用理智来控制情感，并取得了精神与理智之间的平衡。在他生命的最后时刻，他和来送行的朋友们谈起了灵魂的不朽。在那样的时刻，寻求安慰或者鼓励，丧失冷静的思考和判断其实是最自然不过的事情。但苏格拉底身上的希腊品质没有使他失去冷静。他是这样说的：

此刻我很清楚，我没有一个追求知识的人应有的品性；像平常人一样，我只不过是一个固执己见的人。一个固执己见的人在争论的时候并不在意问题的正确与否，而只是急于说服他的听众。此刻我和这种人唯一的不同仅仅是——他想使他的听众相信他所说的都是正确的，而我想说服的是我自己；说服我的听众对于我来说是次要的事。你们一定要看看我这样做能有什么收获。因为如果我说的是正确的，我必须要相信我所说的；如果人死后万事皆休，那么我仍旧应该在我有生的这片刻使我的朋友摆脱痛苦，我的无知也不会给我带来什么害处。这就是我讨论这个问题的精神状态。我请你们思考的是真理而不是苏格拉底。如果你们相信我说的是真的，那么请赞同我；如果不是，请尽力反驳我，免得我在有意欺骗我自己的同时也欺骗了你们，使我像蜜蜂一样在临死之前把毒刺刺进了你们的身体。现在我们开始吧。

第三章
东西方的艺术

希腊的艺术是智性的艺术,
因为它是思维清晰的思想者们创造出来的,
所以也是朴素的艺术。
希腊的格言"凡事勿过度",就是他们追求的标准。

一个民族的理智和精神取向对其艺术有决定性的影响。我们只要稍作考察就会发现这是必然的。精神在本质上与其本身之外的事物没有任何关系。是理性把握着现实。精神的方式是从外物的世界退却到内心的沉思之中，并且没有任何必要把外界所发生的一切和内心发生的一切联系起来。精神是自足的，它能使地狱变成天堂，也能使天堂变成地狱。理智却不是自足的，如果理智脱离了现实退缩到其本身的话，它就只能造成混乱。

　　王权复辟之初，一群饱学之士在国王面前展开了激烈的争论，他们争论的问题是，为什么把一条活鱼放进满满的一桶水里面，水不会溢出来；而如果把一条死鱼放进去，水就会溢出来？学者们提出许多和生死的内在意义有关的、牵强附会的原因来证明水或鱼的精神特性。国王命令人拿来两只同样的桶，看着他们把鱼放进桶里。当学者们看到放死鱼的桶和放活鱼的桶里的水同样溢出来的时候，他们得到了一个很有意义的教训，那就是不要让理智完全走上精神的道路，自我封闭起来，不受任何干扰地进行纯理性的思考，思想应该接受外在世界的制约。尊重事实是理智应严守的金科玉律；对事实的敏感是它鲜明的特点。

如果精神占据了绝对的优势，对事实的这种敏感就会消失。所以在中世纪，当西方越来越注重精神活动的时候，最优秀的科学家们只能把他们的聪明才智耗费在诸如一个针尖上能同时站立多少天使这样的问题上。如果把对待现实的这种态度再向前发展一步的话，那就会如同一个佛教信徒在佛像前晃悠着，成千上万次地持诵阿弥陀佛，直到他忘了佛像，忘了阿弥陀佛，也忘了他自己。所有的思维活动都进入休眠状态，而精神则完全沉浸在其本身之中寻找真理。婆罗门教最重要的经文《奥义书》中这样说："让一个人来深思'唵'这个音节，这是一个永不消亡的音节，任何人如果认识到了这一点，并大声地重复它，就会走进它并获永生。"爱默生说："神给了每个人机会来选择真理和安宁，我们可任取其一但不能全有。"这是西方的说法和思维方法。从这个角度来看，真理意味着发现事物本身的性质，这是一种非常积极的活动。

自然，这个分歧在思想领域的产生的结果是显而易见的。那些最终目标是完全摆脱我们的"臭皮囊"的人不会成为科学家、考古学家，也不会和任何过去或眼前的现实发生关系。在艺术领域中，这种结果虽然并非那么显而易见，却同样有决定性的作用。当精神占据优势的时候，事物的形状和外观会变得不再重要，而当精神成为主宰的时候，它们就完全没有什么重要性可言了。

就像有人说过的那样，在埃及，不可见世界的现实逐渐遮蔽了可见世界的现实，但是，虽然它是不可见的，它仍旧摆脱不了其物质性。死者的尸体必须经过处理以免重归泥土；必须要安放在像地堡一样的坟墓中以免受打扰；尸体周围还必须放上他生前所用过的各种器具。死者的尸体极为重要，死者生前拥有的所有物事无疑也都同样重要。这样一个民族的艺术会紧紧联系于现实。金字塔看起来像座小山。它们不像出于人工,倒像大地基本结构的一部分。沙漠中的黄沙在风力的作用下堆积成巨大的三角形沙丘,如果我们注意去观察的话,这些沙丘在风的吹动下变成蜿蜒平缓的沙坡,最后又变成尖顶的沙丘,在广袤无尽的沙漠中这种无穷的循环变化就像星体的运动一样有着永恒的规律,不可动摇、坚不可摧的金字塔,正是用坚硬的花岗岩体现了沙漠的这种特征。埃及所有伟大的雕塑艺术作品都和这个物质世界有着某种谐和。巨大的雕像就像从山上的巨石生长出来的一样。这些雕像带着山石的痕迹,也带着艺术家把它们从山石上雕凿出来时所用的工具的痕迹。

精神对现实的这种把握和理智对现实的把握全然不同。它和理智的思考没有任何关系,而是一种深刻的直觉,那种其个人意识还没有将其本身和自然的方式完全分离的人所拥有的直觉。这种直觉和通过思考获得的现实的概念完全不同,正如生死几近无别的埃及坟墓和苏格拉底为求不朽追寻真理而被囚禁的监狱一样不同。

如果埃及的艺术能够自由发展下去,结果会是怎样?这个问题就是那种因其给人类造成了巨大损失故而永远发人深思的问题之一。但是祭司出现了,越来越被精神体验所照亮的对自然的直接经验在某个地方被阻止并紧紧地束缚住了。祭司给艺术制定了一个所有人都必须遵从的固定模式。思想活动受到了束缚就无法再进行下去,而艺术活动却可以在相当长的时间内继续发展,因此祭司设下的教条对艺术家的精神的全面控制造成的影响在许多世纪之后才完全显现出来;但一旦影响完全显现的时候,埃及的艺术就已经完结了。柏拉图的这段话在任何意义上说都是埃及艺术的悼词:

在埃及,"卓越"的表现形式很早以前就固定下来了,而这些表现形式的模式就陈列在他们的庙宇之中。任何画师或其他艺术家都不能对这些传统模式有任何变动,也不能另辟蹊径。直到今天,也不允许有哪怕是一点点的改变。他们的绘画和雕塑和一万年前的一模一样。

但在东方,艺术的发展却没有受到限制。在东方,精神是自由的,也是唯一自由的东西,它可以不受限制地发展。印度艺术的创造者们从小受到的教育就要求他们将所有身外的事物都看作幻影。他们认为,人们的感觉器官感觉到的实在的、持久的东西是人们最先应从头脑中驱逐出去的虚假的表象。所谓看起来实在的、持久的东西不过是永远都在变化的幻象,像一个花式不断融合变幻的不停转动的万花筒,都只不过和孩子的玩具一样而已。现实、永恒、价值只属于内心的世界,在内心的世界中,真理因为是亲身经历所以是确定无疑的,而且只要人们愿意,他们就可以成为真理的主宰。这是《奥义书》最基本的教义:

> 无穷即是自我。能认识到这一点的人就是世界的主宰。空气、火、水、食物,以及生与灭——都源自自我。看到这一点的人看到了所有也便获得了所有。

我们很难把这种想法和艺术创作联系起来。对我们西方人来说,艺术是外物和内心的纽结,它深深地植根在内外两个世界之中。事实上,一个彻底的神秘主义者——假如真有这样的人的话——甚至永远也不会希望赋予"至福直观"①以具体的形式。他会一言不

---

① 想象中的完美世界——译者注。

发,也不会有任何欲望:

> 如果一个人懂得自身即是万物,对曾经看到这种和合的人来说还有什么悲痛、什么欲望?

但是,即使在东方,神秘的喜悦体验也只属于一少部分人。对其他人来说,不管他们认为现实多么虚幻,他们仍旧不能置之不理。没有人阻止印度的大艺术家们像其他艺术家们那样通过现实来表现自己,但他们的现实观念束缚了他们的艺术。就其希望达到的目的来说,一个佛教艺术家在开始工作之前所要遵循的工作步骤适用于所有印度艺术。他需要一个幽僻静谧的地方。然后他要进入一种状态,他首先需要实行"七戒",并向佛进献一束"真实的或想象中的花束"(很明显,前者与后者没有什么高低之分)。然后,他必须做到"四大皆空",然后深思万物的虚幻和空无,直到"深邃莫测的意念之火"使他失去了所有自我意识,并使他和他要描绘的神明合而为一。最后,他呼唤神,就会看到神。神的真身会向他显现。"如同光辉的影像",来充当他的模特。我们可以肯定,那不会是人的形象。因为这整个过程就不是为了产生人的形象。艺术家一直在加强这样的信念,即他的艺术真理脱离并超越任何现实。在幽独的入定状态中,他要忘却任何和肉体有关的东西,从而得到净化,他要忘却所有尘世的记忆,通过纯洁的精神去找到永恒的彰显。他的雕塑首先必须具备的就是其非人的特点。他必须通过蓝色的头发或多个脑袋或多条手臂来将神和人区别开来;或是通过一个女神挥舞着从脚下皮开肉绽的人身上拧下来的头颅来显示其超人的力量。

据说当时波力诺塔斯准备为特洛伊的海伦画一幅像,于是他就去了以美女而闻名的克罗特纳,去求见那些人们认为最美貌的女人。

他在动笔之前花了很长时间去研究这些女人，但当画完成的时候，画中的人不是任何一个他见过的美女的样子，但却比他此前见过的任何女人都要美丽。从这个故事中我们可以看出，希腊的艺术家和他们的佛教徒同行们比起来，也不能说是以画得逼真为标准的；他最后同样也是将视线从他眼前的女人们身上移开，然后在他的内心中创造出属于他自己的美的形象。但这个故事也同样说明了这两种画家的不同之处。希腊艺术家的画室不是供其面壁沉思的静室，而是活生生的世界。他的画像来自于他研究过的女人；画中的形象取决于她们真实的体态，它是超乎个人的却不是超乎自然的。

印度的艺术家不受任何外界条件的束缚，在所有艺术家中他们是最自由的。埃及画家受自然和祭司教条的限制；希腊画家因为理智而不能脱离他们所见的范围；印度画家除了他们所用的材料之外，不受任何他内心之外的条件的限制，即便如此，他们还经常试图打破这个限制。在印度以及所有受其影响的东方国家中，很多雕塑作品总是显示出它们要挣脱大理石材质本身的限制。没有任何别的艺术家像他们一样使青铜和石料产生了动感。对他们来说没有什么东西是固定不变的；因为精神世界里没有什么是固定不变的。印度艺术是无羁的精神力量的产物，除了艺术家自己给自己的限制之外，它是不受任何控制的狂流。

虽然可见的世界对他们的注意力没有任何约束，但是，和其他人一样，他们的头脑中仍旧不能凭空产生和现实无关的东西，也不能产生和他们见过的事物毫无相似之处的东西。他们的艺术想象力也会受到现实条件的制约，但这种制约只是间接的，因为他们的本意就是要脱离现实。现实和现实中的可能只会对理智起作用，但他们对此全然无动于衷；他们全神贯注于精神的意义。对他们来说，在神思恍惚的时候看到的多手多臂的神是有象征意义的，这些形象表达了精神的真理，表达了值得艺术家注意的唯一的现实。

因为印度艺术家从一开始就认为现实世界完全没有意义，所以他们只有一条路可走，那就是象征主义。他们最不善于抽象思维。数学家和哲学家能够思考纯粹的概念；但是对艺术家来说抽象概念的世界里没有任何可资一用的东西。象征主义的方法使他们对某些东西有实在的把握，哪怕他们仍坚持真实本身和感官感觉到的东西没有任何关系。象征符号是带有虚幻色彩的实在，是我们通过镜子看到的影像，哪怕是昏暗模糊的影像。在象征主义中，现实是重要的，哪怕它们的重要性就在于它们代表了其自身之外的其他东西。神秘派的艺术家可以对之随意取舍。他们还可以随时创造自己所需的简单的象征符号：用很多手臂来象征多种力量；用很多乳房来象征精神滋养。这是一种精炼的象形文字。唯一的节制来自他们自己的内心，但是，因为他们轻视外在的世界，对事物总有一种偏见，不承认它们是美丽的，因此在他们必须在内心中找到精神的意义，于是他们不可避免地被推向一种他们能够符号化的模式，也正因为他们将模式符号化了，这些模式才具有了意义。

神秘派艺术家总是会发现各种模式。那些从来不具有实在意义的符号，被表现得越来越不真实，而当现实被抽象化以后，模式就获得了发展。

在布莱克的作品中，天使的翅膀看上去并不像真正的翅膀，他给天使雕上翅膀也不是因为天使真的就有翅膀。它们经过整平、造型处理，呈现出尖弧的形状，这是这种结构模式需要的形状。在印度艺术及其分支中，形式化的美的造型达到了巅峰。人的形体造型远远不再局限于某种形式；人体也被造成了某种模式，某种人体的形象设计，或说是人性的某种抽象。再有，从一块东方地毯中就可以看出，所有模仿自然的愿望都消失了。这样的艺术品只是装饰品。这是艺术家从可见世界的最终退却，实质上是对理智的否定。

脱离这个实在的世界，将其视为无望的、可憎的，对艺术造成的影响基本上一样的，无论其产生的艺术作品是安吉利科的天使还是凶神。一个映着金色背景飞翔的天使和千手观音是同一种世界观的产物。艺术家们转而背向实在可见的事物。他们闭上了思想的眼睛。当罗马陷落，希腊的影响消失的时候，西方艺术和其他所有一切都一道走上了东方的道路。绘画越来越具有装饰的作用。只是单调的原始的非现实的发展成了单调的雕琢的非现实的而已，直到文艺复兴时期，随着希腊的重新发现，人们才又重新认识了这实在、可见的世界。

菲迪亚斯、普拉克西第利、邱克西和阿派里兹的黄金时代逝去两千年之后，他们的雕塑已经凋损破碎、荡然无存，他们的绘画也永远不可能再现于世，可人们突然对希腊和罗马留传下来的文学作品产生了兴趣。柏拉图时代的希腊人对知识的那种渴望在意大利人心中洋溢。研究希腊的文学就是去发现思想自由的观念，就是去运用希腊灭亡之后再也不曾有人使用过的方法来思考问题。精神的力量和理智的力量再一次融合在一起。意大利文艺复兴时期同时产生了伟大的艺术运动和伟大的思想启蒙运动，和希腊前后各个时代的艺术相比，这个时代产生的艺术在其本质上更具有希腊的特点。佛罗伦萨的大艺术家同时也都是大思想家，他们重新发现了现实世界的美，他们描绘的也正是他们亲眼见到的。当然，是意大利的画家发现了透视原则。但这并不是因为西纽雷利比马尔蒂尼要高明，而仅仅是因为他和像他一样的艺术家们看到并力图去描绘真实的世界，而不是天堂的幻影。

希腊的艺术家是否懂得透视法则，这一点我们再也无从知道了；他们的绘画作品无一传世；但他们认为应该描绘他们的真实所见，这一点完全毋庸置疑。他们的这种态度从很多地方都可以看得出来。

　　一个著名的希腊画家向人展示他的一幅画,画的是一个小男孩手里拿着一串葡萄,那串葡萄画得如此逼真,竟引得鸟儿来啄食,人们因此称他为艺术大师。而他说:"如果我真是一个大师的话,画上的小孩儿应该吓得鸟不敢飞过来。"这个小故事中对鸟的智力的这种有趣的假设完全是希腊风格的。葡萄应该画得像葡萄而男孩应该画得像男孩,因为人不可能想象出比现实事物更美好、更有意义的东西。"不要说谁上天堂,谁下地狱,因为道(Word)离你那么切近,它就在你的口中,在你的心中。"希腊艺术家既不去幻想天堂,也不去幻想地狱;道离他们如此切近;他们发现现实世界已经完全能够满足精神的需要。他们不希望给神的形象增添任何非人的特征来使他们显得神秘。而既然他们认为他们周围的人体就是最美丽的,他们自然也就不去想把神的形象变得与人有什么不同。

　　一尊婆罗门湿婆的青铜雕像,塑造出了一个动感强烈的舞蹈姿势,他的身体上伸出许多手臂,表现出连绵的有节奏感的动作。他的轻盈纤巧的体态,也修饰得与凡人不同。他的身上围绕、装点着许多奇异却有象征意义的东西:一条盘卷的毒蛇,一个骷髅,一个美人鱼一样的东西,头发上和耳朵上戴着长长的饰物,脚下还踏着一个身形扭曲的怪物。这尊雕像表现出来的美是世上任何原有的美好的事物所不具备的。

　　奥林匹克的赫耳墨斯神像就是一个形象完美的人,他身上不比凡人多什么,也不少什么。他的雕像的每一处细节,都是根据当时希腊人对人体最深刻的了解雕刻出来的。没有任何附加的东西表明他是一个神,他的头上没有光环,没有任何神秘的东西,也没有任何东西暗示他就是指引灵魂走向死亡的神明。在希腊艺术家看来,只有他的美,才能表现出这尊雕像的神性。当希腊艺术家走在街上、观看比赛,或在不断了解他周围的人的时候,他的作品已经在胸中成熟。在他看来,他观察到的东西对他的艺术创作来说已经足够了;他从来没有产生冲动去想象出什么异乎寻常的、比自然还要真实的东西。在他的眼里,道已成肉身;他已经创造出人能够创造出来的永恒的形象。有翅膀的胜利女神像希腊后期的作品,雅典卫城山上的神庙是为没有翅膀的胜利女神建造的。

在希腊,灵魂与肉体之间无尽的争斗结束了。希腊的艺术家们自己并没有意识到这种斗争的存在。他们是精神唯物论者,他们从来没有否定肉体的重要性,也从来都能在肉体中看到精神的重要性。神秘主义对希腊人来说是完全陌生的,因为他们是会思想的人。思想和神秘主义从来都是无法调和的,希腊艺术中也很少使用象征的手法。雅典娜不是智慧的象征,而是智慧的化身,她被雕塑成美丽的女性,她严肃的神情表明她富于智慧,除此之外她身上再也没有什么其他的标志了。梵蒂冈望楼的阿波罗不是太阳的象征,凡尔赛的阿尔忒弥斯也不是月亮的象征。他们表现出的美以及普遍人性与象征主义的手法毫不相干。希腊人对装饰也没有特别的兴趣。在他们所有的艺术中,他们首先想的是要表达什么,不是怎样去表达,而仅仅是模样动人对他们来说没有任何吸引力。

希腊的艺术是智性的艺术,因为它是思维清晰的思想者们创造出来的,所以也是朴素的艺术。世界上从未有过像希腊人那样伟大的艺术家,因为精神把最好的礼物馈赠给了他们,澄明的思想又赋予他们简洁、明晰、自然的表达方式。他们能够抛开所有纷繁琐碎的细枝末节,从而清晰、朴素、不加雕琢地把握他们要表达的东西。希腊的格言"凡事勿过度",就是他们追求的标准。在艺术上,结构在很大程度上是思想的产物,而结构设计是希腊人最优秀的标志。那种将希腊悲剧三部曲紧密联系在一起的力量,以及促生希腊雕塑简洁刚毅的造型的东西,在希腊的建筑中都有非常明显的痕迹。希腊神庙是杰出的思想和同样杰出的精神紧密结合的产物。

印度的寺庙是很多装饰物堆砌起来的。建筑物的线条已经完全淹没在那些装饰物之中。满墙满壁的形体雕塑和花饰,纷繁突兀,把墙壁变成了一系列令人眼花缭乱的毫无规则的堆砌物。这不是有机结合的整体,而是堆砌;丰富,但是繁乱。这些寺庙好像不是有计划地建造起来的,而是根据装饰的需要东一下西一下拼凑起来的。我们从其中可以看出他们的信念:每个精雕细刻的细微之处都有着某种神秘的意义,而整个庙宇的外观在艺术家看来只是用来雕刻那些真理的符号的地方。这是装饰,不是建筑。

再说埃及的庙宇,那些好像只有能引起地震的力量才能创造出来巨大的花岗岩石料,却也不是出自几何学和美感之间的平衡,科学和精神是有的,但最重要的是力量,是那种沉静而恢宏,令人自感尘微的超人的力量。和它比起来,人所有的一切简直什么都算不上。人被比没了。埃及的建筑师被可怕的、主宰一切的、不可抗拒的自然力量所震慑,从没想到过如芥子之微的人。

希腊鼎盛时期的建筑的设计者和建造者都是有思想的艺术家,理智使他们只去思考这个可见的自然世界,但仅次于此,他们也热爱人性的世界。希腊的神庙是在精神力量照耀下的理性活动的完美创造物。没有任何其他地方的建筑像他们的建筑那样简洁。帕台农神殿的笔直的柱子上面就是朴素的柱头;山墙上雕刻着一些浮雕,再没有别的什么了。但是——这正是希腊创造的奇迹——就是这些绝对简单的结构比起世界上任何庙宇、教堂或宫殿来都更加庄严、典雅。庄严,但有人性,这是希腊真正的特点。没有像埃及那样的超人力量,没有像印度那样奇异的超自然的形象,帕台农神殿是人性的家园,轻松、平静、有序,既肯定自我也肯定世界。充满欢乐的希腊人向自然全力挑战。他们把他们的神庙建在山巅,映着苍穹,俯瞰着汪洋大海。他们能建造比群山、比大海、比天空更完美、更伟大的建筑。神庙的规模并不重要,没有人会想到规模。真的,即使留下来的只是残垣断壁也没有什么关系。修尼翁几处残垣断壁俯视着这座小山,正像帕台农神殿俯视着雅典周围的海洋和大地。在希腊的建筑师看来,人是这个世界的主宰。人的头脑能够理解这个世界的规律,人的精神能够感受这个世界的美丽。

建造哥特大教堂是因为对上帝的畏惧和尊敬,是人们为了表达他们的愿望:

> 我们赞美你,啊,上帝,除了能赞美你,我们一无所能。

建造帕台农神殿是因为胜利的喜悦,是为了展示人类的美丽、力量和光荣:

> 世上奇迹有很多——却没有一个比得上人。
> 他能跨越海洋,哪怕飓风卷起一片白浪……
> 他是在荒山中潜行的万兽的主宰……
> 他是话语和像风一样快的思想——

神性得到了体现;通过完美的有涯之生,人获得了永恒。

古希腊陶器装饰

第四章
希腊的文学风格

英国式的方法是让头脑充满美,
希腊式的办法是让头脑转动起来。
希腊的诗人只是掀起帷幕的一角。
观众只能窥见一斑,但他们的思想却因此被激发起来。

因为长期的耳濡目染,我们对希腊鼎盛时期的雕塑艺术都非常熟悉。没有任何一尊希腊雕塑让人一眼看上去会觉得有什么异常。完全没必要花长时间去研究,也不需费神去细看,我们就能够理解它们。我们立刻就会发现自己对它们非常熟悉。现代雕塑家的创作手法都是从希腊人学来的,因此我们在所有美术馆陈列的雕塑作品中都能看到希腊的影子。或多或少看起来有点像希腊雕塑的石膏像是最庸常俗气的装饰风格。我们头脑中的雕像是由若干希腊的雕像组合起来的,而最能说明原作旺盛生命力的,莫过于它们虽历经人世风雨但仍旧留存了下来。

希腊的神庙也是一样。我们对它们也是再熟悉不过了。那种笔直的圆柱支撑的尖顶山墙我们看得太多了。对这种形式的模仿泛滥于每个城市的公共建筑中,而这些样式的随处可见似乎是对它们所包含的庄严性的确认。从罗马时代开始,雕塑家和建筑师就开始模仿希腊人。

希腊的文学艺术却自成一派,这与他们的雕塑和建筑形成了鲜明的对照。希腊的思想渗透到了每个角落；而他们的文章风格，他们的写作方式，却为他们所独有。在这方面，他们没有仿效者，也没有追随者。这却也没什么可奇怪的。因为只有当一个人非常精通一门外语的时候，这种语言才会对他的写作风格产生影响。实际上，只有当他能领悟到这种语言的精髓和神韵之后，这种语言才可能对他的写作产生影响，而这对一个外国人来说几乎是绝无可能的事。希腊语又是一种非常精妙的语言，有大量词义精微的修饰词汇，能区分最细微的意义上的差别。即使只是粗通这种语言也要人们花上几年的时间。这样看来，其他国家的作家们没有像雕塑家那样模仿希腊的艺术手法就不是什么奇怪的事情了。英国诗歌走的是和希腊完全不同的道路，就像其他根源于欧洲而非仿效他人的艺术一样。

欧洲的艺术，我们最习以为常的艺术，从来都是最细腻丰富的。一座哥特式大教堂没有一处不装饰着图案繁复、雕工细腻的石雕花饰。文艺复兴时期的肖像画中最细微的造型和色彩差异都倾注着艺术家滴滴心血，霜花般的花边、浮花的织锦、精美的链饰、镶嵌着宝石的戒指、头发上的珠环、薄如蝉翼的绢纱、裘皮绲边的天鹅绒，无不显示出精致与奢华的美。如果希腊的神庙和雕塑是刚刚被发现的，我们一定会对它们缺乏我们熟悉的那种铺陈的美而感到讶异。如果你熟悉圣马可大教堂或沙特尔大教堂，当你第一次看到帕台农神庙的时候；或如你熟悉提香的作品，当你第一次看到米洛的维纳斯雕像的时候，你一定会感到非常惊奇。维纳斯雕像的衣纹朴素刚劲，她的头发简单地向后梳成发髻，全身没有任何装饰使她显得与众不同。如果把她同文艺复兴时期乃至欧洲任何时代的雕像放在一起的话，对比都会非常强烈，如果不是因为我们对她太熟悉了，我们简直会觉得她过于庄严肃穆而让人无法欣赏。她显示出希腊人追求的美和后人追求的美是多么的不同。

所以，一个对希腊的写作风格完全不熟悉的文学爱好者，当他第一次读希腊文学的时候一定也同样会感到非常讶异，甚至会感到隔膜。希腊人对待写作就像他们对待其他任何事一样。希腊文学和希腊雕塑一样都不尚雕琢，行文素朴率直，实话实说。如果直译的话，译文往往会显得非常直白干瘪，和我们熟悉的风格大相径庭，甚至让人难以接受。所有希腊文学的译者都曾感到过这种困难，而当原文的风格和英语的表达方式相距较大的时候，为了能给他们所喜爱和熟知的伟大作品争取一些读者，他们往往去重写而不是去翻译。G·墨雷教授最是如此，他翻译的方法是这样的：

> 我经常会使用一些比欧里庇得斯的原文要华丽的词，因为我发现希腊语非常朴素庄严而英语则比较华丽。如果直译的话，译文就会显得非常单调乏味，从而和原文的风格大相径庭。

困难肯定是有的，但如果我们不能欣赏直译的译文，我们就永远也不可能知道希腊人的作品是什么样子的，因为希腊语和英语非常不一样，希腊语一旦译成了英语，原文的风格就丧失殆尽了。我们之所以能够欣赏到希腊的神庙和雕塑的美，完全是因为我们对它们非常熟悉。假如我们愿意去适应像原文一样简洁朴素的译文，并试着去发现创造出帕台农神庙和维纳斯神像的艺术思想会创造出怎样的文学作品，而同时我们又能读到像墨雷教授译的欧里庇得斯那样优美的译文的话，我们就可能通过译文这种不太完美的形式慢慢地体味到原文的风格。愿意在这一点上向希腊人学习，并且不但能够同时欣赏希腊神庙的朴素庄严、圣马可大教堂的辉煌灿烂和布尔日大教堂的宏伟壮丽，而且能够同样热爱用简洁的语言阐述的真理和用一切人能想出来的华丽辞藻装点起来的真理，能够欣赏希腊的写作风格也同样能够欣赏英语的写作风格，这样的人就会成为最丰富的人；这样就已经把我们的整个诗歌的概念拓宽了，净化了。

朴素不是英语的风格。英语诗歌是哥特式大教堂，是文艺复兴的绘画，被尽可能地装点得精致华丽。诗中的辞藻像精美的刺绣。我们的诗人可以随心所欲地修饰他们的诗歌。他们不必拘泥于事实。而希腊诗人完全却不能脱离事实。兰多曾这样说过："希腊人翱翔于天空，而他们的脚却仍踏在地面上。"我们的诗人把世界远远地抛在了后面，凭借着奔放不羁的诗歌获得了自由。希腊人极少这么做，他们也没有这样的词汇。我们的诗人心中充满着这样的景象："无底的深渊，直到暗无天日的海底"，"美丽的花朵难以描绘"，"石头上的昭示，奔流的溪水中的书籍"，"开窗面向大海险恶的浪涛"，"天堂的地板上铺满了闪亮的黄金祭碟……还在向明眸的天使歌唱"。而荷马说："明月当空，星星闪烁可见，因为没有风扰动空气，所以群峰显现，还有高高的海岬。"索福克勒斯写道："白色的科洛诺斯，林中深处的绿地上长满长青藤，夜莺在那里清晰地啼鸣，那里阳光既晒不到，风也吹不着。"欧里庇得斯写道："他们说，潮水会在岸边的石壁下留下一个深深的小池，妇人们正好去那个干净的地方汲水。"他们的词句是这样朴实，这样严肃，这样平淡，几乎不能引我们注意到其中的美。在我们的印象中几乎要把希腊人归为冷漠。表达要简明，这是希腊思想家的座右铭，也同样是诗人的座右铭。希腊人从不会为平凡的花开花落而思绪万千、感伤落泪，因为他们的这种感情通常深深埋藏在心底，不轻易流露。河边的樱草花永远只是简简单单的樱草花。云雀像露谷间的发光的萤火虫或像隐藏在思想光芒之中的诗人，这样的话对他们来说直可是纯粹的废话。云雀就是云雀，鸟就是鸟，而不是任何其他的东西，但鸟是多么美的东西啊："随意地飞过咆哮的海面，像海面一样紫色的春天的群鸟！"

希腊人是现实的人,但"现实"这个词在这里不是我们通常所说的意思。他们看到平凡事物的美,并且满足于这样的美:

> 从肥壮的奶牛那里,取来洁白可口的牛奶;从蜜蜂花朵般的蜂房里,取来甘甜的蜂蜜,再从那汪处女泉里,取些洁净的水来吧——

> 奇美的水仙……对不朽的众神和终有一死的人们来说,都是一个奇迹。成百上千的花朵从它们的根部成长开放,花的香气非常甜美,广阔的天空、无尽的大地和波涛起伏的大海都在微笑。

> 冬日的雪下得很厚,群山的山顶、远处的海岬和农人的田地上都被积雪所覆盖。河流的入海口和海岸上雪也下得很大,只有无尽的波浪上看不到雪花的踪影。

以上三个例子是从埃斯库罗斯的《德墨特尔的赞歌》和《伊利亚特》中信手摘选的几个段落。几乎从任何希腊的诗歌中都能选出类似的例句来。希腊人喜欢事实。他们对铺张的辞藻没有什么兴趣,他们讨厌夸大其词。

即使这样的情形并不多,但有时希腊的审美观念在英语诗歌中也确实会有所表现。很奇怪,济慈比任何诗人都喜欢描写细节,但他的《秋颂》一诗比任何其他的英语诗歌都更有希腊的特色;这首诗结尾的几行完全是希腊风格的:

> 这时小小的蚊蚋悲哀地合唱
> 在河边柳树丛中,随着微风

> 来而又去,蚊蚋升起又沉落;
> 长大的羔羊在山边鸣叫得响亮;
> 篱边的蟋蟀在歌唱;红胸的知更
> 从菜园发出百转千鸣的高声,
> 群飞的燕子在空中呢喃话多。①

作为有理性的人去观察他们周围事物,不草率、不逃避、不脱离实际空想,然后能感到它们的美——这就是希腊诗人观察世界的方法。

所以,不着边际的幻想在希腊诗歌中非常少见。他们从未想到要"执彗尾之笔,挥洒于天空这无尽的画布上"。再看看我们的爱情诗人用多少词句来歌咏他们的心上人!春天的大地、缀满群星的天空、太阳、月亮、黎明,还有黄昏,这样他们还嫌不够:

> 啊,你身披灿烂的群星
> 比晚间的轻风还要美丽。

> 她像一位才着新装的灿烂的天使,
> 正欲展翅飞向天空——

每个人都能找到这样的例子。

希腊的爱情诗人有着他作为希腊人对事实的敏感。他偶然会允许自己展开一下幻想:"众花之中你最美丽,泽诺菲尔正含苞待放,我的姑娘比美丽的花环还要馨香。"但是作为一条原则,他对幻想和形

---

① 济慈:《秋颂》,《夜莺与古瓮:济慈诗歌精粹》,屠岸译,第23页,人民文学出版社,2008。

容词一直保持警觉。一两个修饰词,对他来说足够了:"金色的泰丽瑟拉""赫丽多拉,美丽的爱人""秀发可爱的德莫""大眼睛的安提克蕾拉""洁白如象牙的额头下面是长着黑黑睫毛的眼睛"。启发雕塑家灵感的美丽姑娘从受过希腊教育的年轻人那里也只是得到了这些平凡的赞美。

希腊诗人的想象力处处受到严格的限制,而英语诗人则是完全自由的。拜伦在描绘一座山峰的时候用的是最奔放不羁的笔墨:

——众山之王。
他们在很久以前就为他加冕
岩石是他的王位,白云是他的王袍
白雪是他的王冠

埃斯库罗斯在描绘一座山峰的时候,他只允许自己写下这样一句:

高耸的山峰,比邻群星。

柯勒律治在观察勃朗峰的时候不用眼睛:

如同一首令人陶醉的歌曲,
我们在不觉中听入了迷——

品达观察埃特纳的时候,着意准确:

银装素裹的埃特纳,

终年怀抱着刺骨的白雪

柯勒律治的遐想随兴所至。他站在山峰面前的时候,全神贯注于他当时偶然的感觉。显然他也很可能浮现随便哪一种别的感觉,自然景观和他的反应之间没有任何逻辑的关系。希腊诗人品达在观察事物的时候注重准确,他给出的是宏伟雪山的真实记录。他认为最要紧的是眼前的山峰,不是他这样或那样的感觉。他的感觉受到事实的限制;英语诗人完全摆脱了这种限制。

像任何希腊情人一样,墨勒埃格这样企盼黑夜的到来:"晨星啊,黎明的使者,快来吧,快像夜晚的星星那样迅速闪现,再悄悄地把你从我身边带走的她送回我的身边。"朱丽叶的祈祷则是英国式的:

> 来吧,柔和的黑夜!来吧,可爱的黑颜的夜,
> 把我的罗密欧给我,等他死了以后
> 你再把他带去,分散成无数的星星
> 把天空装饰得如此美丽
> 使全世界都恋爱着黑夜。①

恋爱中的希腊人这样说:"清冷的晨曦,恋爱中的人憎恨你。我和德莫正相拥在此,你为什么这么快就来到我的床头?请快快掉转你飞驰的骏马,再让我们重享夜色的温柔。啊,甜美的光明来到,却让我多么着恼。"可是恋爱中的英国人对清晨的到来就不是这样平铺直叙地感叹了:

---

① 莎士比亚:《罗密欧与朱丽叶》,《莎士比亚悲剧喜剧全集 悲剧1》,朱生豪译,第117页,群言出版社,2015。

> 不作美的晨曦
> 已经在东方天的云朵上镶起了金线。
> 夜晚的星光已经烧尽,愉快的白昼
> 蹑足踏上了迷雾的山巅——①

  我们难以接受希腊的文风,这和《圣经》的英译本有某种关系。对我们来说,圣经的语言和风格就是宗教的语言和风格,而希腊悲剧,或者毋宁说是希腊所有最优秀的诗歌,都是宗教诗篇,但这些诗歌和希伯来的风格完全不同。希腊和希伯来是完全相反的两个极端。希伯来诗歌使我们动感情;它的目的是让聆听者去感觉,而不是去思考。所以希伯来诗歌中注重反复:"亲爱的、心爱的兄弟,《圣经》感召我们——要我们承认、要我们忏悔我们的种种罪孽和邪恶;当我们聚集在一起,彼此面对面的时候,我们不要逃避、也不要遮掩那些我们必须而且应该问的问题。"从非洲丛林中的鼓声到这些喃喃的祈祷中,任何人都会感觉到重复产生的情感效果。这样的重复不能产生新的意义,这些词都是同义词,但是这种节奏使批判的理性趋于停滞,却使感情逐渐激烈起来。这是希伯来诗歌中的基本方法:

> 使雨降在无人之地,无人居住的旷野。②

> 你这不怀孕不生养的,要歌唱,你这未曾经过产难的,要发

---

① 莎士比亚:《罗密欧与朱丽叶》,《莎士比亚悲剧喜剧全集 悲剧1》,朱生豪译,第125页,群言出版社,2015。
② 《圣经·旧约全书·约伯记》,第38章。

声歌唱。①

这种写作手法和希腊的写作手法产生的效果形成了鲜明的对照,特别是当它们表达同一个意思的时候,就显得更加清楚。《新约》的风格是在《旧约》的基础上形成的,其中登山训众一节是这样的:

> 你们祈求,就给你们;寻找,就寻见;叩门,就给你们开门。因为凡祈求的,就得着;寻找的,就寻见;叩门的,就给他开门。②

埃斯库罗斯以希腊的方式表达了同样的想法:

> 人们寻找神,就找到了他。

再多一个字也没有。诗人觉得这句话表明了他的意思,他觉得没有必要再细说下去,也没必要再多加什么修饰。

上面这句话选自《阿伽门农》,下面这段合唱同样引自该剧,这也是说明希腊人的简洁和率直的一个绝好的例子:

> 他已经按照他的意思把这件事促成了。曾有人说,神不屑于注意那些践踏了神圣的美好的东西的人;说这话就是对神不敬。当人们家里有过多的、超过了最好的限度的财富而过分骄傲的时候,很明显,那不可容忍的罪恶所得到的报偿就是死亡。一个聪明人只愿有一份无害的财富就够了。因为一个人若是太

---

① 《圣经·旧约全书·以赛亚书》,第54章。
② 《圣经·新约全书·马太福音》,第7章。

富裕,把正义之神的大台座踢得不见了,就没有保障啊!是"引诱"那坏东西,那预先定计的阿特的难以抵抗的女儿,在催促他,因此一切挽救都没有效力。他所受的伤害无法掩饰,像可怕的火光那样亮了出来。①

这些想法在圣经中随处可见,通过《诗篇》和《箴言》的许多为人们熟知的诗句,人们对这些想法也都非常熟悉。但因为那是希伯来文写成的,都很长,我们这里根本无法引用了。

但是,我们必须全文给出一个同样的例子。《约伯记》中对智慧的描写是人们熟知的,它又有鲜明的希伯来风格:

然而,智慧有何处可寻?聪明之处在哪里呢?智慧的价值无人能知,在活人之地也无处可寻。深渊说:不在我内;沧海说:不在我中。智慧非用黄金可得,也不能平白银为它的价值。俄斐金和贵重的红玛瑙,并蓝宝石,不足于较量;黄金和玻璃不足于比较;精金的器皿不足于兑换;珊瑚、水晶都不足论。智慧的价值胜过红宝石。古实的红璧玺不足与比较,精金也不足与较量。智慧从何处来呢?聪明之处在哪里呢?……敬畏主就是智慧,远离恶便是聪明。②

这些词语铿锵的句子表达的意思其实很简单:智慧是买不来的,它是正直的回报。这段话全凭不断的重复来产生一种强烈的效果。

---

① 埃斯库罗斯:《阿伽门农》,《埃斯库罗斯悲剧六种》,罗念生译,第255页,上海人民出版社,2016。
② 《圣经·旧约·约伯记》,第28章。

这个想法一遍一遍地重复,只是意象稍有变换,最后累积起来的效果就很强烈,使人产生很深刻的印象。这碰巧和希腊悲剧中的一段话可以进行直接的对比,因为埃斯库罗斯也思考过怎样得到智慧:

  是宙斯引导凡人走上智慧的道路。因为他立下了这条有效的法则:智慧自苦难中得来。回想起从前的灾难,痛苦会在梦寐中,一滴滴滴在心上,甚至一个顽固的人也会从此小心谨慎。这就是坐在那庄严的艄公凳上的神强行赠送的恩惠。①

正如前面引自《约伯记》的文字有鲜明的希伯来风格,这段文字具有鲜明的希腊风格,没有重复,没有强调。智慧的代价是痛苦,虽然神最后将真理作为礼物赐给我们,但那总是人们不愿付出的代价,埃斯库罗斯几乎是用最简洁、最素朴的语言阐明了这个概念。诗人全神贯注于他的思想。他的目的是让人了解他的想法,而不是让人觉得他洋溢着激情。毫无异议,他和希伯来诗人一样也有一种美感,只不过他有的是一种完全不同的美感。

我们可以另外举一个例子,来说明这两种风格之间的不同,比如说神对恶人的祷告充耳不闻。圣经中是这样说的:

  急难痛苦临到你们身上,那时你们必呼求我,我却不答应。恳切地寻找我,却寻不见。②

---

  ① 埃斯库罗斯:《阿伽门农》,《埃斯库罗斯悲剧六种》,罗念生译,第 250 页,上海人民出版社,2016。
  ② 《圣经·旧约全书·箴言》,第 1 章。

希腊人直截了当地表达了这句话的中心意思,一个字也不多用:

> 他确实祈祷了,可没人听见。

有一次苏格拉底和斐德罗一起讨论这位年轻人非常喜欢的一篇文章。他非要让苏格拉底也喜欢这篇文章。苏格拉底说:"好了,说起这篇文章表达的情感,我同意你的判断,至于文章的风格,我不知道作者能不能够说服我。我说的不一定都对,但我认为他重复了两三遍,或是因为缺乏词汇,或是因为缺乏斟酌。在我看来他好像为自己能用两三种不同的方式来叙述同一件事而颇为得意——"

伯里克利说:我们热爱俭约之美。应该像节省其他东西一样节省文字。

一些杰出的希腊年轻人,酒满金杯,向大海起誓,起航去远征西西里,最后却都在叙拉古战役中丢掉了性命,修昔底德一句话道尽了他们的命运:"做了人能做的事,受了人该受的苦。"一句话概括了他们得到的光荣,他们遭受的苦难。当克吕泰涅斯特拉得知她的儿子在追杀她,她也用一句话表达尽了她全部的感情:"我站在苦难的巅峰。"

麦克白在他最危难的关头,敲响了真正的英语诗歌的音符。他既不简洁也不素朴:

> ——我们所有的昨天,不过替傻子们
> 照亮了到死亡的土壤中去的路。
> 熄灭了吧,熄灭了吧,短促的烛光!
> 人生不过是一个行走的影子

一个舞台上指手画脚的拙劣的伶人。①

英国诗人把整个悲剧摆到了他的观众面前,就好像若不摆出全部,观众自己就看不出来。他用华美的文字、生动的形象将其表现出来,使观众超越了自我,达到一个新的境界。希腊的诗人只是掀起帷幕的一角。观众只能窥见一斑,但他们的思想却因此被激发起来,自己去发现以后发生的一切。作者只是暗示发展的方向,但是他暗示的方法能激发读者自己去想象。品达把一对情侣带到门前,然后却不再去管他们了:"留下秘密是最聪明的办法,可以让人发现爱情中的神圣。"这和莎士比亚处理罗密欧与朱丽叶的方法很不一样。英国式的方法是让头脑充满美,希腊式的办法是让头脑转动起来。

---

① 莎士比亚:《麦克白》,《莎士比亚悲剧全集2》,朱生豪译,第467页,作家出版社,2016。

雅典娜

第五章
品达 希腊最后的贵族

品达光彩照人却从不温情款款。
他严肃、冷峻、宁静、淡远,还有着一种骄傲的辉煌。
一个贵族从来不会自贬身份去撒谎,无论歌咏什么,
他的笔永远不会脱离真正的事实。

"品达使人感到震撼,"《利己主义者》中的米德顿博士说,"但荷马却让人回味无穷,前者是喷薄而出的泉源;后者是波涛汹涌却悄无声息的紫色大海。"

任何试图评论品达的人都面临着同样的困难,那就是怎样把这喷薄而出的泉源用文字表现出来。描写荷马波涛汹涌的紫色大海相对来说要容易一些。荷马总是把一个伟大的故事讲得简单而精彩。我们只要真实地去记述荷马,他的伟大、简洁和辉煌就会自然而然地显现出来;很难有东西能完全掩盖这种光芒。对那些悲剧家也同样如此。我们的描述也许只能在很小的程度上反映出原作的完美,但他们那崇高、庄严的思想火花仍旧会在我们笨拙的描绘中闪现出来,甚至翻译也不一定会破坏思想内容和故事情节。正如雪莱的诗能译成其他的语言而基本保持原样:

藏在
思想的光芒之中

> 径自唱起赞歌
> 直到让这个世界开始同情
> 它未曾在意的希望和恐惧——

但是这样的诗和品达的诗截然不同。对于他来说,未曾注意过的希望和恐惧都是不存在的。思想的光芒从未把新知奇见投入他的心灵。他思考问题的方法是传统的、既有的,除了同时代的那些最守旧的人,他的诗不能引起任何人的共鸣。然而他仍旧是一个伟大的诗人,定然名垂千古。但只有很少数人了解他。真正仰慕他的人少而又少。他是所有的希腊诗人中最难读懂的,他的诗比有史以来任何人的诗都难翻译。乔治·梅瑞狄斯所说的"喷薄的泉源"只能解释一部分原因。另一位诗人贺拉斯对品达的理解也正如梅瑞狄斯一样:

> 如怒泻的山涧
> 那急雨汇集的湍流漫过河岸
> 品达的歌声如无可抵御的洪流
> 奔腾澎湃,涛声震撼
> 或如一股罡风
> 起自乌云翻滚的天空

品达的确如此。读者会感到他有着永不枯竭的"旺盛的生命力",他能随心所欲地运用丰富的、无比生动的表现手法。他才如泉涌,满而自溢,喷薄而出,无可抵挡,那是难于用语言描绘的。虽然他给我们的是这种感觉,但他仍旧能表现出轻松、自由和力量,他像一个技艺精绝的艺匠,或对自己的专业了如指掌的艺术家,这就是他的作品难于翻译的另一部分原因。他的诗是所有诗歌中最接近音乐的,这里的音乐指的不是婉转的鸟的啼鸣,而是有结构、遵从平衡对称的基本规律、经过精巧计算,像巴赫的赋格曲,贝多芬的奏鸣曲或交响乐。试图用英语表达对品达的颂歌的印象就像试图用语言来表达一部交响乐一样困难。

我们自己对这种写作风格所知甚少。完全没有办法用英语诗歌来说明品达的诗歌。节律对希腊人来说比对我们要重要得多。这种说法听起来可能有些奇怪。我们认为许多英语诗中的节奏之美和声韵之和谐是其最显著的特点。即便如此,希腊人却追求更完美的节律。他们追求工整平衡的韵律,巧妙地把意义和节奏结合起来,他们喜欢行文的节奏不断变幻,迅猛有力,同时又非常有节制。

> Bare ruined choirs where late the sweet birds sang
> (荒废的歌坛,不久前群鸟还在那里甜美地歌唱。)

还有

> Under the glassy, cool, translucent wave.
> (在那波光如镜、清凉、明澈的水面下。)

这两句诗中的声调是多么动听。尽管如此,与其说莎士比亚和弥尔顿是声韵效果的大师,仍不如说是用词语在绘画的画家。雪莱说:"一首诗是生活的全真写照。"没有任何一个希腊诗人会认为诗歌是这样的,在这一点上他们几乎和巴赫对自己的艺术的看法相差无几。英语民族不是特别地具有音乐性。希腊人却恰恰相反,词语的音调对他们的意味是我们完全无法想见的。诗艺精绝的品达写出的诗歌让人听起来如歌唱一般的富有韵律,在英语诗歌中无法找出与之相似的例子来。

但吉卜林却与品达有某些相似的地方。他有些诗中迅疾的韵律和强劲的节奏,其他英语诗歌相比,和品达最为相近,至少近于不懂希腊韵味的英语读者所能了解的品达。

> That night we stormed Valhalla, a million years ago —
> (那一晚我们大闹英灵殿,就在一百万年以前)

将这句诗和前面刚刚引用的莎士比亚和弥尔顿的两句诗比较起来,吉卜林特有的节奏速度和铿锵的音调是显而易见的。品达间或也像莎士比亚和弥尔顿一样庄严;他对文字运用自如,但他喜欢的节奏和吉卜林经常使用的节奏和韵律非常相似:

> Follow the Romany pattern
> Sheer to the Austral Light,
> Where the besom of God is the wild South Wind,
> Sweeping the sea – floors white.
> (像吉普赛人那样
> 向着南方的光明航行
> 在那里,狂暴的南风是神的扫帚
> 将海底清扫得洁白干净。)

> The Lord knows what we may find, dear lass,
> And the Deuce knows what we may do—
> But we're back once more on the old trail, our own trail, the

out trail,

　　We're down, hull – down, on the long trail, the trail that is always new.

　　（上帝知道我们会找到什么，亲爱的姑娘

　　魔鬼知道我们会干些什么

　　但是我们又回到了原来的道路，我们自己的道路，通向远方的道路

　　我们向前，一直向前，走上这条漫长的路，这条始终是新的路。）

　　在这样的诗句中，韵律是至关重要的。诗中的前言后语并无特别重要的意义；完全是那种节奏吸引了读者的注意。留在我们头脑中的是诗中的音乐，而不是诗中的思想，品达的诗则更是如此。他生动美妙的表现手法要比吉卜林丰富得多，他的音域也要宽广得多。吉卜林反映出来的只是品达很小的一部分，但我们也实在找不到更好的例子了。值得注意的是吉卜林自己也宣称他是为数不多的品达的爱好者之一：

　　除了品达在我心中点燃的火炬

　　没有任何其他火焰在我心中燃烧一生

　　如果仅仅认为品达的诗歌精妙到难以翻译，但是他的思想却不过是传统思想，那么我们再来谈论他就显得有些多余了。但这种想法是一个真正想了解希腊的人最不应该有的想法。品达是希腊贵族最后的也是荷马之后最伟大的代言人。对希腊精神产生了重大影响的希腊贵族理想在他的诗歌中有着最为完美的体现。

无论从出身还是从个人信念来说，品达都是一个贵族，他生于公元前六世纪后叶，当时贵族制度在希腊已经式微。世界上第一个民主国家即将在雅典诞生。后人把大量不乏浪漫色彩的怜悯和同情心献给品达，献给这个歌颂行将消亡的事业的歌者。一个为新的事业而战斗的人不会得到那样的赞辞。他背后倚靠的是那种新生事物总会激起的顽强的抵抗力量。他必须在没有战鼓、没有军号的嘈杂喧闹的气氛中进行战斗，而且他极可能活不到胜利的那一天。实际上他从来也并不确定他将会获得胜利。然而他却要比那些奋力逆转潮流的人更值得人羡慕；他正是一个奋力逆转潮流的人。

要公平地评论品达，我们必须要考虑孕育了贵族信条的那种理想。这种理想和孕育出大权独握的独裁暴政的那种理想是截然不同的。独裁者在希腊消失了，没有任何人有丝毫的惋惜之情，哪怕是在人们的意愿中，独裁再也没有在希腊出现，唯一的例外是在柏拉图的理想国中，但赋予统治者独裁权力的条件是他根本不想获得这种权力，很奇怪，这有点像早期的教会所推崇的那种态度。以前的那种精神实质死亡了，其形式却传了下来——被推选为主教的人曾必须要说，恐怕今天仍必须说："我不愿做主教。Nolo episcopari。"对教会的神父和柏拉图来说，凡渴求权力的人都不应该获得权力。

但对于贵族来说，却是另一种情形。他们主张权力只能交给那些既不想为了权欲而谋得权力，也不需要终日为衣食而奔波的人。合格的领袖，那些受大家信任的、能公正地领导这个世界的人，应该是通过几代人的努力而超越普通人的那个阶层的人，他们不是靠自我奋斗的雄心，而是靠出身；应该是有优秀的家族传统和良好的教养，比自私贪婪、卑贱粗鄙的普通人要行为高尚的那个阶层的人。作为一个阶层，他们应该是有财产的人，但他们的地位却和财产无关。资产贫薄的贵族的血管中流淌着和富有的贵族同样高尚的血液，他们的座次从来也不靠财产的多少来排定。这样,没有了占去了普通人大部分心思的那些个人问题的困扰,他们就必然能够因为他们出身的高贵和卓越,清楚地看到常人无力去思考的那些问题,从而能够引导人类走上他们应该走的道路。

而他们的道路,也就是贵族阶层自己的道路,却无论怎样也不能说是一条通坦之途。他们有常人无法企及的标准,必须靠每天辛勤劳作来糊口的人几乎毫无可能达到这些标准。一个贵族绝不能撒谎(除了在恋爱和战争中);他必须谨守诺言,永远不能占别人的便宜,在交易中宁可被别人欺骗也绝不能欺骗别人一丝一毫。他必须勇气非凡、礼仪周到,哪怕是对敌人;他生命活动中必须要有某种杰出的品质,只要力所能及,他必须慷慨大方,而且他必须要对遵守这些严厉的生活准则充满自豪。贵族们自愿又自豪地严守一个绅士的生活准则,就像他们遵守一个战士必须严守的准则。他们有很多特权,但同时也有很多责任。领导的重担落在了他们身上;他们必须领导、保护那些无特权的平民。他们的行为必须和他们高贵的出身相称。

这就是贵族的信条。从理论上来说,这些信条完美无缺。出生于贵族家庭的人易于获得公正无私的品质,他们从小就受的教育就是为民众之福祉而统领民众。作为纯粹的理论探讨,几乎没有其他的理论可以与这种理论相媲美,除了一种情况,即人人都能够公正无私,受统治者的教育,不是为统治他人,而是为规诫自己,人人都互相依靠,既愿意帮助别人也愿意受人帮助。但这种乌托邦,到目前为止仍只不过是一个梦想,也是唯一的能和自律的精英独掌大权这种理论相提并论、甚至能超越它的理论。可不幸的是,在这个世界上,这种理论根本无法实现。这种理念本身并没有错,问题出在它的支持者。这种理想的推崇者从来不曾使它能当真付诸实施。这在我们今天已是不争的事实。我们从历史的长河中第一次看到它它就是失败的。阶级特权如果曾经一度不是阶级偏见,最后也变成了阶级偏见;世袭的权力产生了对更大权力的渴望;出身的高贵全然不意味着精神的高贵。贵族们但凡有机会获得统治地位,也总是以失败告终。贵族统治的最后一次体现是英国的上议院,他们与生俱来地拥有世上最好的待遇——权力、财富、人们的尊敬——为了提高农业工人的生活条件,为了提高他们的工资和教育水平,他们几乎是以宗教般的决心整整奋斗了十九世纪一个世纪。

我们现在早已都清楚这些道理。但那时候的品达并不知道。他相信贵族已经并且也将会为他人的利益来运用他们的权力。他的诗歌完美地,并且在希腊文学中最后一次表达了古老的希腊贵族的阶级意识,以及他们对自己的高尚道德和宗教价值的坚定信念。经常有人说,对任何事物完美的表达就意味着它已臻极致,也就是要开始走下坡路了。那个投掷铁饼的年轻人的雕像,德尔菲的马车手,帕台农神庙柱楣上英俊的骑手,还有品达的诗歌——都集中体现了那即将走向终结的希腊贵族理想:形体的完美能奇迹般地激发出精神的完美。品达所作的每一首诗都是对这种契合的贡献。

那些运动会,大型的运动会,从远古起就是贵族们的活动。只有他们才有足够的财力和闲暇,仅仅为了那顶野橄榄编成的花冠去进行那些劳心费力的运动。品达在世的时候,中产阶层开始介入这些活运动,但还没有产生职业化的现象。希腊的运动会主要有四个——德尔菲附近的皮提亚运动会、科林斯的地峡运动会、阿戈利斯的尼米亚运动会,还有最著名的在奥林匹亚举行的奥林匹克运动会,现存的品达的诗歌几乎都是为某个贵族在这些运动会上取得胜利而写的颂歌。品达的这些颂歌有他特有的风格。在描写体育上的成就、战争或冒险或其他类似事件的诗歌中,没有哪个诗人的诗风和品达有任何相似之处,品达的贵族信念使他的诗风格独具。没有读过品达的人可能期待他的诗着重于描写他赞美的东西，比如描写在赛道上飞驰的马车的紧张场面，或是描写运步如飞的长跑运动员从屏住呼吸的观众面前跑过的情景，或是描写参加摔跤比赛的两个身强力壮的年轻人紧紧纠缠在一起的情景。这些事都不可等闲视之。一次胜利意味着一生的光荣。激荡人心的狂欢和盛大的场面应是一个正合诗人心思的题目。但品达对这些不予一顾。他几乎从不提到比赛。他也从不描写发生的一切。甚至有理由怀疑他从来没去看过比赛。他赞美胜利者，但他却不屑于谈及取胜的细节。他注意的焦点是年轻的胜利者，不是他所取得的成绩。他把胜利者看成贵族的高贵代表，表现着人类的真正理想。他把胜利者看成是一个宗教人物，在以神明的名义举办的运动会上，把他以全部的体力和毅力赢得的胜利的荣耀献给神明。竞赛的种种细节——人或是马的奔跑方式，他们看上去的样子，还有他们拼搏的方式，这些还有什么关系呢？品达赞颂的是那些继承和发扬过去的伟大传统的人，正是因为这些传统，世界才有希望。

　　品达所有的颂歌都会庄重地讲述一位旧时英雄的故事。品达希望他歌颂的这位当代的英雄，也就是那位比赛中的优胜者，去了解前人们所成就的事业，并通过了解过去而预知未来的岁月里人们能做到的事情。品达为这位英雄塑造了一个榜样，使他可以根据这个榜样来塑造他自己，使他能够有资格加入那些业已作古的高贵的人群中去。品达自己的心目中有这样一个高尚的目标，那就是要发挥他的天才和对得起他高贵的出身。上天使他成为一名布道者，一名教师，要他来颂扬辉煌的过去，并要他来号召那些出身高贵、地位显赫的人都生活在这种辉煌之中。这是他的伟大使命，世上所有的人，不管他们有多么强大，都不能使品达觉得自己是渺小的。他没有丝毫的卑微之感。他总是以平等的口气和他的恩主讲话。在他的心目中他们是平等的。按出身来说，他们同样都是贵族；按成就来说，奥林匹克的胜利者获得的荣誉和他诗歌获得的荣誉没有高下之分。当他被召去西西里，为那里经常参加体育比赛的独裁君主作颂歌的时候，他同样给他们警告与劝诫，如同对那些身份没有那个君王那般高贵的人们一样。他有很多颂歌是写给叙拉古的僭主的，但这些诗甚至比他其他的诗还要朴素。他对这位君王说："你要如你所是。"品达引领他看到他真正的自己，并激励他所作所为要合乎高贵的身份。"口如其心"，这是一个贵族的传统，这个传统要求人们永远"与神保持和谐，并要肩负神加在你身上的重轭"。

没有任何文学作品比这些献给威严的君王的庄严的、劝诫性的赞歌和献给体育运动中获胜的受众人景仰的英雄的赞歌更为风格独特的了，而且其写作的风格和我们通常的习惯完全背道而驰，从不屈尊俯就虚赞一辞："既有这许多观众蜂拥前来观看我们比赛，那就让我们耐心跑完我们面前的这段赛程。"品达对他赞颂的体育比赛的胜利者说的就是这样的话，任何一首为体育比赛的优胜者，或凯旋的将士，或为任何其他盛举所作的颂歌，和品达的这种颂歌都毫无相似之处。所有桂冠诗人的诗歌都可以拿来作证。

品达和所有其他的诗人都不同。他要歌颂的对象和其他诗人一样都是别人指定了的，而且毫无疑问他也像其他诗人一样是收取报酬的；但这些对品达来说都是无关紧要的问题。重要的问题是他只会也只能按他自己的意愿来写这些颂歌。他写这些颂歌是应人之邀，但如何写却完全是他自己的事。他非常自豪地清楚自己的地位。从来没有任何诗人像他那样自豪地知道自己是出类拔萃的。他称自己是"一只飞向太阳的雄鹰"，而其他的诗人都是他下面"无谓地啼鸣的鸦雀"，"因为吃不饱而吵吵嚷嚷的鸦雀"。他的颂歌是"如花朵般怒放的赞歌"；"直中鹄的的赞美之箭"；是"一支火把，一团火焰，一支燃烧的梭镖";"一只满盛美酒的金杯"。

"我要用我燃烧的诗歌点燃这座城邦。我的诗会传遍大地的每一个角落,它比最高贵的骏马、添翼的战舰还要迅疾。""我在阿波罗的金色山谷建造了一座诗歌的宝库。无论是和着狂风横扫大海每一个角落的冬雨,还是狂暴肆虐的飓风都不能将它摧毁,它那辉煌的门庭将在一片清辉中宣告胜利。"

这样的诗歌证明了其高贵的出身。品达在他的许多颂歌中都提到,他写这样的诗歌的能力完全来自于神。出身卑贱的人不可能获得这种能力,正如他们无法获得高贵的血统。"卓越是可以习得的吗?"苏格拉底后来曾经一次又一次地这样问过雅典人,但这个问题是品达首先提出来的,而他的回答是:不能。"只有与生俱来的光荣才真正使人强大有力,从师而得的人是晨光曦微的人,他们的精神摇摆不定。"那就是贵族最终极的信念,而这样的表达令人无法反驳。对我们现在的人来说,这种贵族理论几乎已经完全不存在了。但确实仍有贵族存在。无论是诗歌的力量,还是其他的力量,都是一个人与生俱来的,是完全无法在公共学校里学到的。

希腊人把品达、埃斯库罗斯和修昔底德一并都归为风格严肃、质朴、不加修饰的作家。但品达丰富、鲜活的表现手法却有着无穷的力量,这是他最显著的特点,从这一点看来,希腊人给他下这样一个定论就显得有些令人困惑,但这其中却自有道理。品达的确是严肃的。辉煌壮丽的也可以是冷峻的,品达光彩照人却从不温情款款。他严肃、冷峻、宁静、淡远,还有着一种骄傲的辉煌。从来没有什么使他脱离他那冷峻、卓越的气质。一个贵族从来不会自贬身份去撒谎,无论歌咏什么,他的笔永远不会脱离真正的事实。他会去赞美一个胜利者,只要他真正值得赞美,但他绝不会虚夸。就像他自己说的,他绝不会讲述"一个用花言巧语精心编造的与事实不符的故事"。只有那些事实上真正值得赞颂的东西,才会得到他的赞颂。他说过:"我确实相信,荷马华丽的辞藻肯定与奥德赛真实的故事不完全相符,荷马的精湛的技艺使这些虚构的东西产生了某种神秘的魔力。他的艺术欺骗了我们……至于我自己,任何一个认真检查过的人都可以知道我是否说了歪曲事实的话。"还有:"我将率直诚正地走过我的一生,我不会宣扬美丽但却是虚假的荣耀。"在另外的一首颂歌中他说:

在事实的铁砧上锻炼你的语言
那飞溅起来的,哪怕只是一个火星
也应该有分量

然而,如果某件事对一个感情丰富而细腻的人来说是丑恶的、使人不快的或是令人反感的,他一定缄口不言,这也是贵族传统中一个严格的要求。他说:"相信我,不是每一件事实都适合毫无遮掩地袒露在人们的面前。"他还补充说:

不能显示神的仁慈的那些东西最好不要提起。

他所有作品都体现出一个绅士应该具有的那种言行谨慎的特点。他写下了这样的话:"一个人最应该描写的是那些美和善的东西。"他的每一首颂歌中都会用这样或那样的方式来重复这种信念。出于本质上与此相同的感情,他不愿意去描写很多其他伟大的作家都乐于描写的那些在地狱中忍受煎熬的人们。那些获得拯救的人们,才是他乐于描写的:

他们有幸,解脱了生活的劳苦。

> 再也不必用他们粗糙的双手
> 为了一些甚至不能果腹的食物
> 去搅扰大地和海洋。
> 他们和上帝钟爱的神灵生活在一起,
> 生活中再也没有泪水。
> 温柔的海风轻轻吹拂着他们神圣的岛屿,
> 金黄的花朵开满树梢,
> 开满宽阔的水面之上。

但对于另一些人,"那些令人目不忍睹的苦难深重的人们",一个高贵的人不应该挤进围观的人群。无论是维吉尔还是但丁都不可能吸引品达去和他们描述同样的东西。

从品达所有的信念和想法来看,他应该是属于公元前六世纪或七世纪的人,如果他生活在那个时候,而不是公元前五世纪,那么他只会是才华出众的人群中普通的一员,他会是个有才华的人,能够顺应时代潮流,但是不会聪明地意识到高潮已过,退潮的时候已经到来。品达生活的时代是希腊的鼎盛时代,而他无动于衷。马拉松、温泉关、萨拉米斯——这些战役他都未曾参加,而且当波斯帝国瓦解的时候,整个希腊一片欢腾,他仍然漠然视之。这些大事件没有在他的诗歌中产生任何回响。他所居住的底比斯没有参加这次伟大的战争。底比斯拒绝提供帮助,而作为底比斯的诗人他也支持这种做法。他之所以这样做,是因为任何贵族在任何现有的事物遭受威胁或侵扰而失其本然的时候都会这么做。他确实同意为希腊主要的守卫者——雅典,写了两行赞歌:

> 啊,灿烂辉煌,你戴着紫罗兰的花环,你的赞歌传向四方

光荣的雅典，你是希腊的堡垒，神的城邦。

但这也就是他为这种思潮所能做出的最大的贡献了。希腊渐渐明亮的曙光将会照亮未来的世界，但品达对此不予一顾。他的目光只紧盯着过去。他用他的天才，他严肃而崇高的精神，他的道德热情，来维护由于支持者的低劣的而正走向衰微的事业。他对世界之所以没有更深远的影响，甚至在这个世界上仅存空名，最根本的原因正在于此，而并非因为他的诗歌难以理解。一个全心都在念着过去的人会对后世的人说些什么呢？埃斯库罗斯也是一个贵族，但他就能够放弃这种因为出身高贵就有不同的责任的看法，在萨拉米斯战役之后，旧的障碍完全消除了，他甚至成为新生的自由的代言人。他的诗歌中充满了对一种前人从不了解的善的渴望，以及一种能为人类探索可能存在但从未有人意识到的、崇高的洞察力。他看到的雅典不再是被划分为统治者和被统治者的雅典，而是一个团结的民族共同拥有的雅典。把他这种精神和品达的精神比较一下，我们就可以明白为什么品达天赋如此之高却遭到了根本上的失败。埃斯库罗斯有一个面对新的高度的领袖应该有的那种果敢；而品达则有一个守卫者所必须有的那种谨小慎微。他不断地告诫人们，不要越过安全的界限。贵族们如果要维护他们既有的东西，就不能再贪图更多的东西。他严肃地警告他们不但要警惕野心，还要警惕欲望。野心和欲望同样都是危险的；它们诱惑人们背弃古老的道路而走向未知的旅途。要知足，他这样告诉竞赛中的胜利者。不要再贪求更多的东西。人的力量是有限的，因为人终有一死；认为人能够超越命运的想法是十足愚蠢的想法。"你们不要费力想成为一个神。有生的万物最合有死。"他还说："不要希求长生不死者的生活，你们要尽情享受你们的所有和你们的所能。"他祈祷说："愿神给我的目标可为我力所能及。"夺得奥林匹克的胜利是一个人能够达到的最高成就,在另一种意义上说,庄严、辉煌,以及有意远离充满了粗鄙的叙拉古的希罗王的殿堂,也是一个人能达到的最高的成就。一旦达到了这个高度,那么剩下的一切就是去维护它,为了贵族和君王保护它永远不受任何侵犯。

因此,品达时常陷于悲哀。他那些辉煌的颂歌里面涌动着一种沮丧的暗流。永远这样维护是件令人气馁的事情。希罗的盛筵已经摆下;美酒正在金杯中闪动;名流权贵们聚首相庆;他们高声赞美在激动人心的赛事中获胜的车手和骏马——而此时对尘世所有一切的悲悯之情令诗人心情凝重。人类命运这本书中这可怖的一页已经被翻阅过了,福楼拜把它叫作"实现了的愿望"。没有什么可期盼的了,最好的已经实现了,希望和努力都已经结束了。那么就把你的视线从未来移开。未来不会带来任何更好的东西;相反却可能带来许多更坏的东西。只有过去,还有现在这短暂的片刻是安全的。这种观点并不极端;它不特别深邃,也不特别忧郁,也不格外感伤。它差不多就是不满,无非是断言"虚空中的虚空,所有的都是虚空"。"有生之人成长的欢乐时光如此短暂,绽放的花朵也因严酷的命运很快就凋落枝头。朝生夕死,不知晦朔。我们是什么,我们又不是什么。人生无非是幻影之虚梦。"这就是品达对解答人生之谜作出的最大贡献。

品达是希腊最辉煌时代的贵族最伟大的代言人,但这只是他身份的一小部分,听众也不多。他真正的最高成就在于他是一个伟大的诗人,但几乎没有什么读者在这个意义上聆听他。他的语言和韵律的奇异华美在任何程度上都绝无可能译成英文,这是我们无法弥补的损失。然而比这更大的、更为无法弥补的损失是,这位天才的诗人只把他的天才用来阐释过去,而全然不去考虑对世界的未来来说充满了希望的当前现实。

第六章
柏拉图眼中的雅典人

理智和精神的平衡是希腊艺术最显著的特点。
理智和精致的品位,以及无尽的生命力是这个民族最显著的标志
——这就是柏拉图眼中的希腊。

很久以前——确切的日期已无从查考,但大约是在公元前450年前后——某个日暮降临的时刻,一支希腊的舰队在爱琴海上一个岛屿附近抛下了船锚。当时希腊正欲称霸海上,这支舰队即将在翌日清晨对那个岛屿发起进攻。那天晚上,舰队的总指挥官,传说中说的不是别人,而正是伯里克利本人,派人去请他的副手来旗舰上啜谈。于是你就会看到他们坐在战舰高高的尾楼上,头上撑起一顶华盖来遮挡夜露。侍从中有一个英俊的少年为大家斟酒,此时伯里克利就因他想起了那些诗人,并引用了他们的一句诗,诗中描写这个小伙子年轻俊美的面庞上闪烁着"紫光"。旁边那位年轻的将军不大同意:他从来都认为那个形容颜色的词选得不合适。他更喜欢另一位诗人把年轻的脸庞形容成玫瑰般的颜色。伯里克利反对他的看法:他说正是同一位诗人在另一个地方也同样把年轻可爱的光彩形容成紫色。谈话就这样进行下去,每个人都援引一句适当的话来回答对方。餐桌上的谈话转而成了优雅玄妙的文学评论。可是,第二天早晨战斗开始的时候,向那个岛屿发起攻击的正是这些人,他们不但骁勇善战,而且指挥有方。

　　我不敢保证这则趣事描述的情况句句属实,但值得注意的是,除了在希腊,没有任何其他地方的将领们有这样的故事流传下来。从来就没有听见有人说恺撒和忠诚的莱比纳在跨越莱茵河的前一天晚上有过关于色彩形容词的争论,而且我们几乎可以断定,将来任何最富于想象的人也不会编造说格兰特将军和谢尔曼将军在消遣的时候有过这样的谈话。亚里士多德所宣称的那种诗歌的真理高于历史的真理在这里得到了最完美的证实。不管这个小故事是多么的不足为信,它都描绘出了处于鼎盛时期的雅典人生活中的一个真实场景。我们面前出现的是两个有教养的绅士,温文尔雅,有诗人相伴,他们在交战的前夜竟然有雅兴来进行非常投入的文学讨论,但是,他们同时还是任何时代鲜有匹敌的行动者、战士、水手、将军和政治家。这样的组合实在鲜见于史册。只有最高度的文明才能让人们在战场上也不失去任何人类价值。

　　文明是一个被用滥了词,它代表的是一种高远的东西,远非电灯、电话之类的东西所能包括。文明非关具体实在,它是对心智的热衷,是对美的喜爱,是荣誉,是温文尔雅,是礼貌周到,是微妙的感情。如果那些非关具体实在的东西变成了头等重要的东西,那便是文明的最高境界,如果人没有因此而变得优柔寡断,人的生活就达到了一个人们很少能够达到的、更难以超越的高度。很少有人能够取得这样的成就;而一个培育出众多这样的人物并因之而彪炳史册的时代,更是绝无仅有。

　　据修昔底德说,伯里克利认为当时的雅典就是这样的一个时代。他有一句名言,虽然简短,但完美地说明雅典人取得了高度的文明,而且在行动上仍然自由果敢。他说雅典人"热爱美,但没有失去质朴的品位;热爱智慧,但没有失去男性的魄力"。

生活在公元前五世纪的希腊人没有失去他们男性的、雄浑的气魄，这一点不需要任何东西来证明。马拉松战役、萨拉米斯战役、温泉关战役，这些永远都是人们在以寡敌众时表现出来的勇气的代名词，而这些勇士的孙辈们在倾听伯里克利上述讲演的时候也正在处在一场艰苦残酷的战争之中。但是我们今天已经很难意识到那些非关具体实在的事物在希腊有何等重要的地位。据说，诗人索福克勒斯在其耄耋之年受到儿子的指控，说他生活已经无法自理。这位年迈的悲剧家唯一的辩护就是向陪审团背诵了他最近写的剧本中的一个段落。陪审团对那些伟大的篇章没有充耳不闻。判定一个能写出那样的诗歌的人没有自理的能力？哪个自称是希腊人的人敢做出这样的判决？不，拒绝受理此案，处罚原告，让被告光荣而得意洋洋地回家。

还有另外一则故事，当雅典陷落的时候，斯巴达人要彻底摧毁这座城市，他们要将所有的建筑物夷为平地，雅典卫城连一根直立的柱子也不留下。就在这一天的前夜，他们召开了盛大的庆功会，负责庆功会中的诗歌朗诵部分的那个人——甚至斯巴达人的宴会上也一定要有诗歌——背诵了欧里庇得斯的一段诗歌，参加宴会的那些人都是在这次战斗中艰苦奋战的粗粝的战士，但在这个来之不易的胜利的重要时刻，聆听着那美妙、动人的诗篇，他们忘掉了胜利，忘掉了复仇，他们一致认为一个能产生这样杰出的诗人的城邦绝对不应该遭到毁灭。诗歌以及所有的艺术，都是高度严肃的东西，那些非关具体实在的事物对希腊人来说是如此重要，人们显然认为它成为个人自由和城邦存亡之所系是完全正当的。

显然，希腊人的价值观念和我们今天的价值观念很不一样。事实上，我们没有办法真正地、前后一致地、整体地理解希腊人看待生活的态度。从我们的观点来看他们好像有些自相矛盾。人们竟然如此热衷于诗歌,甚至把它当作一种非常重要的、实实在在的东西,我们觉得他们一定缺乏对重要的、实在的东西的感觉,是耽于梦想的人,对生活中严酷的事实缺乏感触。但事实正好与此相反。希腊人是最典型的现实主义者。他们的雕塑雕刻的是他们周围的人物,他们的绘画描绘的也是他们周围的人物,他们的诗歌囿于可能的现实的界限之内,他们在日常生活中也是头脑冷静的人,所有的这一切皆是他们的心性使然。他们不会受任何东西的诱惑而脱离实际。我们自己才是多愁善感的人。对我们来说,诗歌,以及所有的艺术,只是生活中的浮泛的点缀,我们把感情化之后的诗歌当作我们对抗严酷现实世界的避难所。希腊人全然不是多愁善感的人。为自己的国家而死是愉快的,这是一个罗马人说的话。希腊人没有说过为任何东西去死是愉快的。事关生死,他们没有谎言。

在为死难的将士们举行的葬礼上,伯里克利发表的那篇伟大的演说和其他任何纪念演说的风格都迥然不同。他的演讲中没有丝毫激昂的情绪,也没有任何的豪言壮语。那是一篇思想清晰、言语率直的演讲。他让他的听众祈祷自己永远也不要像这些死者一样死于战乱。他没有希望,也没有暗示他面前那些悲伤的父母们应该因他们的儿子为雅典战死而感到高兴。他知道他们不会感到高兴,他也不会说出任何与事实相左的话。他是这样说的:

> 你们其中有些人年纪尚轻,还有望再生儿育女,你们的悲伤可能会轻一些。对那些青春已逝的人们,我要说:你们要庆幸你们一生大半的时间在幸福中度过;记住你们的悲伤日子不会太长,要以死者的荣光自慰。

我们会说,这并不让人感到安慰。是的,但是这些人的痛苦是无法安慰的,伯里克利也了解他的听众。他们几乎像他一样总是直面现实。读着这些安静、沉重、实事求是的话,我们不由地觉得其他所有人在无名战士墓地前的演讲是多么空洞虚浮。

还有一段经常被人引用的话也同样体现了这种精神,那就是在温泉关战役中死去的拉喀德蒙人的墓志铭。他们每个人都将战死在那里,这他们事先早就知道。他们在毫无希望获救的情况下战斗,直至牺牲,而他们借此挽救了希腊,但所有那些为他们起草墓志铭的伟大诗人都觉得最适合他们的话是:

> 啊,过路人啊,告诉拉喀德蒙人,我们为了我们的信念,长眠于此。

我们不服;我们觉得这样的英雄行为应该得到比这更多的颂扬。但希腊人没有这样。事实就是事实,而行动自己会说话。事实不需要任何装点。

我们经常会对一些在我们看来缺乏同情心的词汇产生反感。俄狄浦斯在他在被放逐之前最后一次出场,当他谈起他的痛苦的时候,他的朋友们仅仅是说:

> 此事正如你所述。

而当他说他还不如在幼年时就夭折的时候,他们回答说:

> 我也宁愿如此。

这样的态度显得有些冷酷,不过我们应当时刻牢记希腊人不仅仅能正视现实，他们甚至没有丝毫逃避现实的想法。当伊菲克拉特斯宣布奥瑞斯忒斯必须去死而皮拉得斯可以获得自由的时候，皮拉得斯拒绝答应这样的条件来换取自己的生命，但他拒绝的方式是希腊式的而不是现代式的。不仅仅是朋友之间的情谊使他不能这样做，而且也因为他害怕别人的议论，他对此非常了然而且毫不讳言："人们会私下里议论我怎样置朋友之死于不顾。不——我爱你，并且我也怕众人的指责。"这是诚实，可我们已经不能够像这样诚实了。这使我们感到震撼。雅典人是热爱美的人，他们把诗歌、音乐和艺术作为头等重要的事情——在希腊学校中，学生们的两门主要课程就是音乐和数学——而同时，他们又是热爱事实的人，丝毫不脱离实际，这两者在雅典人身上的结合使我们感到非常难以理解。品达祈祷道："愿神保佑我仍热爱美好的事物，为可以通过努力获得的事物而努力。"而像"我不是那样，但我要努力成为那样，这一点已足以使我感到安慰"这种话从来不会引起希腊人的兴趣。

这些人的价值观念对我们来说实在太陌生了，但这些人组成的社会我们多少是可以重新构建的，尽管历史的记载如常对我们最想知道的东西几无所言，但我们还是能对他们的生活方式和态度有个大致的印象。上述的几则故事告诉我们希腊人是什么样子的，这些故事讲述的不是像伯里克利或苏格拉底那样的少数几个人才有的观念。一个国家的辉煌业绩，无论多么难以表述清楚，都会在这个国家的准则和理想上得到明确的反映。这些准则和理想无可疑误地昭示了人们的良知，昭示了他们认为人应该是什么样子的。他们的故事和戏剧比他们的历史著作更多地向我们透露了关于他们的事情。要想去了解维多利亚中期的人，我们不要去读历史著作，而应该去读狄更斯，去读特罗洛普。要了解希腊鼎盛时代的雅典人，我们也不要去读历史学家修昔底德，他对雅典城的关切比对雅典人的关切更多一些,我们应该去读阿里斯托芬和柏拉图,这两个人唯一相同的地方就是他们都非常理解并善于描写他们同时代的人,除了在这一点上,他们在其他任何地方都截然不同:阿里斯托芬取笑希腊人,责备他们,捉弄他们,然而又吸引他们来看他写的每一部戏;而柏拉图,他的事业就是对理想的本质进行崇高的思考,他也是研究人、热爱人的人,他在对话中对人物的性格的处理也让我们羡慕不已,这些人物至今仍活在他的书中。

柏拉图对话中的许多人物我们都从别的作家那里读到过,因为当时很多最有名的人物都来参加那些讨论。这些人是否全都是现实生活中的人物,我们已无从知晓,但毫无疑问的是,他们都是不脱离现实生活的人,而且对柏拉图的读者来说,他们就像任何雅典上流社会的人所习惯的那样,都是非常自然的人。其他的推断都不足凭信。假设柏拉图的理想主义渗透到了他书中的人物身上,而使阐述他的宗旨的人对他的学生们来说显得不真实甚至荒唐,这简直就是对他们和他本人智力的侮辱。的确,他描绘的不是整个雅典社会的一个横断面,正如特罗洛普描绘的也并不是英国社会的一个横断面。对话中出现了少数几个"不是上流社会"的人物——那个靠背诵荷马的诗篇糊口的人,还有那个算命的;对柏拉图来说,那个预言家的社会地位就和牧师在柯弗利爵士[①]心目中的社会地位一样——但是柏拉图真正了解的人是雅典的绅士,他了解那些人,就像特罗洛普了解他那个时代的牧师和国会议员一样。

他介绍给我们的那个社会具有高度的文明,人们都乐于运用他们的头脑,他们都热爱美与典雅,就像伯里克利在葬礼上的演说中说

---

① 英国十八世纪作家 J. Addison 和 R. Steele 主办的《旁观者》杂志所刊文章中的虚构人物,为十八世纪理想化乡绅的典型——译者注。

的那样,他们对生活中所有的快乐都非常敏感,而且,最重要的是,他们随时都可以开始讨论不管是多么抽象多么深奥的问题:"当我们走进屋子,"——苏格拉底说——"我们发现普罗塔哥拉正在走廊上踱步;他的身后跟着一群听众;他的声音就像俄尔菲的琴声一样吸引着他们跟他走。然后,如荷马所说的那样,'我睁眼看到'希皮亚斯坐在对面的走廊上,很多人坐在他周围的凳子上围绕着他。他们向他提出了许多物理和天文方面的问题,他正在解释这些问题。普罗第库斯也在那里,他还没有起床——应该提到,此时天光尚早,他周围的座位上坐着不少的年轻人,他优美低沉的声音在屋子里回响。"苏格拉底请普罗塔哥拉跟他们讲讲他的学说,当这个伟人同意的时候,"正如我想象的那样,当着普罗第库斯和希皮亚斯的面,他也会喜欢一点炫耀和赞美,我说:'我们为什么不把其他的人也叫来听听呢?'主人卡里亚斯说:'也许我们能开一个讨论会,大家可以坐下来谈一谈?'大家都同意这个建议,每个人都为能听到智者的谈话而感到高兴"。所以他们全都安顿下来,兴高采烈地争论知识和美德到底是什么,是否可以习得。

读者会意识到,这是一个悠闲的社会。苏格拉底对年轻的泰阿泰德谈到过"自由人能够支配的闲适。人们能够在安静平和中交谈,自由随意地从一个话题转换到另一个话题,唯一的目的就是为了获得真理"。几乎不需要亲眼目睹的人来作见证:所有那些对话中的背景气氛都是绝对轻松闲适的,人们沉浸在这些谈话中,就像被带到一个从容、悠闲的世界之中。《理想国》是这样开头的:"昨天我和格劳孔一起去了比雷埃夫斯,我去那里一是向女神们进行祈祷,同时也是为了看看他们是怎样庆祝节日的。完事之后,我们正要回城,玻勒马霍斯和其他几个刚才游行的人出现在我的面前。他问我:'你们是要回城去吗?可你看见我们有多少人了吗,难道你比这些人还要强壮吗?如果不是的话,你们必须要留下来。'我说:'可是,没有别的选择了吗?我们不能说服你们让我们回去吗?''如果我们不想听的话,你能走得了吗?而你应该清楚,我们肯定是要拒绝的。留下来等着看今天晚上的火炬赛马吧。而且还会有一个青年人的聚会,我们会有一个很好的机会进行交谈。'"

几乎每一篇对话都是以类似的方式开始的。其中最优雅清闲的一篇可能是《斐德罗篇》。苏格拉底问斐德罗"你要去什么地方",这个年轻人回答说,他要去城外散散步,因为他刚刚和一个修辞学者谈了一个早晨,现在需要休息一下。"如果你有时间来和我一起走一走,我会和你说说我们都谈了些什么。"苏格拉底说,好吧。他非常想听听谈话的内容,情愿陪着他一起走到麦加拉,然后再走回来,他不愿意错过这次机会。听苏格拉底这样说,这个年轻人开始怀疑他是否能够正确地复述刚才谈话的内容:"相信我,苏格拉底,我没有记住他每一句话都是怎么说的——不,没有。我只记得他大致的意思,可以给你说个大概。""好的,亲爱的小伙子。"苏格拉底回答说,"可是你首先得给我看看你的外衣里面的那个东西——因为我怀疑那就是真正的谈话记录。虽然我很爱你,可是我不愿意你为了锻炼你自己的记忆力而只让我听你的复述。"斐德罗让步了——他可以读整个的谈话记录;但是他们坐在哪里呢?啊,就坐在"那棵最高的梧桐树下面,那儿有林荫和清风,还有草地可以随意坐卧"。苏格拉底回答说:"好啊,那是个休憩的好地方,那儿弥漫着夏日的声音和气息,脚下流淌着清凉的泉水,缓缓的草地起伏好像枕头一样。我正好可以躺下来,你也随意选个能最方便你阅读的姿势,我们开始吧。"他们就这样在梧桐树下度过了几个小时,讨论"灵魂的本质——虽然它真正的形式从来都是一个宽泛的话题,而且在某种意义上不是人类可以讨论的";还有"和天体的形态一起闪耀的美";还有"怀着神圣的畏惧、谦恭地追随着爱人的恋人的心灵";还有"友情,上天的恩赐";还有"需要对自然的真理进行深刻思考的各种伟大的艺术";还有那些人们,"因为他们认真追求生活,他们应该有一个高贵的名称。我不会称他们为智者,因为这只是属于神的伟大的名称——他们合适的名字是爱智慧的人"。在柏拉图时代的雅典,两位绅士就这样度过一个夏日的上午。

希腊社会的另一个显著的特点是精致、优雅,人们都受过良好的教育,生活闲适、雅致、讲究。在高雅的阿伽同家里曾经举行过的最著名的一次晚宴上,这位主人称他从来没有在客人们在座的时候给仆人们下过命令:"我对他们说:你们想象自己就是这儿的主人,我和这些人都是你们的客人;如果你殷勤周到地招待我们,我们就会赞美你们。"在这种轻松随意的气氛里,如果一个熟识的人因为主人的失误而未得到邀请却又不请自来的话,若非主人们谙练于社交,一定会比较尴尬。而在这里,他们能通过一种优雅的介绍方式让客人立即觉得宾至如归:"啊,欢迎你,阿里斯多德莫,你正好赶上和我们一起喝酒。如果你有什么事情,先不要说它,先来跟我们共饮一杯。我昨天一直在找你,想请你来参加宴会,可怎么也没有找到。"

苏格拉底迟到了。看来他可能在来的路上,在一个门廊下面陷入了沉思。他进来的时候,"阿伽同要求他坐在自己的身边,'这样我就能触摸到你,也可以有幸听你说说你在那个门廊下面又有了些什么充满智慧的思想'。苏格拉底一面坐到主人想让他坐的那个位子上,一边说:'我多么希望可以通过触摸传输智慧。那样的话我将会非常珍惜坐在你身边的殊荣,因为你可以在我的身体里注入一股明澈奔腾的智慧之流,而我自己的智慧倒实在没有什么。'"一场争论就此开始,阿伽同让步了:"我辩不过你,苏格拉底。"苏格拉底回答说:"不,亲爱的阿伽同,你不如说你辩不过真理,因为苏格拉底是很容易被说服的。"这是完美的社交谈论,只有经过长时间的训练才能够有这样的言谈举止。这不是一两代人能够培育出来的,但是这些人是在马拉松和萨拉米斯战役中英勇奋战的战士们的重孙辈们,英勇无畏和高度文明所带有的那些无法衡量的东西是他们生下来就继承了的遗产。

在那些对话中我们可以看到苏格拉底的个人形象,他是一个风格独特的哲学家,和任何非希腊的哲学家都迥然不同。大体上来说,别的哲学家都是一些有点怪异而且沉默寡言的人,至少在我们看起来也是一些索然独处、落落寡合的人物,总是沉浸在深奥的思考之中,有的时候看起来简直不像凡人。康德就是我们心目中最典型的哲学家形象,他双肩微削,心不在焉,终年只是往返于家和学院之间,哥斯堡所有的家庭主妇都按他早晨去上课时路过她们自己家门的时间来对表。苏格拉底不是这样的。他也不可能是这样的,因为他是一个希腊人。人们对他有太多不同的期待,他也要面对太多不同的局面。我们自己的时代是一个人才专门化的时代,因为我们这个时代是一个喜欢安逸的时代。很显然,一个人如果只做一件事情的话,就会做得比较快,这个世界上有太多的事情要人来做,最合理的方法就是通过各种部署安排他们去做。一双鞋如果由二十个人分工来做,会比二十个人各自去做自己的鞋要快得多,这样就不会有人光着脚走路了。我们得到的好处是每个人都需要的东西生产得越来越多,而我们付出的代价则是限定了每一个独立工作的人的发展。

在希腊则全然不是这样。相比之下,他们需要的东西要少得多,但每个人都必须要从事许多不同的工作。一个希腊人在他的一生中要扮演许多不同的角色。埃斯库罗斯不仅仅是一个剧作家;他还是一个全能的剧院职员,他不仅是演员,还是舞台美术师、化妆师、设计师、技师、出品人。他还曾历行伍,上阵打过仗,而且很可能还出任过公职;多数的雅典人都是如此。毋庸置疑,如果我们对他的生活了解得更多一点,我们就会发现他肯定还从事过其他的职业。与他齐名的剧作家索福克勒斯是一位将军、外交官、神职人员,他同时还是剧院的技术工作人员,最少有一项发明创造。希腊没有与现实生活脱离的艺术阶层、文学阶层、学者阶层。他们的诗歌,他们的雕塑,他们的哲学都是出于他们的战士、他们的水手、他们的政治家、他们的日常事务处理者之手。伯里克利说:"总而言之,我觉得雅典可以说是希腊人的学校,每一个雅典人都具备适应许多种不同的工作的能力,而且能够做到多才多艺、优美典雅。"后面的这个词最有希腊色彩。

因此,苏格拉底和我们想象中任何渊博的学者或哲学家都完全不一样,首先,他非常善于交际,喜欢与人相处甚于任何其他爱好。他这样评说自己:"我是一个热爱知识的人,人就是我的老师。"然而,他更喜欢和有教养的人交往。他喜欢从小就受到良好的教育、知道如何把事做好的人。"一个狭隘、狂热、法律观念淡薄——甚至不知道如何像绅士那样穿长袍的人"是他觉得最讨厌的人。

他有时候会有声有色地跟我们介绍他的同伴。一次,他去参加一个隆重的集体葬礼,路上遇到了一个刚从集市上回来的熟人,这个人告诉他,委员会正准备为这次葬礼选一个讲演的人,他问苏格拉底:"你觉得如果他们要是选你的话,你能行吗?"苏格拉底回答说:"考虑到我在谈话技巧方面有最令人景仰的女教师做我的老师,如果我说我能的话,也就没有什么可奇怪的了——她培养了那么多的能言善辩的人,其中之一就是全希腊最出色的讲演者伯里克利。""我想你说的是阿斯帕霞。"那个人说。"是的,"苏格拉底回答说,"我说的就是她。就在昨天我还听见她正在为那些死者起草一份演讲稿。有人告诉她说,雅典人要选一个讲演者,这跟你说的一样。她就把她准备的讲演给我讲了一遍,她的演讲一半是现场发挥,一半是重新组织起来的伯里克利在葬礼上的演讲中的一些段落,但我相信,伯里克利的那篇演讲也是她来起草的。"这个人问:"你还记得阿斯帕霞说什么吗?"他得到的回答是:"我应该能。因为她告诉了我,而且她差点儿打了我一顿,因为我总是忘记她告诉我的东西。"然后苏格拉底就把这个演讲从头到尾背了一遍,末了,他告诉这个人,恐怕阿斯帕霞会因为他把她要演讲的内容告诉别人而生他的气,他警告这个人说:"你不要把这件事告诉她,这样我还会把她许多其他的精彩的政治演讲讲给你听。"

在阿伽同家里举行的那次最著名的晚宴上,聚集了一群非常优秀的年轻人,任何其他的时代都很难有这么多优秀的年轻人聚集在一起。这些人里有阿伽同本人,他的一个剧本刚刚获得了头奖;还有那位出色的年轻人阿里斯托芬,他是最杰出的喜剧家;还有亚西比德,在优秀的人中间,他总是最优秀的——就是这些人和他们的同道好友,在苏格拉底进来的时候,把他当作最好的朋友,他们喜爱他,钦佩他,当他是最好的同伴。他们开他的玩笑,拿他取乐,心里却充满了对他的爱慕之情,而苏格拉底总是带着理解和一种人情练达的自信,宽厚地接受这些玩笑。"别理他,亲爱的阿伽同,"那个曾在梧桐树下和苏格拉底谈话的年轻人斐德罗说,"他要是找到一个可以谈话的人,特别是一个形容俊美的人,那他就什么也不管不顾了。"

在接下来的谈话里,可以看出来天底下所有年轻人最羡慕的事情,苏格拉底都能做到。亚西比德自己刚来的时候"头上戴着常青藤和紫罗兰编成的花环",他进门就问:"你们愿意和一个烂醉如泥的人为伴吗?"然后亚西比德力劝苏格拉底喝下整整两品脱的一坛酒,苏格拉底泰然自若地一饮而尽。亚西比德受挫后灰灰地说:"他能饮千杯而不醉。"其实在此之前所有的人都已经同阿里斯托芬说好不能多喝,因为他们前一天已经喝得太多了。"但除了苏格拉底,他可以没完没了地喝下去，也可以不喝，而且他也不管我们喝不喝。"

同样，他也是一般年轻人心目中最能忍受艰苦环境的英雄。有一次亚西比德曾经和他比赛谁更能吃苦，事后这位年轻人说："我有机会看到他超常的耐力。在给养完全断绝的时候，他坚韧不拔的毅力也是惊人的——在这方面没有任何人能和他相比。"那是在冬天，天气酷寒，其他的人都"有丰足的衣物，他们的脚也都用兽皮和羊毛包裹得严严实实的"。而苏格拉底"只穿着普通的衣服，光着两只脚，可他走在冰雪上面比别人还要健步如飞"。尽管如此，"如果我们能够有一次盛宴，他是唯一真正能感到快乐的人"。

叙述者在《会饮篇》的结尾说他们最后全都喝得太多了，他自己酒醉之后一直睡到天亮，醒来之后，他发现除了苏格拉底、阿里斯托芬、阿伽同之外，大家还都沉睡未醒。后二人还在喝酒，而苏格拉底还在和他们谈话。他在说，真正的悲剧艺术家也会是一个喜剧艺术家。其他两人都不得不表示同意，因为他们早已醺醺然，没能跟得上讨论。阿里斯托芬首先睡着了，然后阿伽同也支持不住了。苏格拉底把他们两人安顿好，然后悄然离开了。他在吕克昂洗了一个澡，然后像平常一样度过了这一天。

他也能让上学的孩子感到轻松愉快："他的朋友美涅克塞努过来和我们坐在一起，然后吕雪斯也坐了过来。我问他们：'你们两个谁大？'他回答说这是他们两人一直在争论的问题。'谁更好看一些？'这两个小伙子笑了起来。'我不会问你们谁更富有，'我说，'因为你们两个人是朋友，是不是？''当然是。'他们回答道。'朋友之间的东西都是共有的。'我说，'因此你们其中任何一个不可能比另一个富有。''是的，没错儿。'他们都同意。"

谈过友谊的话题之后，他们的老师过来催他们回家，因为此时天色已晚。"然而，我在分别的时候跟他们说了几句话：'啊，美涅克塞努,吕雪斯,我这里有个笑话:你们两个小孩子和我,一个想和你们一样小的老孩子,认为我们大家是朋友,可是我们还根本不知道朋友到底是什么!'"

这样的结论,或者毋宁说这样的缺乏一个结论,正好可以看出在世界上所有伟大的教师中唯苏格拉底所独有的那种态度。他不会替前来求教于他的人思考,不管他们问的问题是大是小。在《克拉底鲁篇》中,有一个年轻人和他的朋友来找他问一个语言的问题,还有名称是怎样形成的。他们得到的回答仅仅是:"如果我以前不是那么穷困,那么我就可以交足五十德拉克马的学费,去听伟大的普罗底卡关于语法和语言的完整课程——这是他的原话——那我现在立刻就能回答你的问题。但是,实际上,我只听过一德拉克马的课程,所以我不知道这些问题的正确结论。可我仍旧愿意帮助你们研究这些问题。"然而,这个研究的结果是这样的:"这可能是真的,克拉底鲁,但也很可能不是真的;所以我希望你们不要轻易地相信这些东西。认真地思考,因为你们还年轻,正处在学习的阶段。你们找到真理之后,来告诉我。"那个年轻人——他一定非常年轻——这样回答道:"我会照你的话去做,苏格拉底。"

这种诙谐地不做结论是他最显著的特点。他在谴责希腊也存在的那黑暗的罪愆——也就是无知的时候,以及他在带领他的时代走向伟大的思想,走向对自己最高使命的理解的时候,他总是认为他和他的听众处于同一水平上,甚至还不及他们。他总是持一种颇为吸引人的谦虚的态度。他好像在说:"我知道那可能是全然错误的。"他只是建议——后面总是有一个问号。这是一个文明社会发展到巅峰时,最洞明世事的人所持的态度。

我们一定要举另外一个例子来说明这种古怪的否定态度下面其实蕴藏着非常严肃的东西。这个例子来自于苏格拉底和斐德罗夏天一起散步的时候谈起的一个话题——"通往雅典的路难道不是为了闲谈才修建的么?"年轻的斐德罗问苏格拉底,波瑞阿斯带走俄瑞提亚的那个地方是否就在附近:"那条小溪清澈见底,令人非常喜欢。我能想象少女们一定喜欢在那里嬉戏。告诉我,苏格拉底,你相信这个故事吗?"苏格拉底回答说:"智者们对此都很怀疑,如果我说我也同样怀疑这种说法,就没什么可奇怪了。我可能有一个理智的解释,那就是,俄瑞提亚在嬉戏的时候,一阵来自北面的狂风把她吹过了山崖,因此人们就说她被风神波瑞阿斯抢走了。我现在承认这种寓言式的解释非常好,可是生编故事的那个人却不值得羡慕:他绞尽脑汁,穿凿附会;然后他还必须重新解释半人半马的怪兽、狮头羊身的喷火怪物、蛇发女妖和长翅膀的飞马,还有其他很多不可思议的、诡异的怪物。而如果他愿意遵从自然的可能性,就会节省很多时间。我现在没有闲暇去问这样的问题;我能告诉你为什么吗? 首先我必须了解我自己,正如德尔菲的墙上刻着的那句话;当我对自己还很不了解的时候,对我不感兴趣的东西表现出好奇实在是很荒唐。所以我对所有这类事情都不予理睬。我想要了解我自己:我是一个比毒蛇泰弗还要诡计多端、更被狂热的激情所驱使的魔鬼呢,还是个秉承了自然所赋予的谦恭、神圣的命运的简单温和的动物?"

  大多数现代人都习惯并且热衷于权威的、武断的话语,对他们来说,一个像苏格拉底这样毫不教条的教师会让他们感到震惊,甚至会感到无法接受。但是,在雅典,起码在柏拉图时代的雅典,一个人如果想掌握一些真理,那他自己就必须是一个研究者,这样的想法是吸引人的,而绝不会令人反感。我们完全可以承认柏拉图在这些方面对希腊的方式有一定的了解。苏格拉底死后的许多年里,他一直在世界上第一所学院里教育雅典人,而我们在任何地方也找不到任何东西说明他的教学方法不受人欢迎。如果柏拉图的对话录在某些结论之外还能推导出什么别的结论的话,那就是雅典人不希望有任何人来替他们自己思考。

因此,在某种意义上说,尽管苏格拉底远非凡俗,他还是充分说明了那个时代的一些普遍情况。那是一个文明的时代,那个时代中最重要的问题不是那些曾被人触及过的、尝试过的,或是处理过的东西,那个时代的伟人们都具有一个显著的特点,那就是诚意求知、求真,那个时代的人们敢作敢为、能忍受艰苦,并且能够作出像他们的时代之前的若干年里出现的那种英雄业绩。理智和精神的平衡是希腊艺术最显著的特点。理智和精致的品位,以及无尽的生命力是这个民族最显著的标志——这就是柏拉图眼中的希腊。

第七章
阿里斯托芬和旧喜剧

这是一个雄武的时代,
身强体健的希腊人可以为任何滑稽与幽默开怀大笑,
无论那是高雅的还是粗俗的,
当然,主要是粗俗的。

伏尔泰说过："真正的喜剧,是一个国家的愚蠢及弱点的生动写照。"他说这话的时候,脑子里想的是阿里斯托芬,而对雅典的旧喜剧再也没有比这更好的描述了。读阿里斯托芬多少有点像读雅典的连环漫画。他的戏剧中包括了希腊人所有的生活场景:当时的政治形势和政治人物、主战派和反战派、绥靖主义者、女权主义者、自由贸易、财政改革、纳税人的不满、教育理论,还有当时的宗教和文学谈话——一句话,所有普通公民感兴趣的事情都尽在其中。所有的这一切都是他嘲弄的对象。他的喜剧就是他那个时代的愚蠢和弱点的生动写照。

他的戏剧中反映出的那个时代和苏格拉底反映出的时代有很大的不同。谈完了柏拉图再来谈旧喜剧会让人有一种很奇特的感觉。那些令人愉快、感情细腻、品位精致、殷勤周到的绅士们到哪里去了?这些喧闹的喜剧里连他们的影子也找不到,剧中人物一个比一个粗野、放荡。很难设想怎样将这些喜剧搬上舞台,那比斯宾赛和菲利浦·锡德尼爵士去看毕斯托尔或桃儿·贴席的表演更让人难以想象,就像伊丽莎白的群臣相对于伯里克利时代的政治家们来说处在一个较低的文明阶段，阿里斯托芬描写粗陋、鄙俗的能力是莎士比亚难以望其项背的。

尽管如此，希腊喜剧与十六世纪的英国喜剧有着非常密切的联系。在很多方面，尤其是那些最重要的方面，这两个辉煌灿烂、生机勃勃的时代都是非常相似的。阿里斯托芬和莎士比亚喜剧中的某些片断的相似之处显而易见。他们的作品都反映了当时的时代精神。他们都有同样无尽的活力、激情和生命力，同样豪迈、狂放的精神，同样汪洋恣肆的语言，同样纵情的欢乐。福斯塔夫是阿里斯托芬剧中的某个原型经过多次放大创造出来的形象；而波因斯、毕斯托尔、快嘴桂嫂，都像从阿里斯托芬的任何一部戏中走出来的人物。

两者还不仅仅是表面上相似。他们的喜剧有相同的本质特征。在戏剧的黄金时代，在伊丽莎白时代的英国和伯里克利时代的雅典，从崇高到荒唐只有一步之遥，而这一步实在太容易迈出了。喧闹的喜剧和优美的悲剧一同发展起来，当其中的一个走向消亡的时候，另一个也同样销声匿迹了。崇高和荒唐之间有着某种联系。阿里斯托芬，以及——或说，尤其是——莎士比亚的喜剧，和悲剧有着紧密的联系，世上也只有他们两个人的喜剧和悲剧有如此紧密的联系。"戏剧的规则是由它的观众制定的。"为《李尔王》和《俄狄浦斯王》所深深打动的观众，也正是能欣赏福斯塔夫和阿里斯托芬的最疯狂、最滑稽的喜剧的观众。而在后来的时代中，人们也许在思想上达到了同样的高度，但感情却浅薄得多，伟大的喜剧和伟大的悲剧便由此分道扬镳了。

当阿里斯托芬开始写作的时候，希腊的戏剧正处在盛极将衰的时期。那些旧喜剧，正如其名所示，存世者极少；和他齐名的同辈作家的戏剧无一幸存，而在他自己创作的大量的作品中，也只有十一部得以传世;然而,我们从这十一部作品中,就可以清晰地看到这种戏剧形式的风格。剧中只有三个演员。一个歌队用歌唱和舞蹈把演员的表演分割开来(舞台上没有幕布),歌队经常参加剧中的对话。剧中的情节,说得好听点,也通常是非常松散的,演到一半的时候,剧中的情节实际上已经结束了,歌队开始对观众作大段的演说,通常是陈述作者自己的看法,多数情况下与剧情没有任何关系。在此之后会有一些和剧情多少相关的场景。这样的描述听起来很是乏味,实际上却格外赏心悦目。没有任何人,也没有任何事情能逃脱旧喜剧的嘲弄。甚至天上的诸神也不例外;还有希腊人最珍视的制度;还有那些最有名望,最有权势的人们,通常都是用的真名实姓。他们的言论自由会让我们感到非常吃惊。

下面的这首译诗尽量再现了原诗中的音律,因为音律是产生诗中那种喜剧效果的最重要的因素。《阿卡奈人》开始的时候,一个男人正在解释战争是怎样开始的:

> For men of ours — I do not say the City,
> Remember that — I do not say the City,
> But worthless fellows, just bad money, coins
> No mint has ever seen, kept on denouncing
> The men of Megara. Trifles, I grant,
> — Our way here —but some tipsy youngsters then
> Go steal from Megara a hussy there,
> No better than they should be, caused the war.
> For then in wrath Olympian Pericles
> Thundered and lightened and confounded Greece.
> Enacting laws against the Megarians

That sounded just like drinking songs—

我们有些人,我并不是说城邦,
请你们千万记住,我并不是说城邦,
而是说一些坏小子、假铜钱、冒牌货
他们经常告发人私卖了墨伽拉(麦加拉)小外套
糟糕的是:有一些年轻小伙子玩酒戏喝醉了
跑到墨伽拉(麦加拉)去,抢来了那个名叫西迈塔的妓女
想不到这一点鸡毛蒜皮,居然扫了墨伽拉(麦加拉)人的面子
惹动了他们的大蒜劲儿,他们反而抢了阿斯帕西亚两个妓女。
好,为了三个娼妇,战火就在全希腊烧起来了。
我们的盖世英雄伯里克里斯(伯里克利)勃然大怒,
大发雷霆,大放闪电,震惊了全希腊;
他拟出一道命令,读起来就像一首酒令歌——①

但是,不仅仅是大人物们才会感到不舒服。任何人都可能会发现他突然受到了指名道姓的嘲弄。《马蜂》一剧开始的时候,两个仆人正在谈论他们主人的父亲:

奴隶甲:他得了一种怪病
那样的病,你们谁也没有见过。
(看观众。)

---

① 阿里斯托芬:《阿卡奈人》,《罗念生译古希腊戏剧》,罗念生译,第254-255页,人民文学出版社,2015。

　　　　　阿密民阿斯,普洛纳伯斯的儿子
　　　　　说那是嗜赌之症,但他猜着了。
奴隶乙:啊——那是根据他自己的病猜的。
奴隶甲:但是前排的索西阿斯说他知道
　　　　那是酗酒病。
奴隶乙:不——一点不对!
　　　　那是诚实的绅士的毛病。

当然,剧中人物的名字会随着观众的不同而变化。在一个人人都互相认识的小城里,用这种方法可以变换出很多种花样来。

阿里斯托芬最广为人知的喜剧是《鸟》,他在剧中把雅典和群鸟在云中建立的乌托邦城市相比较;还有《蛙》,是讽刺人们熟识的作家的;还有《云》,这出戏拿苏格拉底和其他"在空中行走,思考太阳"的知识分子开玩笑;另外还有三部关于女人的戏,《地母节妇女》《吕西斯忒拉忒》和《公民大会妇女》,在这三部戏中,女人掌握了文学、战争和国家政权,来为大家谋福利。

他剧中的人物和柏拉图书中的人物很少有相似的地方。《会饮篇》中的那个优雅、风趣的阿伽同在阿里斯托芬眼里完全成了另一个人。在《地母节妇女》中,欧里庇得斯和另外一位长者涅西罗科斯一起走在街上:

欧里庇得斯:大名鼎鼎的悲剧诗人阿伽同住在那里面。
涅西罗科斯:哪个阿伽同?
欧里庇得斯:那个阿伽同——
涅西罗科斯:是不是那个黑脸大汉阿伽同?
欧里庇得斯:不是,是另一个阿伽同。难道你没见过?

>   ……
>   让我们蹲在一旁。他的仆人提着火盆,
>   拿着桃金娘出来了,好像是为他写诗而向神献祭。

仆人: 人人缄口肃静! 一队文艺女神
　　在主人屋里写抒情诗。
　　宁静的空气不要起风,
　　海上的绿波不要呼啸!

涅西罗科斯: 好啊!

欧里庇得斯: 别做声! 你说什么?

涅西罗科斯: 就是你自己说话,
　　　　宁静的空气不要起风。

仆人: 就要架起一出戏的龙骨
　　他正在把一些新鲜的词句弄弯,
　　有一些他把它们琢磨,
　　有一些他把它们粘上;
　　他编造格言,寻找比喻;
　　他像捏蜡似地捏成圆形;他往模子里灌——
　　……

(阿伽同上场。他穿着丝绸的衣服,头上戴着发网。)

涅西罗科斯: ……你这个带女人气的男人是从哪儿来的?
　　　你是谁?

阿伽同: 老汉,老汉,我听见了你的出于嫉妒的谴责,
　　　并不感觉痛苦。我是故意穿上这衣服的。
　　　一个诗人须模仿他所写的剧中人物的习气。
　　　比方说,要写带女人气的人物,

就得一身染上他们的习气。①

苏格拉底的待遇也好不到哪儿去。阿里斯托芬知道他喜欢用平常的例子来说明一些高深的问题。在《云》一剧中一个父亲送儿子去"思想学校"入学,有人领着他在校内参观,他看到了一个奇怪的景象:

父亲:那是谁? 那吊筐里的人是谁呀?
学生:正是他。
父亲:他是谁呀?
学生:苏格拉底。
父亲:苏格拉底! 快,替我大声叫他。
学生:你自己叫吧! 我可没有工夫替你叫。
父亲:苏格拉底啊! 亲爱的苏格拉底!
苏格拉底:朝生暮死的人啊,你叫我作什么?
父亲:我求你首先告诉我,
你在那上面作什么?
苏格拉底:我在空中行走,在逼视太阳。
……
如果我不把我的心思悬在空中,
不把我的轻巧的思想混进这同样轻巧的空气里,
我便不能正确的窥探这天空的物体。
如果我站在地下寻找天上的神奇,便寻不着什么。

---

① 阿里斯托芬:《地母节妇女》,《阿里斯托芬喜剧六种》,罗念生译,第 336 – 339 页,上海人民出版社,2016,有改动。

>   因为土地会用力吸去我们的思想精液,
>   就像水芹菜吸水一样。
> **父亲**：你说的什么话？我们的思想会把精液吸到水芹菜上去吗？
> ……①

我们节选的这两段文字还进一步说明了一点：他们假设观众都是受过教育的,对当时最杰出的思想和文学都非常了解。这是他所有的戏剧的前提条件。柏拉图熟悉的知识阶层的人物经常会出现在他的戏剧中。《蛙》一剧中有意思的地方很多都是对埃斯库罗斯和欧里庇得斯的揶揄,这意味着观众对他们的戏剧是极为熟悉的,而一般认为埃斯库罗斯一共写了九十部戏,欧里庇得斯则写了七十五部,观众熟悉如此众多的作品,这说明了某些本质的东西。偶尔我们也会远远地看到那些对艺术特别严肃的人们。在《云》中,那位送自己的儿子去苏格拉底的思想学校的父亲,发现他的儿子反而变得不如以前了,他这样倾诉他的怨恨：

> **父亲**：我告诉他去取他的竖琴来给我们的晚餐助兴
>   给我们唱上一首西蒙尼得斯的歌曲或是其他任何动听的老歌
>   可他回答说吃饭的时候演奏音乐是粗俗的早就不时兴了
>   而且西蒙尼得斯的歌已经太老了——很久都没有人唱过了
>   对他这种吹毛求疵的废话,我听了几乎快要忍不住自己
>   但我还是忍住了,要他选一段埃斯库罗斯的歌唱给我们听

---

① 阿里斯托芬：《云》《阿里斯托芬喜剧六种》,罗念生译,第165—166页,上海人民出版社,2016。

可他回答说:"埃斯库罗斯对我来说就是一个十足的讨厌鬼,
一个夸张的、膨胀的、饶舌的人,只会张牙舞爪、大喊大叫。"
听到他这么说气得我浑身乱颤,但是我仍旧忍住了,
客气地说:"那你就给我们演一首你们年轻人喜欢的最新的歌曲吧。"
然后他就开始演奏一首欧里庇得斯写的非常难听的东西。
就是那种任何一个绅士都不会唱起的东西,
我实在忍不住了,我承认,我发了脾气,还打了他
而他,竟敢同他的亲生父亲还手,打得我浑身是伤

儿子: 那是你活该——谁叫你胆敢侮辱最有智慧的诗人
胜过所有人的欧里庇得斯。

父亲: 这个孩子是个蠢货,我知道了。

但这仅是管中之窥,东鳞西爪而已。在阿里斯托芬的剧中,雅典大多数居民都是声名狼藉的人,跟柏拉图那样的人物总是大相径庭。《财神》一剧的第一幕开始的时候,一个盲人在街上摸索着走路,后面跟着一个模样很值得人尊敬的老者和他的奴隶。奴隶问他的主人为什么要跟着一个盲人后面走路:

克瑞密罗斯: 那么我不瞒你,因为在我家的佣人中间
我承认你是最忠诚的,也是——最会偷盗的。
我是一个敬神的正直的人,可是境遇不好
老是贫穷。

卡里翁: 这我知道。

克瑞密罗斯:别的那些人可是富有,

> 抢劫庙宇的、政客们、告密人和那些坏人。

卡里翁:你说得对。

克瑞密罗斯:于是我去问神,并不是为我自己,

> 我这不幸的人,我想已经快射完生命的箭了
> 但是,我那儿子乃是我的独子,
> 所以我问神是不是要改变他的行径,
> 使他成为一个无所不为的、邪恶的、腐败透了的人,
> 因为那么样我以为是于生活上很有利的
> ……
> 神明白的对我说,在我出来的时候首先遇着什么人
> 叫我决不要放过他。
> ……

卡里翁:因为这就是在瞎子也很明了,在现今的生活里,

> 做一个腐败透了的人是很有利的。①

前面的那个人正是财神,他还不知道自己的力量,因为他是个盲人。后面的这两个人开始启发他:

克瑞密罗斯:啊,世上所有的万物,都不过是财富的奴隶。

> 那些姑娘们,你们看,如果是一个穷人过来了,
> 她们是否会看上一眼? 而如果过来的是一个富人,
> 她能做上一次比他原来希望的还要好的交易。

---

① 阿里斯托芬:《财神》,《阿里斯托芬喜剧集》,周启明译,第 354 – 355 页,人民文学出版社,1954。

卡里翁：啊，你说的不是那些温顺、善良、贤淑的女子。
她们从来不会向男人要钱。

克瑞密罗斯：不要钱？那要什么？

卡里翁：礼物——很贵的那种——就要这些。

克瑞密罗斯：那些选举当然只向着那些富人们
你操纵我们的军舰，你拥有我们的军队。
你是哪一方的同盟，那一方就注定会取得胜利
从来没有任何对你感到餍足
对于许多别的事情，有人倒会觉得满足，
比如恋爱。

卡里翁：还有面包。

克瑞密罗斯：以及文化。

卡里翁：还有糖果。

克瑞密罗斯：以及名誉。

卡里翁：还有薄饼。

克瑞密罗斯：以及勇敢。

卡里翁：还有无花果干。

这种嘲弄我们听起来好像有些耳熟。似乎那些认为自己的国家和自己所处的时代是最糟糕的作家，总是能够发现在几个世纪之前就有和他们想法相同的人。

莎士比亚生活的时代和阿里斯托芬生活的时代的社会状况非常相似，而和阿里斯托芬最相似，和他的幽默感也最相近的那位剧作家生活的时代和他生活的时代的社会状况则大不相同。孕育了旧喜剧那种最动荡的民主制度和维多利亚女王治下的英格兰所实行的那种制度绝少有相似之处，但是，生活在维多利亚时代中期的吉尔伯特的

作品《胸巾》和阿里斯托芬的戏剧的相似之处是无可匹敌的。阿里斯托芬和吉尔伯特的不同之处只是表面上的；这种表面上的不同是由于他们所处的时代不同。他们两个人的才情其实极其相似。

那不为人知的事物总是辉煌的。阿里斯托芬头上闪烁着希腊的光环，同时多少个世纪以来众多学者的诠释，又给这光环上蒙上了一层尘灰，使它变得有些暗淡。因此，我们把他和一个人们熟悉的、喜爱的，却从来没有认真去思考过的作家来做比较，就显得有些不够尊敬——甚至显得有些无知。一个是荒诞滑稽而又可爱的吉尔伯特，一个是辉煌的阿里斯托芬，他有诗人、政治改革家、社会促进者、哲学思想者等等一大堆不朽的头衔——怎么可能把这两个人相比较？柏拉图曾说过，真正进行比较的基础是每一件事物所特有的卓异品质。阿里斯托芬真的是一个伟大的抒情诗人吗？他真正想要做的是进行政治改革，还是结束民主制度？这些问题都是无关紧要的问题。如果我们把哈姆雷特的著名的独白解释为对自杀的警告，丝毫不会给莎士比亚额外增添什么光彩，同样，我们证明阿里斯托芬的《伯里克利》是想要抨击社会罪恶，也不会给他增加什么荣誉。喜剧特有的卓越之处在于是它能够捉弄人，阿里斯托芬的不朽的生命只在于：他是一位喜剧大师，他捉弄人的手法比任何人都要高明。在这一点上，吉尔伯特和阿里斯托芬不分伯仲。他也能写出最令人钦佩的荒诞的笑话。没有人比他更会捉弄人，把他和阿里斯托芬相比较丝毫也不会对这位伟大的雅典人有什么贬损之处。

这样一来，我们就发现这两个人无论是在总体上还是在具体细节上都有惊人的相似之处。他们捉弄人的方法是一样的；他们看待生活的眼光也是一样的。吉尔伯特栩栩如生地描绘出了维多利亚时代的英国，正如阿里斯托芬栩栩如生地描绘出了雅典。那些温柔、美丽的姑娘，那些聪明、年少的骑兵们，那些媒婆们，那些坚信官衔、稳定收入和政治影响力都极具价值的人,那种感情化的思考和果敢的行动的奇怪的结合,那个十八世纪八十年代英格兰的伟大救星——谁像他那样把这些人描绘得如此活灵活现?他是最聪明的漫画家之一,但他享受到的自由不是阿里斯托芬享受的那种自由,他对上层社会的虚伪、欺诈和无知的灵巧、鲜明的描写总是非常小心,而且也从来不提名道姓。然而从本质上说,他和那位希腊的先驱者运用的是同样的武器。通过他的十三部剧本,他也同样嘲弄了对他的国民来说最为珍贵的东西:《埃沃兰斯》中的贵族阶级、《海盗》中的军事训练、《胸巾》中的海军、《乌托邦公司》中的英国社会等等。阿里斯托芬的嘲讽有时候很残酷,但吉尔伯特却从来没有,但这大部分是因为他们两个人所处的环境迥然不同。阿里斯托芬看到的是一步一步逼近雅典人的寒冷、饥饿和失败,而吉尔伯特是在人类有史以来最为安全舒适的环境中写作的。但是在这些表面的不同之下,他们两个有着相同的基本观点。他们两个人都是时事作家,他们对当时发生的事情都非常了解,但是,阿里斯托芬的喜剧使得人们笑了两千年,而经历了半个世纪的社会巨变之后,吉尔伯特笔下的英国几乎离我们同样遥远。他们都在表面现象下面看到了社会的演变。他们描写的都是一些转瞬即逝的事物,然而这些事物在他们的笔下不仅仅变成了一个时代、一个国家的愚蠢和弱点,而是所有时代、所有国家的愚蠢和弱点,成了永久不变的人性的一部分。

比较两者,阿里斯托芬所描绘的画面更为宽广,吉尔伯特十者难有其一。但是艺术是不能用尺寸来衡量的,在下面的段落中我们将会看到这两个人的幽默感在本质上是多么的相似。阿里斯托芬的观众确实比吉尔伯特的观众的智力水平要高一些,其中有戏剧产生以来头脑最敏锐的观众和最为挑剔的评论者。很难想象维多利亚时代的英国人会兴致勃勃地听上几百行的滑稽地模仿勃朗宁和丁尼生的歪诗。在观众这个很重要的问题上,阿里斯托芬要比吉尔伯特幸运得多,他的喜剧所涉及的范围也就不可避免地要广泛得多。尽管如此,他们在智力的吸引力上的差别可能是由于他们要面对不同的观众,而且他们之间的相似之处更为显著,这正是因为他们在精神上格外相似。

写作技巧通常会随着时代的不同而有很大的变化,然而就在写作技巧上,他们甚至也有很多的相似之处。对他们两个人来说,捉弄人才是最重要的,而不是故事情节。韵律的把握是一个细微的、个性化较强的因素,但他们作品中的韵律也是惊人地相似。一首滑稽诗的韵律和它的实质内容几乎同样重要。没有人比吉尔伯特更清楚这一点了。

All children who are up in dates and floor you with 'em flat,
All persons who in shaking hands, shake hands with you like that.
(所有长大成人的孩子们,把你推倒,和他们一起躺在地板上,
所有和你握手的人们,也像那样地和你握手。)

阿里斯托芬也比任何人都了解这一点:

Come and listen now to the good old days when the children, strange to tell,
Were seen not heard, led a simple life, in short were brought up well.
(请过来听我讲讲过去的那些好时光,说来奇怪,
那时候孩子们也不吵,也不闹,生活朴素,总之,教养不坏。)

这种欢快的旋律是他最喜欢的,但他却又赋予这种旋律无穷的变化。这一点在下面的译文中就可以得到证明,在这些段落中,韵律产生的效果在本质上和吉尔伯特作品中的效果是一样的。如前文所述,除非特别说明,我所有的译文都再现了原文的韵律。

吉尔伯特往往喜欢运用一种纯粹胡闹的手法,这似乎是他的一个特点,例如,他在《耐心》一剧的第二幕中就运用了这种手法,这里有几句话与剧情毫不相干,但却似乎又非用这几句话不可。

> 格罗夫纳(疯狂地):但你不会这么做——我敢说你不会这么做。(扑在班桑的脚下,抱住他的腿。)啊,请你再想想,再想想!你也曾经有过母亲。
>
> 班桑:从来没有!
>
> 格罗夫纳:那么你有个姑姑!(班桑被深深地感动了。)啊,我知道你有!想想你那位姑姑吧,我求你。

阿里斯托芬也经常运用完全相同的胡闹手法。在《阿卡奈人》一剧中,也有一种化解所有对抗的奇怪的力量,不过不是谁的姑姑,而是一筐木炭,就像若干年前可能出现在英国的情况。当时的雅典正处在战争时期,燃料非常缺乏。

剧中的场景是在雅典的一条街上。一个名叫狄开俄波利斯的人,为雅典的敌对城邦斯巴达说了几句好话,引起了周围的人的愤怒:

> 狄开俄波利斯:就我所知,我们遭殃,不能全怪这些动了我们公愤的斯巴达人。
>
> 歌队长:不能全怪他们?你这个坏东西!你敢公然当着我们这

样说？还以为我会饶了你？

狄开俄波利斯：不能全怪，不能全怪他们；我可以说出充分理由来，证明在许多方面，他们倒是得怪我们呢。

歌队长：真是骇人听闻，你胆敢替我们的敌人辩护！

狄开俄波利斯：我甘愿把我的颈脖子伸在一张案板上对大家说话，保证我的话公平合理，令人相信。

歌队长：乡邻们，告诉我，我们为什么吝惜这些石头，不把这个硬家伙砸成红布片儿？

狄开俄波利斯：好一炉血红的热炭烧得你心里直冒火花啊！你们这些阿卡奈人啊，你们不听吗，果然不听吗？

歌队长：我们就是不听！

狄开俄波利斯：那我可太冤枉了！

歌队长：我听，就该我死！

狄开俄波利斯：谁也不该啊，阿卡奈人！

歌队长：你该相信你现在就活不成！

狄开俄波利斯：好，我也就叫你们痛快不成，我要反过来杀死你们最亲爱的朋友，既然我得到了你们的人质，我就要把他们拿来杀掉！

歌队长：乡邻们，告诉我，他是拿什么来威胁我们呀？是不是他把我们哪一位在场人的孩子关在那里面了？要不然，他怎么这么大胆呢？

（狄开俄波利斯自屋中提着一把短剑和一筐木炭上。）

狄开俄波利斯：你们想扔就扔吧！我也会找这个出气。我倒要看你们里头可有人舍不得木炭！

歌队长：哎呀，不得了，住手、住手、千万住手，你想说什么，你就说吧。①

《吕西斯忒拉忒》一剧中发生了下面的事情：

甲：因为人们心中都涌动着嗜血的狂澜，这自然又高尚的欲望

乙：围成一个圆圈，开战吧——

丙：见脑袋就砍下来

甲、乙、丙：这是我们的权力。

从内容到形式都完全是吉尔伯特式的。任何对这位作家不甚了解的人都会把这些诗句归于他，尤其是在《艾达公主》中，还有：

> 我们三个勇士
>
> 伽马王的儿子，
>
> 像大多数儿子一样，
>
> 我们都是男子。
>
> 勇敢、凶猛、强壮。嗬！嗬！
>
> 心急火燎要打仗
>
> 是对是错，嗬！嗬！
>
> 我们管不着。

阿里斯托芬认为冠冕堂皇却空无一物的大话很可笑。在《地母节妇女》中，有两个老年人出场，其中一个神态庄重，看上去像个诗人

---

① 阿里斯托芬：《阿卡奈人》，《阿里斯托芬喜剧六种》，罗念生译，第46–47页，上海人民出版社，2016。

和哲学家,另一个则是乐乐呵呵的普通人。后者先开口了:

> **涅西罗科斯**:……你能不能在我的脾脏完全不中用之前,告诉我你要把我带到哪儿去?
>
> **欧里庇得斯**:这一切你马上可以目睹,不必耳闻。
>
> **涅西罗科斯**:你说什么?请你再说一遍。不必耳闻吗?
>
> **欧里庇得斯**:即将目睹,不必耳闻。
>
> **涅西罗科斯**:也不必目睹吗?
>
> **欧里庇得斯**:必须耳闻,不必目睹。
>
> **涅西罗科斯**:这算什么劝告?说得真妙!你是说,不必耳闻,也不必目睹。
>
> **欧里庇得斯**:二者的性质互不相同。
>
> **涅西罗科斯**:是指耳闻和目睹?怎么会互不相同呢?
>
> **欧里庇得斯**:这样区别。当初埃忒耳初次分裂,从肚里生出能行动的生物,那时候,为了使他们有视觉,她首先造出和太阳的光轮相似的能看见事物的眼睛,再钻出和漏斗相似的能听见声音的耳朵。
>
> **涅西罗科斯**:同哲人交谈,怪有意思!①

吉尔伯特也同样觉得这种大话很可笑。《艾达公主》的第二幕第一场的场景是女子大学的大厅。校长向全体师生讲话,讲完的时候,她问道:

---

① 阿里斯托芬:《地母节妇女》,《阿里斯托芬喜剧六种》,罗念生译,第335页,上海人民出版社,2016。

今天谁在艺术大厅讲课？

布兰奇：我，夫人。我要讲的是抽象哲学。

我们要认真考虑三个问题

——"是""也许是"，以及"必须"。

从事实来看，是否这个"是"

要比那个不确定的"也许是"更加重要，

还是这个"也许是"，从更广的范围来看，

因为其范围比那个"是"更重要；

最后还有，"是"和"也许是"

和必然的"必须"比较起来

应该处于什么位置！

公主：这个题目真深奥。

任何一种虚伪都是阿里斯托芬最喜欢嘲弄的对象，文人的虚伪更是如此。他总是尽情地嘲弄虚伪的文人。在《鸟》一剧中，雅典人珀斯忒泰洛斯帮助一群鸟在云中建造了一座新的城市，城的名字叫作"云中杜鹃城"，然后骗子和疯子蜂拥而至。一个牧师刚被赶下舞台，一个诗人就上场了，一边唱道①：

诗人：啊，云中杜鹃城！

缪斯，用你的歌声，

来为她加冕，

赞扬她的美名。

---

① 除了前面四行，下面这段引文叶韵均与原文不同。原文中行与行的韵律皆有变化，英译则不循此例——原注。

珀斯忒泰洛斯：这是什么东西？我说。

你又到底是谁？请问？

诗人：一只歌声婉转的鸟儿，

优美而又健壮。

我是缪斯的奴仆，

热情、灵巧、敏捷，

——荷马就是这么说。

珀斯忒泰洛斯：难道缪斯会让她的奴仆

留你那样乱蓬蓬的头发？

诗人：啊，我们这些教授戏剧艺术的人，

无论部分，还是全部，

都是缪斯的奴仆，

我们必须热情、灵巧、敏捷

——荷马就是这么说。

珀斯忒泰洛斯：不用问，正是因为那灵巧

你才这么一身褴褛，你也太敏捷了。

诗人：啊，我一直在创作优美动人的歌曲，

有老调，也有新曲，用最美妙的词语

赞美你们这云中杜鹃城。

……请想一想，考虑考虑

你能送我些什么东西？

吉尔伯特同样也喜欢拿文人取笑。在《耐心》一剧中龙骑兵的军官这样说：

上校：是的，女人们都来了。

公爵：可那位留长发的先生是谁？

　　　　（班桑上场，后面跟着二十位姑娘，两人一排）

班桑（在旁）：虽然我读书一脸痴迷相

　　　　可那只是装个样

　　　　就像一个文化人

　　　　女人全都看不中

　　　　可我在旁听得正

　　　　这二十个姑娘都得了相思病

　　　　　　（姑娘们下场）

班桑（独自一人）：现在这儿就我自己

　　　　没有别人在这里？啊对！

　　　　那么我不妨告诉你

　　　　艺术上我其实全都不会

　　　　我弄的一脸严肃

　　　　也无非就是装酷

　　　　想让人看了犯怵

　　　　这套体面的行头

　　　　要说雅致那是足够

　　　　可就是错了人喽

这两位作家拿军队中事情开的玩笑也都是一样的。在《骑士》中出场的两位将军都是当时最有名望的：

德摩斯忒涅斯：可怜的人，你觉得怎么样了？

尼喀阿斯：痛得很，还不是和你一样。

德摩斯忒涅斯：到这儿来，我们一同来哼一个乌吕漠波斯的曲子吧。

（两个人开始唱歌，都呜咽起来。）

德摩斯忒涅斯：呜呜有什么用？我们应当想个安全办法，不要再哭了。

尼喀阿斯：有什么安全办法？你说说看！

德摩斯忒涅斯：还是你告诉我吧，免得我同你争吵。

尼喀阿斯：凭阿波罗起誓，我不。还是你大胆地说出来，我再表示意见。

德摩斯忒涅斯："但愿你把我想说的说出来！"

尼喀阿斯：我可没这胆量。我要是能够说得像欧里庇得斯那样妙，那多好！……你说"得——奥"，慢慢连起来。

德摩斯忒涅斯：我就说"得——奥"。

尼喀阿斯：说了"得——奥"，再说"不——奥"。

德摩斯忒涅斯："不——奥"。

尼喀阿斯：很好，现在就像掷东西那样，一松一紧，先松后紧，先说"得——奥，不——奥"，再说"得奥，不奥"，反复几下，越说越快。

德摩斯忒涅斯：得——奥，不——奥，得奥，不奥，得奥不奥逃跑！

尼喀阿斯：对了，痛快吗？

德摩斯忒涅斯：凭宙斯起誓，倒也痛快，只不过我害怕这话不吉利，会伤了我的皮。①

当然，吉尔伯特的玩笑比较轻松。对于维多利亚中期的英国人

---

① 阿里斯托芬：《骑士》，《阿里斯托芬喜剧六种》，罗念生译，第 97-98 页，上海人民出版社，2016。

来说,战争是件遥远的事情。在吉尔伯特的作品中,同我们上面引用的阿里斯托芬的这一段最相似的是《海盗》中警察的一段进行曲:

梅布尔:走啊,英雄们,走向光荣
　　　　虽然你们会死在血腥的战场上
　　　　但你们会永远活在故事和歌曲之中
　　　　走向永生!
警察:虽然这事儿显而易见,
　　　哒嘀哒! 哒嘀哒!
　　　这些打算都有好的意愿,
　　　哒嘀哒!
　　　虽然没明说鼓劲儿,
　　　哒嘀哒! 哒嘀哒!
　　　其实还是给我们打气儿,
　　　哒嘀哒!
　　　可前面死路一条
　　　你说谁不动摇!
　　　哒嘀哒!

雅典的政客们和伦敦的政客们其实没有多少区别。在《财神》一剧中,奴隶卡里翁碰到了一个政客(告密人)。他问道:

卡里翁:你是爱国而且良善的么?
告密人:没有人及得我。
卡里翁:你是农夫么?
告密人:你以为我是疯子么?

卡里翁:可是商人么?

告密人:对,我说是的,在有些时候。

卡里翁:怎么,你学过什么手艺么?

告密人:没有,凭了宙斯。

卡里翁:那么既然什么事情都不做,你是怎么过活的呢?

告密人:我是一切公私事情的管理员。

卡里翁:你么?为什么缘故呢?

告密人:因为我要管。①

我们再来读一段吉尔伯特在《船夫》中公爵和公爵夫人的一首歌:

> 帮助苦难的百姓,给他们一点快乐,
> 这是侯爵贵人们最合适的工作;
> 我们的想法可以明白地向你们透露:
> 工作很轻松,可是报酬却很丰厚。
> 给市长,还有公务员
> 一个勋章,一个头衔。
> 我猜——他们准会感到无比骄傲
> 议员封为准男爵,冒牌上校,
> 全都表彰、登报
> 二等参事,加封爵士称号。

---

① 阿里斯托芬:《财神》,《苦雨斋译丛》,周作人译,第38页,中国对外翻译出版公司,1999,有改动。

在《骑士》一剧中,神谕预示,将来雅典人会由一个卖腊肠的小贩统治。正在这个时候,一个卖腊肠的小贩走了过来,于是人们非常热情地和他打招呼:

德摩斯忒涅斯:你这个走运的腊肠贩,这儿来,这儿来!最亲爱的,快上来,你正是我们的城邦和我们两人的救星!

腊肠贩:什么事?你们为什么叫我?

……

德摩斯忒涅斯:你这个走运的人、发财的人啊,你今天是无名小卒,明天可就显赫无比!你这个幸福的雅典城的统治者啊!

腊肠贩:好朋友,为什么不让我去洗肠子、卖腊肠,偏偏要开玩笑?

德摩斯忒涅斯:……你会变成一个非常伟大的人物。

腊肠贩:……
我认为我不配掌管大权。

德摩斯忒涅斯:唉,有什么理由说你不配?我看,你的心眼儿太好了。你是从名门望族出身的吗?

腊肠贩:真的不是,是从下流人家出身的。

德摩斯忒涅斯:你这个命运的宠儿啊,你有一种多么好的政治本钱啊!

腊肠贩:但是,好朋友,除了识字,我并没有受过什么教育,就连识字也糟透了。

德摩斯忒涅斯:识字就碍你的事儿,"糟透了"!因为如今一个有教养的人、一个正人君子不能够成为一个政治家,只有那些无知的、卑鄙的人才能够呢。你可不要错过了神们显示给你的机会。①

《胸巾》中约瑟夫爵士的一段唱与此有异曲同工之妙：

> 我钱挣得多得数不完，
> 本区望族送我去国会当议员。
> 我总是根据本党的指示来投票，
> 自己动脑我从来没想到。
> 想的少来我才有幸
> 当上了皇家海军总司令。

当然，这两个男人都特别喜欢拿女人开玩笑。人们总是喜欢拿女人开玩笑。这种例子举不胜举。《船夫》中公爵夫人的一段唱完全是采用传统风格写成的：

> 我和你可敬的父亲
> 结婚的那一天，
> 我承认我害怕
> 他的脾气爆发。
> 我总是小心谨慎
> 因为他总是怒气冲天——
> 他最文雅的言语
> 也无比粗俗鄙俚

---

① 阿里斯托芬：《骑士》，《阿里斯托芬喜剧六种》，罗念生译，第102-104页，上海人民出版社，2016。

> 我待他总是最好,他对我却总是最糟
> 我最初驯服你伟大的父亲的时候,就是这样!
> 但是,我后来发现我可以摆出威吓的架势
> 只有坚决抵抗一切婚姻纠纷
> 才会使他柔和温顺
> 你再也不会想到
> 有比我们再美满的一对儿。
> 就这样,我荷枪实弹,战旗高悬
> 终于驯服了你那微不足道的父亲。

阿里斯托芬笔下的女人大致也是这个样子。在《地母节妇女》中,由女人们组成的歌队对观众唱道:

> 每个人都讲过许多诽谤女人的话,说我们是男人的祸水,一切灾害——吵嘴、打架、引起动乱的内讧、伤心事、战争,都是我们引起的。喂,如果我们是祸水,你们为什么要娶我们,如果我们真是祸水的话?你们为什么禁止我们出门,禁止我们向外眺望,怕被人发现?你们为什么这样热心把祸水看管起来?如果小娘子外出,你们发现她在大门外面,你们就气得发狂;其实你们应当向神祭奠,应当喜欢,如果你们真的发觉这祸水已经跑出去,在家里再也找不见了。如果我们过节玩累了,在朋友家里睡觉,你们每人就到各处床上去寻找这祸水。如果我们在窗口眺望,你们就想看这祸水一眼;如果我们害羞退回去,你们每人就更想看见这祸水再到窗口眺望。由此可见,我们比你们好得多,

有块试金石可以检查出来。让我们来测验一下,看谁更坏。①

这一类的例子不胜枚举。沧海桑田,世事循变。但生活在公元前五世纪的雅典人阿里斯托芬和生活在十九世纪的英国人吉尔伯特看到了同样的事物、同样滑稽可笑的东西。然而有些东西阿里斯托芬看到了,而吉尔伯特却不得不装作没有看到,这是造成他们之间的差异的主要原因。喧闹的、拉伯雷式的旧喜剧和永远也不会让特罗洛普剧中最端庄淑雅的女主角感到一丝脸红的文雅的轻歌剧之间有多么深广的一条鸿沟啊。这的确称得上是一条鸿沟,但却是两个不同时代之间的鸿沟。吉尔伯特生活的时代,当时大权在握的英国女王正处在鼎盛时期,她是道德的主宰,很可能会去看吉尔伯特的戏,而我们几乎可以断定,如果让女王去看阿里斯托芬的戏,她一定会认为那些戏非常粗鄙、下流。我们同样可以断定,如果阿里斯托芬生活在这个温文尔雅的时代,他一定也不会那么尖酸刻薄、锋芒毕露。吉尔伯特是大大淡化了的、说话有节制的阿里斯托芬,是维多利亚中期的阿里斯托芬。

人们不免要问,如果吉尔伯特生活在和"我们敬爱的女王陛下统治的生活完全不同"的、思想自由、行动自由、言论自由的雅典,他是否也必须遵从掌礼大臣的意志来

> 毫不留情地去除本国戏剧中
> 那些"危险"的场面和不雅的言行。

---

① 阿里斯托芬:《地母节妇女》,《阿里斯托芬喜剧六种》,罗念生译,第 359 页,上海人民出版社,2016。

很多迹象表明,如果没有维多利亚时代的那些戏剧观众的约束,事情是完全可能朝这个方向发展的。吉尔伯特不得不屈从于这些约束,只有在特别的情况下,他也曾表露出,如果他不曾时时担心那可怕的"朕心不悦"的责难,他完全可能写出其他形式的作品来。

但是阿里斯托芬的观众不会给他制定任何约束。柏拉图笔下的人物,如终日沉思的斐德罗、温文尔雅的阿伽同、大哲学家苏格拉底,都可能是剧院的常客。他们在剧院中一坐就是几个小时,为比福斯塔夫还要粗俗的人物而鼓掌欢呼;倾听着剧中人物刻薄地讽刺挖苦希腊的男男女女酗酒、贪婪、腐败、邪恶,等等;为一些甚至会让拉伯雷感到脸红的笑话而开怀大笑。

据我们看来,像柏拉图那样的正人君子们是不会经常到这样的剧院去的。莫里哀式的温文有礼的喜剧才是真正最适合他们的戏剧,如果他们非得要看些不那么一本正经的戏来作为调剂的话,这些不正经也应该是暗示的而不是大声嚷嚷出来的。但是,我们谈到的这些雅典人不是十七世纪的法国贵族,也不是士尼菲勒笔下的二十世纪的维也纳人;他们精力充沛、体魄雄健、热情豪爽;他们喜欢高谈阔论,言之有物,他们也同样喜欢雄武强健的体魄;他们头脑冷静,能欢饮达旦,但不出醉语;他们凡事皆抱现实的态度,不会对任何生活现实进行歪曲。他们认识到人的体魄是异常重要的,几乎同理智和精神一样重要。

这就是柏拉图笔下的绅士,也就是阿里斯托芬戏剧的观众。去观看喜剧是他们宣泄他们旺盛的生命力的一种方法。喜剧可以涉及任何主题,人们对喜剧处理这些主题的方式也没有任何限制。因此,我们很难援引一些例证来说明旧喜剧的独特之处。那些最典型的章节是无法印出来的。一些无一不荒唐之极、粗俗透顶、完全不登大雅之堂的东西则可以经过大胆的夸张的漫画手法,通过多种方式表现出来。旧喜剧中有些笑话确实非常可笑。一口气读完阿里斯托芬的一部作品,感觉就像摆脱了维多利亚时代的各种社会力量的束缚。他是那么直言不讳、那么大胆、那么无耻,读完他的作品,你会觉得粗俗不过是生活中的一部分,是最可能产生幽默的一部分。阿里斯托芬的剧中没有下流的偷窥者,也没有捂着嘴说坏话的人。他用最平常、最直白的话毫无羞耻地表达所有的事情。建立在原始的自然需求的基础上的生活看上去是粗鄙、俚俗的,但却从来也不肮脏、腐朽。他的剧中从来没有堕落、颓废的气息。这是一个雄武的时代,身强体健的希腊人可以为任何滑稽与幽默开怀大笑,无论那是高雅的还是粗俗的,当然,主要是粗俗的。

看看这两幅画面吧。我们今天已经无法将阿里斯托芬作品中的希腊和柏拉图作品中的希腊统一起来。但是,如果有朝一日我们的知识分子都是由足球明星们组成的,我们就可能逐步了解阿里斯托芬笔下的希腊人了。

阿里斯托芬 《鸟》

第八章
希罗多德 第一位旅行家

他笔下的立下丰功伟绩的英雄并不尽善尽美,
他笔下的恶棍也从来不怙恶不悛。
他用同样的冷静的、平等的眼光看待他们。

希罗多德是一位历史学家,他记述了希腊为争取自由而同波斯展开那场规模浩大的战争。在那场战争中,希腊以少胜多,战胜了强大的波斯。他们赢得了那场战争,因为他们是作为自由人来捍卫他们的自由,而他们的敌人则是一位暴君,他的军队则由奴隶组成;希罗多德看到了这个对立。希腊人的口号是:自由。战争的胜负将决定希腊是独立,还是沦为奴隶;这种对立使希腊永远不会沦为奴隶。

现代的读者看完这句充满自豪的话,心中肯定会生出这样的问题——这些希腊自由人拥有的奴隶又怎么解释?希腊战胜波斯之后,这些奴隶并没有获得自由。那些马拉松和萨拉米斯战役中的胜利者都拥有奴隶,在他们的心中,自由的概念究竟是什么呢?这个问题比其他任何问题都更能体现现代人的思想观念和古代人是多么不同。对古代世界来说,解放奴隶可能是最没有意义的废话。奴隶从来就有。在任何社会中,人们的生活都要靠他们来维持;他们是一种最基本的需要,完全不经思考就被人们接受下来了,毫不夸张;从来没有人对他们多加注意。像其他任何地方一样,希腊人的生活也建立在奴隶的基础之上,但是直到伯里克利的时代,在希腊文学中都没有出现有关奴隶的记载。除了偶尔在一些地方提到某个个别的奴隶,比如在《奥德赛》中提到的那个老保姆,或是那个善良的猪倌,他们的境况被作为最普通的自然现实接受下来了。从荷马到埃斯库罗斯都是如此。在埃斯库罗斯的作品中,克吕泰涅斯特拉对沦为她的奴隶特洛伊公主卡珊德拉说:

> 一个人如果被这种命运逼迫,
> 那么落在一个继承祖业的主人手里,
> 是一件值得感谢的事。有些人一本突然收万利,
> 可是他们对奴隶在各方面都很残忍,而且很严厉……
> 你已经从我这里知道了我们怎样待奴隶。①

从远古开始,世界上任何地方的人对待奴隶的态度都是如此。任何一个梦想家,无论他多么大胆、多么浪漫,也很难会想象出没有奴隶的生活。最崇高的思想家、理想主义者和伦理家从来也没有觉得奴隶制是罪恶的。在《旧约》中,奴隶制自然而然地就被接受下来了;在埃及和美索不达米亚的史料中也是一样;甚至连以色列的预言家对此也没有一句微词,在这一点上,圣保罗也不例外。所以,真正令人诧异的事情不是希腊人在好几百年的时间里都认为奴隶制是理所当然的,而是他们最终开始思考这个问题,并对这个问题提出了质疑。

这个荣誉应该属于欧里庇得斯,他是第一个对奴隶制提出质疑

---

① 埃斯库罗斯:《阿伽门农》,《埃斯库罗斯悲剧六种》,罗念生译,第 270 页,上海人民出版社,2016。

的人。他说：

> 那罪恶的东西，本质上就是罪恶的，
> 强迫一个人屈服于
> 任何人都不应屈服的东西。

在很多问题上，他都走在时代的前面，在这个问题上更是如此。甚至一代人之后的柏拉图，也没有能跟上他的脚步。柏拉图从来没有任何反对奴隶制的言论；晚年的时候，他甚至提倡奴隶制。尽管如此，有迹象表明他曾经为这个问题所困扰。他说："奴隶是令人尴尬的财产。"后来甚至到了他和奴隶在一起会不安的地步，而且在他的理想国中，他也没有提倡奴隶制。

除了柏拉图这种温和、间接的异议，以及欧里庇得斯的公开指责，我们不知道对奴隶制的反对为什么又是怎样广为接受的，到了柏拉图的下一代，也就是亚里士多德的时代，对奴隶制的反对公开化了。亚里士多德本人虽然有着超人的思考能力，但他也只是从一般常识和社会便利的角度来思考这个问题的。奴隶制对延续当时的社会来说是必要的，他对当时的社会很满意，并不想做改变。他把奴隶定义为"一部会呼吸的机器，一件会活动的财产"。这其中既没有明确的也没有暗含的反对，这种对事实冷淡直接的描写忽然让人看到奴隶的实际状况并大为震惊，从而使他们产生抵触情绪。反对奴隶制的人不断增加。"有的人，"亚里士多德写道——这其中并不包括他自己——"认为人拥有奴隶是违背自然法则的，因为奴隶和自由人的区别完全是因袭的，并非自然使然，所以奴隶制的基础完全依赖于暴力，因此完全是非正义的。"

这是希腊人在两千四百多年前达到的思想高度，而不到一百年前,为了废除奴隶制度,美国人还不得不进行一场激烈的内战。这里值得人们思考的,不是希罗多德为什么没有觉得为自由而战斗的战士们本身却是奴隶主是件奇怪的事情,而是为什么在所有古代史和大部分现代史的历史进程中,只有在希腊才出现了许多既有真知灼见,又英勇果敢的伟人,他们能够看透掩盖着传统奴隶制社会的面纱,并揭露出它的本质。亚里士多德去世之后的几年内,斯多噶学派的人就开始谴责奴隶制,认为它是人与人之间最无可容忍的关系。

有人把聪敏出众的年轻人泰阿泰德介绍给苏格拉底,苏格拉底对他说,我敢肯定你一定思考了许多问题。这个年轻人回答说,啊,不——不是这样的,但至少他对很多问题都感到困惑。"啊,那就能说明你是一个爱智慧的人,"苏格拉底说,"因为智慧源自困惑。"

几乎从来没有人像希罗多德那样有那么多的困惑。他写下了很多这样的话:"有人告诉我一件令人惊讶的事";"在那片土地上有无数令人困惑的事情";"那些都是令人困惑的事情";"这件令人困惑的事值得思考"。从这个角度来说,他是他那个时代——那个希腊最伟大的时代的真正的时代之子。在他生活的时代,他的同胞们正运用他们通过战胜波斯获得的自由来思考各种问题。他们不需要再把他们的主要精力花在战争上。虽然有些地方间或还有一些摩擦,但都是些零星的战火。从整体上来说,雅典人和平、富庶;他们有时间坐在家中来探索宇宙间的神秘、来与苏格拉底进行辩论,或到国外旅行,去探索这个世界。无论怎样,他们都积极地找些事来做。在那个时代,闲暇就意味着积极地参加各种活动。没有人再需要别的东西。充沛的精力、昂扬的精神和旺盛的生命力是公元前五世纪的雅典的标志。

希罗多德生在哈利卡那苏斯,但他在精神上却是一个地地道道的雅典人，他的身上体现了时代的活力。他出发去旅行的时候，立志要踏遍这个世界上凡人足迹可以到达的地方。我们今天实在难以想象出当时的旅行条件需要人们有多么坚强的意志和强健的体魄。我们可以从圣保罗前往罗马传教的旅程的前半部分看到，即使在希罗多德逝去四百年之后海路旅行仍旧要面对怎样的艰难险阻，而色诺芬描写的步行或骑马穿越小亚细亚无尽的毁于战火的残迹前往巴比伦的旅程则给我们描绘出陆路旅行又要经历怎样的艰苦跋涉。一个人对知识要有如饥似渴般的追求，还要有探险家的激情，才能让希罗多德有勇气踏上那样的旅途，并充分享受那样的旅途。他是世上第一个旅行者，而世上也再难找出第二个像他那样快乐的旅行者。如果他能看到一些他从未见过的东西，那么所有的不便、困难和危险对他来说都微不足道了。他似乎从来都没有注意到困难和危险。他也从来不记述这些困难和危险。他的书中充满了使人感到快乐的奇妙的事物——这个伟大的世界上无处不在的奇妙的事物。啊，这个世界怎么会有这么多美好的东西！

很难说清他到底走过多少地方。他对他听说的东西也像对他亲眼看到的东西那样都赋予极大热情，他又是如此客观，无论他在描述什么，他都会沉浸于他所描绘的事物之中，会置自身于事外。我们可以肯定他的足迹东到波斯，西至意大利。他曾到达黑海的岸边，也曾到达了阿拉伯。在埃及他沿着尼罗河一直走到了阿斯旺。他很可能到过昔兰尼；从他的游记中看起来他描写的应该都是他自己亲眼所见。他写的关于西西里和利比亚的作品虽然不太像自己亲历之事，但他确实很可能也到过这两个国家。实际上，他几乎走遍了当时人们已经了解的世界的尽头，他收集到的资料甚至还超过了这个范围。他对印度就颇有了解。例如，那里的有些树上长着许多絮状物，无论从色泽还是手感上来说都比羊毛要好得多，印度人用它来制作精美的衣物。他对东方的了解止于印度。他听有人说更远处有一片无尽的大沙漠，但也仅此而已。谈到西方的时候他写道：

> 我不能说得非常肯定。我们用的锡是从某些岛屿运来的，但我对这些岛屿一无所知，虽然我四处打听，但没有碰到任何人说在欧洲的西边看见大海。事实是没有任何人发现欧洲是否被海水包围着。

> 有人说，海水绕着圆形的大地流动，但是他们没有确凿的证据，对此我只能付之一笑。

这个例子很好地说明了希腊人思考问题的方式。曾经说过外海环绕地球流动的人包括可敬的、甚至神圣的权威人物荷马，还有仅次于荷马的伟大人物赫西奥德，希罗多德没有怕对他们失敬而不安，他对他们同样付之一笑。他直言不讳地叙述德尔菲的女祭司在处理纠纷的时候曾经不止一次地收取贿赂，宣布偏袒一方的神谕，这非常能说明他的性格特点。这是对希腊最高神职人员的攻击——就像我们今天指责教皇受贿一样。希罗多德对德尔菲的神谕非常尊敬，但对他来说，既然他曾经做过调查并且他相信情况属实，这种尊敬便不能阻止他对其提出质疑，更加确定的是，这种尊敬不能让他放弃调查。当权威和事实发生冲突的时候，不管这个权威在传统上多么神圣不可侵犯，希腊人都会选择事实。他们没有任何要保护"先哲古训"的想法。希腊给这个世界带来了一股新的力量，那就是个人倾向和成见必须要服从于真理的观念。

希腊人总是热心于考察、求证、批驳，希罗多德则是希腊人最杰出的代表。他有一种强烈的去发现的欲望。他给自己定下的任务不旨是要去发现这个世上的一切。人们总是称他为"历史之父",但他也称得上是地理学之父、考古学之父、人类学之父、社会学之父,或是其他任何与人类本身和他们的生存环境有关的学科之父。他的毫无偏见已臻极致。希腊人轻视外国人——他们称外国人为"野蛮人",但希罗多德从来不这样。希腊和波斯争战的时候,他坚定地站在希腊这一边,但他也钦佩波斯人,也赞美他们。他认为波斯人都很勇敢、侠义、诚实。他在腓尼基和埃及的见闻对他来说都是很值得赞叹的,即使在野蛮的赛西亚和利比亚他也能找到值得赞美的东西。他到国外去不是为了发现希腊的优越之处。偶尔低人一等的感觉让他感到很高兴。他曾戏引居鲁士的一段话,说希腊集市是"人们用誓言互相欺骗的地方"。

希罗多德这样写道:"人们如果有机会去选择最好的生活方式,他们会选择自己的方式。"有一次,大流士问几个希腊人,什么会使他们生食他们父母的尸体,他们都惊恐地说无论如何他们也不会做出这样残酷的事情,然后大流士就叫人带进来几个印度人——吃掉父母的尸体正是他们那里的习俗,然后大流士问他们怎样才能劝服他们把死去的亲人用火焚化而不是把他们吃掉,那几个印度人的脸上都露出了厌恶的表情,请求大流士再也不要说出这样令人恶心的话来。希罗多德得出结论说:"正像品达所说的那样,习俗高于一切。"这个故事说明了他对别人生活方式的宽容态度,不管这种生活方式有多么古怪。他是那种罕见的热爱人类的人。他喜欢人,所有的人。但他对人的喜欢多于他对人的羡慕,他从不把人理想化。普鲁塔克甚至认为,他虽善良和公正,但实则有害,因为英雄在他的笔下并不总显得那么英雄。他确实生活在一个英雄主义的时代,而他却从来没有真正地相信英雄。但是他对对立的双方都有适度的怀疑。他从不判断,也从不指责。人类的弱点和愚昧只会引起他的怜悯。诚然,他笔下的立下丰功伟绩的英雄并不尽善尽美,但是他笔下的恶棍也从来不怙恶不悛。他用同样的冷静的、平等的眼光看待他们。

他对人世间任何地方的任何事物都有浓厚的兴趣。他告诉我们伊利里亚的相貌平庸的姑娘们怎样赢得丈夫,居住在湖边的人们怎样防止他们的孩子失足落水,埃及的蚊帐是什么样子的,波斯国王旅行的时候只喝开水,阿杜尔玛奇达伊人驱除跳蚤的方法,阿拉伯人怎样理发,多瑙河岛上的居民闻到某种味道就会醉倒,赛西亚人怎样给母马挤奶,在利比亚,情人越多的女人越光荣,巴比伦城的街道是怎样分布的,埃及的医生各有擅长的专科,等等,等等。这种零零碎碎的见闻和他的主题往往毫无关系,却不断在他笔下涌现出来;但他对这些于主题无关的东西是如此兴味盎然,因此读者也就被深深地吸引住了。他对我们说,难道那不是太离奇了吗?那不是太有趣了吗?那不是太合情合理了吗?于是我们就跟随着他感到吃惊,感到愉悦,感到契合。当然这只是说他具有一个作家所必需的素质——他从来不令人感到枯燥乏味;而不枯燥乏味对一本导游书来说就是非常成功的了。他的著作让人读起来觉得生动有趣,有一部分原因是他那完美独特、轻松自然的写作风格。他没有丝毫的矫揉造作,没有丝毫的个人意识;他永远是那么简朴、那么直率、那么明晰,那么简单明了。他的同乡——哈利卡那苏斯的狄奥尼索斯说,他是第一个让人认识到文章和诗歌一样有价值的希腊作家。

人们常常指责他过于轻信,甚至到了愚蠢的地步。人们说他像孩子那样幼稚单纯,相信人们告诉他的任何事情,包括很多非常荒诞不经的东西。这种指责毫无根据。事实恰恰相反:他是一个生性怀疑的人;一个天生喜欢考证的人。我们现在意义上的"历史"这个词,是他首先使用的,这个词在希腊语中的原意就是考察。他的著作是这样开始的:"这是哈利卡那苏斯的希罗多德所作的考察记录。"在这些记录中,他对他听到的每一件事都作了详细的考察。当一件事出现了两种不同的记述,而两种记述都同样可信的时候,他就把这两种记述都写下来,留给读者自己去做判断。这时候他总是说:"我不能确定事情到底是这样的还是那样的。"他在很有名的一段话中这样说:"对我自己来说,我的责任就是把我所听到的事情记录下来,但这不等于说我相信所有的这些事,这对我这整整一部《历史》都是适用的。"

甚至通过这寥寥的几段引语就可以看出他的性格、他作为一个记录者的责任感,以及他在斟酌证据时候的小心谨慎。但是,在那个时代,人们还不了解的东西太多,而真正了解的东西则太少,可信与不可信之间尚无明确的界限。如果我们仅仅把事情是否真的可能发生作为依据来推断希罗多德接受一件事情而否定另一件事情的原因,往往会一无所得。他坚定地认为鸽子不会说话,虽然多铎纳的圣女告诉他鸽子会说话,他仍坚信自己的观点,但他却毫不怀疑母马会生兔子。埃及的僧侣说,长生鸟会把它们父母的死尸包裹在没药里,然后从阿拉伯运到太阳城的太阳神庙埋葬起来,无论他们怎么说,希罗多德都坚信这断然不可能。可是另一方面他又相信在利比亚确实存在着一种眼睛长在胸前的无头动物,相信埃及的猫有爱往火里跳的古怪习性。他有一个标准来确定什么事情会发生,什么事情不会发生,但他的标准和我们现在的标准非常不一样,而我们对他的那些标准已经无从了解。他在他走过的所有地方都看到了许多奇异的事物,这就使他相信在他还没有到过的地方一定还有更加奇异的事物。

但是,对于他了解的事情,他知道他能够准确地判断哪些事情是完全不可能发生的。他这样写道:

在巴比伦最高的那座塔的最高处有一间小室,里面有一张很大的卧榻,有人说,神的真身就睡在那上面。祭司就是这么告诉我的,但是我并不相信。

我并不能确定地说那个人是如何逃跑的,因为我听到的解释让我感到疑惑。他们说他跳入海里,一口气游了八十斯达地,没有浮出水面来换气。依我看来,他是坐船逃跑的。

但是他对别人的意见总是抱着温和的宽容态度,从不武断地坚持自己的意见。当他谈到薛西斯的舰队在暴风雨中倾覆的时候,他写道:

> 暴风一共持续了三天。最后,玛哥斯僧行了牺牲之礼,对大风念了镇风的咒语,又向帖提司和涅列伊戴斯奉献了牺牲,这才算使它在第四天停了下来,或者这也许不是他们的力量,而是暴风自己停了下来的。①

他游览帖萨利的时候,有人告诉他说,他看到的一个著名的峡谷是海神尼普顿造成的,他这样说:

> 在我看来这显然是地震的结果。很多人都认为地震是尼普顿造成的。

他自己对神的看法我们难以断定。在他的历史著作中,上天的各种力量有很重要的作用,征兆、神谕、祈祷和预言对他来说也都具

---

① 希罗多德:《历史》(下卷),王以铸译,第636页,商务印书馆,2009。

有非常重要的意义。然而在他的著作的开始部分,他写了一段少见的冷静而理智的话:

> 然而,从什么地方每一个神产生出来,或者是不是它们都一直存在着,他们的外形是怎样的,这一切可以说,是希腊人在不久之前才知道的。因为我认为,赫西奥德与荷马的时代比之我的时代不会早过四百年;是他们把诸神的家世教给希腊人,把它们的一些名字、尊荣和技艺教给所有的人并且说出了它们的外形。[1]

他的著作可以称得上是沟通两个时代的桥梁。他是在波希战争之后出生的,那是希腊的宗教情绪最浓厚的时代;他生活的年代是怀疑精神盛行的伯里克利的时代;而希罗多德凭着他温厚的宽容精神和热切的求知欲望与这两个时代都契合无间。

历史学家经常会忘记历史学的研究对象原本应当是人。条理清楚的事实和理性的分析极易于掩盖人的本性。可是希罗多德并不这样。在他的作品中,人永远是第一位的。我们应该庆幸的是,马拉松、温泉关、萨拉米斯战役是由他记述下来的,和史书中繁多而枯燥的战争比起来这些名字就像天上闪烁的星星。在希罗多德的笔下,这些战争变成了一部用最朴素的文字写成的宏大戏剧中的一幕幕场景。引起战争的主要原因是人们的傲慢和征服的欲望,另外一方面则是人们要抵御强敌,保卫一切他们所珍视的东西。

希罗多德在《历史》的最后一部分才谈到了波希战争。这部书的前三分之二都在谈论他的旅行和他的旅行见闻。读者在读这本书的

---

[1] 希罗多德:《历史》(上卷),王以铸译,第157页,商务印书馆,2009。

时候，往往越往下读就越觉得这本书的前几章就像徐徐展开的舞台背景。整个已知的世界就像一幅背景，它恰如其分地映衬着自由和独裁之间发生的这场生死存亡的冲突，这场冲突将会决定西方是否将为东方所奴役。书中描写了那位伟大的国王大流士。他统治着大半个世界。他身边有无数的侍从；他的财富不可胜数；他的生活奢华无度；他的残忍暴虐出乎人们的想象。他就是东方的化身，我们从他的身上就可以看到无数掠夺来的金银珠宝、千百万无助的人民，以及对人命和苦难的麻木。希腊与之形成了鲜明的对比。希罗多德书中提到的一个人对大流士这样说："那是一个山多地少的穷国。"而那里的人民，如伯里克利所说的那样："热爱俭约的美"；俭约，这正是浮华的东方那种穷奢极侈、靡费铺张的对立面。

当波斯士兵听说奥林匹克冠军的奖品只是一顶野橄榄枝编成的花冠的时候，他们觉得又可笑又吃惊，希罗多德在他的书中描述了他们的那种表情。他还记述了他看到的一根纪念柱，就是大流士经过一个他喜欢的地方建造的以志嘉许的那种纪念柱，这根纪念柱上刻着："这里流出来的泉水是水中之秀，最好最美。人中之杰，最好最美的大流士到此一游。"因为强烈的对比，这些话使我们想起了在温泉关之战中死难的将士们的墓志铭："啊，过路人啊，告诉拉喀德蒙人，我们为了我们的信念，长眠于此。"

希罗多德从来没有强调过这种对照，但是这种对照如此鲜明地表现在一个又一个的故事中，根本用不着强调。"神离人很近，他们在观察公正和善良的行为。"赫西奥德这样写道，所有的希腊人也都这样相信。不管东方陌生的神明要求的是什么，那绝不会是公正和善良。希罗多德说："坑杀活人是波斯的风俗"；"有一次大流士的儿媳下令将出生于波斯名门望族的十四名儿童生生活埋"。罗马帝国总是倾向于东方的办法，他们同样有这种将孩子和老人一起杀死的习俗。那些童男幼女,要么被活埋,要么和他们获罪的父亲一同被处死。但是希腊则不同。列奥尼达在温泉关战役中阵亡之后,斯巴达军队由另一名将军统领,一个将自己城邦献给波斯人的叛徒的几个孩子被带到了他的面前,这位将军把他们全部释放了。希罗多德记下他说过这样的话:"他们还是些孩子,他们的父亲把城献给波斯人和他们有什么关系?"

那位斯巴达将军之所以这样做,不仅仅是因为他相信无辜的人不应该受到株连;更为基本的是他坚信每个人的价值,不管他们多么弱小而不能自卫。东方社会就从来没有过这种观念,甚至在最表层的生活中也看不到任何这种观念的痕迹。这种观念也得不到任何法律或者习俗的支持。而在希腊,这种信念则基于比法律和习俗更为深层的东西。希罗多德记述了这样一个故事:科林斯的执政党派了十个人到一个人家里去杀死一个男孩,因为有神谕说这个孩子长大之后将会毁灭这个城市。

> 那孩子的母亲以为这些人只是善意的来访,所以当他们说想看看孩子的时候,她就把孩子抱出来,递到其中一个人的怀里。他们在来的路上已经商定,不论谁第一个接过这个孩子,就要立刻把他摔死在地上。可是碰巧这第一个人在接过孩子的时候,这个孩子笑了一下,所以他就下不了手,于是把他送到了第二个人的怀里。孩子在十个人的怀里传了一圈,可是没有一个人愿意杀死这个孩子。于是他们就把孩子又送回到母亲的怀里,他们告辞出来,大家开始互相指责,特别是抱怨第一个接过孩子的那个人。

希罗多德这样说:"暴君破坏古老的法律,奸淫妇女,不经审判就杀人。而民治——首先,这个名字本身就是这样的动听;第二,人民从来不会做出这样的事来。"在东方各地,人们只知道暴君的声名。有一次,大流士率领部队进军希腊,在路上,一个豪富的吕底亚贵族不但盛宴款待了他和他的群臣,还有他那大队的人马。希罗多德记述他准备了极为丰盛的酒宴,然后他谦卑地对大流士说,他的五个儿子都在军中服役,他希望留一个在身边,而大流士说:"你敢提出这样的请求?你是我的奴仆,应该把你的一切都献给我,甚至你的妻子。"他下令把富豪的长子处腰斩,然后把尸体放在他的大军路过的道路两旁。波斯人都是奴隶,他们有奴隶之名,也有奴隶之实;权倾一时和富甲天下的人也还是什么权利都没有,他们的所有的一切都要听凭君王的处置。希罗多德还讲述了另外一个故事,一个享皇恩多年而后又失宠的朝臣,应邀去赴皇宴。他吃完了摆在他面前的肉,然后有人将一只盖着盖儿的篮子放到他的面前,他揭开盖子一看,篮子里放着的是他的独生子的头颅和手足。国王愉快地问他:"你现在知道你刚才吃的是什么东西的肉了吗?"这位父亲深知作为一个奴隶他必须要能控制自我。于是他泰然地说:"是的,我知道了——只要陛下感到高兴,我就感到高兴。"这就是始自远古时代的东方的精神,希罗多德第一个将其书之于文,留传后世。希腊疆域狭小、生活穷困、土地贫瘠,但希腊是自由的。希罗多德在书中记述了一名波斯官员劝说几个希腊人归降薛西斯,希腊人对他说:"你很清楚做奴隶是什么滋味,可你还没有尝过自由的滋味,不知道自由是多么美好。如果你知道的话,你现在就会激励我们拿起长矛,甚至拿起斧头,去为自由而战。"在希罗多德的书中,随着波希战争越来越近,我们就越感到这场战争不是血肉之争,而是两种不相调和的精神力量之间的较量。

波希战争之前有一个小小的序曲。小亚细亚沿海的几个希腊城邦爆发了暴乱,人们起来反抗大流士的统治。雅典派兵来增援。雅典人占领了吕底亚的首都萨尔迪斯,然后将这个繁华的城市付之一炬。大流士无法相信这个世界上居然有人敢和他公然作对。他问手下的群臣:"雅典人是些什么人?"然后他命令手下人每次他用膳的时候都要提醒他三次:"陛下,不要忘了雅典人。"毫无疑问,希罗多德知道怎样产生戏剧效果。他为马拉松战役布置好了舞台背景。

当大幕拉起,正剧开始的时候,大流士的侄子肩负着为国王报仇雪恨的使命,带领着波斯大军从海陆两路挺进希腊。他派出的使节先行前往各个希腊城邦索要"土和水",一路上,他所向无敌,一直到南方的底比斯城邦都向他们奉献了这象征屈服的礼物。和雅典一衣带水之隔的城邦埃列特里亚拒绝臣服,但这个城邦很快就陷落了,旋即被夷为平地。然后波斯大军直逼雅典。对那位宇内无双的国王来说,雅典可以说是微不足道。除了以前曾受恩于雅典的普拉蒂亚派来了一小队人马,整个希腊没有任何其他城邦派兵来支援雅典。希腊的主要军事力量是南方的斯巴达人,他们同雅典一样决不会屈服于波斯,雅典可以与其结成一个坚强的同盟。但是,正像任何其他的民主政权一样,雅典用了很长时间才做出了计划。当费迪皮迪兹开始四处求救的时候,波斯人几乎已经大兵压境。第二天,他到了斯巴达,催促道:"拉喀德蒙人啊,雅典人恳求你们,不要让他们受到野蛮人的奴役。"但是当时还要等好几天才可见满月,而斯巴达人不到月圆的日子是绝不会发兵的。斯巴达人告诉来求救兵的人说:"月圆之后我们会立即发兵。"但战事却不会等待月圆。波斯人的战舰已经停泊在马拉松曲曲弯弯的港湾之中。

希罗多德大约就是在这个时候出生的。他肯定经常听到身经此战的人们讲起这场战争。他把希腊的战略计划讲述得非常清楚。波斯人把他们的精锐部队部署在中路,而他们的两翼都是一些老弱残兵;雅典人排兵布阵的方法正好与波斯人相反,米太雅德把他的精锐部队放在了两翼,他的中路却很空虚,所以波斯人在中路轻而易举大获全胜,并乘胜追击,然后雅典的军队就从两翼包抄过来,切断了波斯人和他们的战舰之间的联系,并将他们一举歼灭。雅典最终大获全胜。波斯舰队曾靠近得可以看见雅典城,此时便立即掉头返航逃跑了。这是一场令人难以置信的战斗,也获得了令人难以置信的胜利。怎么会发生这样的事情呢——雅典人怎能以寡敌众,以弱胜强?我们不能理解,可是希罗多德能够理解,所有希腊人也都能够理解。这是民主制度对建立在奴隶基础之上的集权制度的胜利。稍早些时候的马拉松战役中,雅典人冲锋时争先恐后;而敌方的士兵却是在军官的皮鞭的驱使下才走上战场。仅仅靠兵多将广难以抵挡自由人为捍卫他们的自由而战的那种必胜的精神。自由显示了它自己的力量。整个雅典城中洋溢着高昂的斗志和坚定的信心,雅典开始崛起。

十年之后,这场战争的最后一场战役拉开了帷幕。大流士曾经发誓要与希腊再决雌雄,以雪败战之仇,可他至死也没有实现这个誓言。复仇的任务落到了他的儿子薛西斯的肩上。可薛西斯也注定要永远记住雅典人。薛西斯对复仇并不热切。可实际上他没有办法。命运注定他必须去报仇雪恨。波斯此时太过强大,而他们对自己的信心也过于高涨,最痛恨强权者的傲慢的诸神已经决定了对波斯人的判决。时间到了,这个强大的帝国该分崩离析、衰落消亡了。希罗多德说过,骄兵必败,埃斯库罗斯也写下了这样的话:

> 所有的傲慢收获的将是泪水。
> 神明最终将和人们清算
> 他们的傲慢欠下的账。

上天托了一些虚梦给薛西斯,激起了他的野心,他决定要征服希腊。希罗多德用严肃的笔调描写了他为进军希腊所做的准备：他如何慢慢集结庞大的军队；他在地峡开凿运河，搭建通往赫勒斯滂的桥梁，为海上运输和陆路运输提供了一条方便的通道；他征集了大量的粮草，并派人四处去寻找水源；他在进军的沿途准备了大量的军需物资。然后大军开拨，上天也有所垂示。军队开始行进的时候，"太阳退下了它在天上的宝座，从人们的视野中消失了。而天上没有云彩，空气也清新无比"。现在科学证明日食的出现是在波斯大军开始出征的两年之后，可希罗多德那个时候才仅仅十岁，不可能十分精确地记录日期。希罗多德的材料来自一些老年人的叙述，而在希腊，人们普遍相信某种戏剧性的巧合，这些老人难免会把太阳的突然消失和强大的波斯帝国的衰落联系起来。

军队行进到赫勒斯滂的时候，便停止前进，接受国王的检阅。国王坐在白色大理石的座椅上，望着漫山遍野的军队，还有布满了整个海面的无数的战舰，不禁潸然泪下，他对旁边的人说："想到人生如此短暂，看到眼前这众多的将士命中注定即将战死，我忽然有一种怜悯之情。"旁边的人答道："陛下，不然。虽然人生短暂，但是古往今来，人皆求有数死而不愿有数生，陛下伤心落泪，不若为此。"

波斯大军继续向希腊挺进，士兵们一路上竟喝干了的河中的水。他们所向披靡，沿路上的许多城邦向他们进献了土和水，这就意味着他们已经失去了自由，沦为波斯人的奴隶。雅典人没有屈服。可是他们也感到恐惧，感到无望。德尔菲的神谕告诉雅典的使者说他们最好逃到大地的边缘，并且要适应充满恐惧的生活。可是，希腊人仍没有屈服。他们似乎毫无取胜的希望。斯巴达人同雅典人一样决心抵抗到底，可是他们的策略却缺乏远见。他们的心中的目标只是保卫伯罗奔尼撒半岛；开始的时候他们拒绝考虑任何其他的意见。可雅典人仍立场坚定。薛西斯的将军派了一名大使来到雅典，他们提出了最宽厚的条件，一切都好说，只是没有自由。希腊人的回答是："回去告诉你们的将军，就说希腊人说，只要太阳还像现在这样朝升暮落，我们就绝不会同薛西斯媾和。"如果人们的精神坚定不移，奇迹就会发生。

斯巴达人终于下定了决心。他们派了一小队人马到北方去守卫温泉关，这个关隘是波斯人的必经之地。那是一场旷日持久、英勇无畏的保卫战，可最后仍以失败告终。斯巴达的守军将领列奥尼达让那些和他并肩作战的其他城邦的希腊士兵撤离，希罗多德说："因为他觉得，这些人不应该在此送命，可是他自己和其他的斯巴达将士却不会弃城而走，因为他觉得那是很令人羞耻的事情。"他们等待着敌人的攻击，他们知道这是最后一战了，有一个人说他听说波斯的士兵不计其数，他们射出的箭遮天蔽日。另一个人说："好啊，那我们就可以在荫凉下战斗了。"这样的士兵在倒下之前必定会先给敌军以重创。希罗多德描写道："他们从掩护过他们的堡垒中冲出来，好像要冲向死亡；但是对面波斯军队的军官在用鞭挞逼迫他们的士兵前进。这就是温泉关战役的情形。"当战斗结束以后，薛西斯亲自来视察战场，他望着遍野横尸，他叫过他的随从队伍中的一个被流放的希腊人，问道："你告诉我，我们怎样才能够征服这些人？"可是没有人能够告诉他。

雅典人弃城入海。德尔菲的女祭司又说话了。"宙斯赐给帕拉斯·雅典娜一堵木墙，"她说，"这堵木墙将会保护你们和你们的子孙。"这个神谕传下来的时候，人们立刻就它的含义展开了激烈的争论，可是，希罗多德说："一位最近才显露头角的名叫地米斯托克利的人的说法赢得了大多数人的认同。"这个人说木墙指的就是船，所有的人都应该逃离这个城邦。妇女和孩子们被送到了安全的地方；舰队开到了萨拉米斯，所有其余的希腊人都聚集在那里。雅典的力量最为强大,本来理所当然应该是领导者,但是雅典人并没有坚持这一点,因为他们看出来当时对这个领导权的争夺颇为激烈。希罗多德说,"他们认为,最重要的是拯救希腊",而不是得到他们显然应该得到的荣誉。他们毫无怨言地退让了,让他们的竞争对手斯巴达人来领导大家。这是雅典历史上最伟大的时刻。如果他们一直能够牢记什么是真正重要的东西,什么不是,那么也就不会有后来的伯罗奔尼撒战争了。

即便如此,胜利最终还是属于雅典人地米斯托克利。他拟定了一个作战计划,迫使波斯人在萨拉米斯周围的狭窄的水域内作战,这样波斯人在数量上的优势反而成了他们战败的原因。薛西斯站在岸边观战:

> 国王坐在萨拉米斯对面
> 山顶突出的岩石之上,
> 下面海上的万船千帆,
> 还有他来自各地的士兵和战将。
> 他在清晨清点了兵将的数量
> 可到日落的时候,他们又身在何方?

获胜的希腊人无法相信他们眼前发生的这一切。他们几乎都是怀着绝望的心情准备背水一战。希罗多德说:"就在前一夜,他们还都个个都怀着恐惧和沮丧的心情。"现在他们也不能相信那可怕的威胁已经结束了,他们为敌人下一次攻击做好了准备。但是波斯人的战舰远去了,一去不复返了。自由再一次显示它的力量。就在这次战争之前,希腊的将领告诉他们的士兵:"和波斯人作战的时候,我们首先要想到自由。"埃斯库罗斯亲眼目睹了这次战斗,他说,他们奋勇

向前,口中高呼:

> 为了自由,希腊的子孙们,
> 为了国家、子女、妻子的自由,
> 为了信仰自由,为了祖先的陵墓。

当这些胜利者们看着敌人的强大的军队败退的时候,他们的心中充满了对神明的敬畏。地米斯托克利说:"这不是我们自己的功绩。"

希罗多德描绘的世界

第九章
修昔底德 过去如此的,将来也仍如此

修昔底德撰写他的历史著作,
因为他相信人们可以通过了解那场毁灭性的战争的起因而获益,
正如人们可以从知道什么东西能使人得上致命的疾病之中获益一样。

欧洲最强大的海军和最强大的陆军之间掀起了一场战争。他们都想取得欧洲的霸主地位。他们都想通过这场战争来削弱对方的势力,巩固自己的力量:称霸海上的一方希望巩固她疆域广阔的帝国,而陆军强大的一方则要推翻这个帝国,然后建立起一个新的帝国。战争开始以后,交战的双方都意识到某个亚洲国家可能是决定这场战争胜负的一个非常重要,甚至是决定性的因素,这个亚洲国家疆土广阔,在欧洲也有它的据点,很多人都相信它很乐意坐看鹬蚌相争,等到他们两败俱伤的时候,再一举统治整个欧洲。

那是在公元前431年,当时雅典的海上力量天下无敌,而斯巴达则拥有一支强大的陆军——此时波斯意识到只要在两者之间挑起一场战争,它根本不用付出任何代价就可以坐收渔利。

当今的历史学家通常会反对"历史是重复的,研究历史的目的是为人们提供借鉴和指导"的说法。现代的科学历史学家对其研究对象的看法和地质学家颇有相似之处。历史是按照时间顺序记录下来的一些分立的事实。时间这部织机编织出来的历史长绢没有一定的花式,除了可以从中取得一些信息之外,研究历史没有其他的意义。不过记述雅典和斯巴达之战的希腊历史学家修昔底德不是这样看待问题的,但他辉煌的巨著仍是历史学的经典作品。假如修昔底德对研究历史所持的态度和现代历史学家一样,那他绝对不会写他的历史。希腊人对知识本身并没有什么兴趣。他们是注重实际的人。他们渴求知识是因为知识对生活有价值,它能指引人们避歧途而入正轨。修昔底德撰写他的历史著作,因为他相信人们可以通过了解那场毁灭性的战争的起因而获益,正如人们可以从知道什么东西能使人得上致命的疾病之中获益一样。他推断说,既然在本质上人思想的变化不比人身体的变化大,那么人能创造的各种境况就会不断重复,而且在同样的条件下人们也必然会采取同样的举措,除非他们能够知道此前曾采取同样的举措但以灾难而告终。当人们知道了灾难的起因的时候,他们就能够设法避免这种灾难。他说:"人们可能会因为这本书缺乏故事性而觉得它不能引人入胜,但是如果它能对那些想知道曾经发生过而且根据人的本性来说还会再次发生的历史事件的最朴素的事实的人能有裨益的话,我就感到满足了。我写这本书不是为了此时片刻,而是为了将来永远。"

修昔底德认为这就是历史学家的使命,他记述的就是他生活的那个年代发生的事情。在战争刚开始的几年中,他是雅典的一名将军。然后,命运安排他由一名战士变成了一名旁观者,因为在战争进行到第十年的时候,他遭到了流放。他告诉了我们其中的缘故:

> 将军派人去找本区的另一位指挥官,欧罗洛斯的儿子,这部历史书的作者修昔底德,催促他立即前来支援,他当时距离安菲波利斯有半天海上路程。他召集当时能找得到七艘战船马上出发了,希望能在安菲波利斯投降之前到达那里。但是公民们停

止了抵抗。同一天晚上修昔底德和他的战船开到了。

但他赶到该城的时间太晚了。照雅典人的规矩,失职的将军就要受到惩罚,从那时开始,修昔底德就成了一名旁观者。他说:"正因为我的流放,我能够冷静地观察战事的发展。"

虽然他的陈述异乎寻常,可他的著作证明事实确实如此。他从一个国家最信任的人变成了一个没有祖国的人,这在当时比死强不了多少。另外,根据我们所了解的情况来看,他的所作所为也不应该受此重罚,但是他仍能"冷静地观察战事的发展",没有任何的愤愤不平,没有任何的偏见,他写出的历史那样冷静而公平,好像写的是很久之前的事情。他将雅典和斯巴达等同看待,在任何地方都没有一点点臧否裁量。他心里想的是比他记述的这场毁灭性的战争还要高远的东西。他看到了他记录的事件的永恒的一面。两个希腊城邦之间的斗争形势在不断变幻,但在斗争的表象下,他看到了永恒不变的真理。他的书从头到尾,从那些连篇累牍的关于海上和地面战争的一丝不苟的描写中,他指出了战争是什么,为什么会发生战争,战争会造成什么样的后果,还有,除非人类能够学会更好的解决问题的方法,战争仍旧会继续。他的《伯罗奔尼撒战争史》其实是一部专门讨论战争的起因和结果的著作。

这场战争爆发于公元前431年。战争的起因是一系列的小纠纷,这些小纠纷即使全加在一起,也不应该导致希腊的两个最主要的城邦之间的生死之战。阿里斯托芬嘲笑说这场战争的起因不过是雅典的喝醉了酒的年轻人到附近的一个小镇上并且

> 抢来了那个名叫西迈塔的妓女
> 想不到这一点鸡毛蒜皮,居然扫了墨伽拉(麦加拉)人的面

子

惹动了他们的大蒜劲儿,他们反而抢了阿斯帕西亚两个妓女。

好,为了三个娼妇,战火就在全希腊烧起来了。
我们的盖世英雄伯里克利斯(伯里克利)勃然大怒,
大发雷霆,大放闪电,震惊了全希腊;
他拟出一道命令,读起来就像一首酒令歌——①

阿里斯托芬嘲弄的这些东西,修昔底德没有去理会。这场战争真正的起因不是什么鸡毛蒜皮的小事,不是由于远方一个殖民地的反抗,也不是由于违背一个不太重要的条约,不是其他任何类似的问题。这场战争真正的起因是深深地埋藏在所有这些表面问题之下的人类本性中的某种东西,那也是一切战争的起因。这种本性就是贪婪,也就是对权力和财产的不可思议的迷恋之情,这种迷恋是无论多大的权力和多丰厚的财富也满足不了的。修昔底德在书中说,权力,或者财富,使人们贪求更大的权力、更多的财富。雅典和斯巴达争战的原因只有一个——那就是因为他们都太强大了,所以他们都被迫(修昔底德就是这样说的)去追求更大的权力。他们争战的原因不是因为他们不同——而是因为他们太相像了。这场战争和两个城邦观念上的分歧——民主统治的雅典和寡头统治的斯巴达——没有任何关系,也不是出于任何正义与邪恶之类的考虑。民主制度是正义的,少数人统治多数人就是邪恶的吗?对修昔底德来说,提出这样的问题就是对问题的实质避而不谈。没有任何权力是正义的。权力,不

---

① 阿里斯托芬:《阿卡奈人》,《阿卡奈人·骑士》,罗念生译,第39-40页,上海人民出版社,2006。

管由谁来行使,都是邪恶的、陷人于不义的东西。

　　大约两百年后,另有一位名叫波里比亚的希腊历史学家简明扼要地归纳出了修昔底德的主要观点。他说人类历史就是过分强大的权力的一个不断循环往复的轮回过程。这个轮回从远古的专制君王的时代就开始了。他们的权力越大,就越想获得更大的权力,同时他们不断滥用自己的权力,直到人们无可避免地起来反抗,而总有那么一些人,他们团结起来就有足够强大的力量,能够推翻暴君,自己掌握权力。但他们也同样不知满足。他们也同样不断地侵蚀别人的利益,直到他们自己也被人推翻。然后人民起来反抗他们,民主制度代替了寡头统治。可是所有的权力还是一样邪恶。权力引起腐败和对法律的不屑,直到最后国家无法再正常运转,而这时就会有一个强人起来,声称他能够恢复秩序。独裁统治、寡头统治、民主统治依次遭到推翻,因为在它们都同样具有一种不变的邪恶本质——那就是对权力的贪恋——这些制度之中没有任何一种是必然有道德的。

　　修昔底德看到的这次权力的轮回造成了如此可怕的后果,他相信他应当书之于文,以警醒后世。强权将会导致其本身的毁灭,这个人们首先应该注意到的事实,通过伯罗奔尼撒之战更加清晰地表现了出来。雅典人试图建立的辉煌帝国最后化为一片废墟。她富有的海上帝国在相当长的一段时间内都被看作强权政治的典范。实际上她却变得过于强大了。她走上了她必然要走的道路,这条道路也给她带来必然的后果;她滥用了她的权力,也遭受了覆灭性的失败。修昔底德看到了这么远。

　　我们能够看得更远一些。人性的伟业被击败了。希腊对这个世界的贡献停顿了,不久就终止了。一直等到几百年之后,人们才能接续上希腊思想的断点。

　　公元前六世纪的初期,也就是修昔底德所记述的战争开始前150

年,我们所了解的雅典诞生了。最初,雅典是一个很小的国家,由一些有土地的贵族来统治,随着贸易的发展,这些贵族逐渐聚敛了大量的财富。那时候很少发生战争。直到公元前五世纪,所有的战争都是城邦之内的战争,而当时在雅典城内,人权的观念已经有了相当的基础,旧秩序已经式微。公元前六世纪之初,雅典出现了一位伟大而善良的人,他就是梭伦。梭伦真的可以称为一个伟大而善良的人,从不为自己谋取私利,这真是雅典的福气。他像修昔底德一样敏锐地发现权力产生罪恶,而贪婪是它的根源和动力。他说:"人们在贪欲的驱使下,争相谋求不义之财,最富有的人永远贪求更多的财富。"谈到权力的时候他说:"强权的人将毁灭这个城邦。"在一个希腊人的口中,再也没有比这更厉害的诅咒了,因为当时他同每个人一样都完全依赖于自己的城邦。梭伦用那个时代的最新精神改造了雅典政府,让每一个普通人都有自己的权利,借此为世界上第一个民主政府奠定了基础。确实,他退职之后,一个政治强人通过阶级之间的暴力争端取得了利益,但总的来说他们仍旧尊敬梭伦的宪法。甚至在独裁统治之下,雅典的民主政治也在继续发展,并且和她的邻邦相处和睦。的确,雅典从一个邻邦麦加拉夺取了重要的岛屿萨拉米斯,而且策划这次战争的不是别人,正是梭伦本人;但是这样的事情也仅此一件而已。

这对雅典来说是有利的。不几年,雅典的独裁统治被推翻之后,在公元前490年这个值得纪念的重要年份里,雅典必须要决定是和波斯作战,还是为波斯人所奴役,这时候,她已经不再需要分心去防范希腊境内的敌人了。再也没有任何一场战争比波希之战的战争动机更为纯粹的了。马拉松和萨拉米斯这些名字"对后世的人来说,仍旧是有力的挑战"。这些战役的胜利对后世的人来说仍旧像一个奇迹,甚至对当时参加那些战役的人来说也是一样。强权者被人们从他们的宝座上推了下来,那些普通的人们在欢呼,此后的五十多年里,波斯人对希腊无计可施。

这场战争之后,雅典出现了人类历史上最辉煌的人文精神的复兴。将人区分开来的种种令人痛恨的差别被抛开了,到处充满了自由的气氛,这里指的是广义的自由,不仅仅是法律面前人人平等,而且还包括思想和言论自由。我们认为,在那个时候,无论怎么说,在这个悲哀苦难的世界中,

> 在那时候,活着就是快乐的。

但修昔底德的书中没有快乐。雅典在很短的时间之后就发生了巨大的变化。我们引用两段文字就足以说明这一点。

《请愿的妇女》(很多人都认为这是欧里庇得斯早期的戏剧,我同样也这样认为)一剧刚开始的时候,阿尔戈斯人发兵远征底比斯,却惨遭失败,而底比斯人做了一件令所有的希腊人都感到难以容忍的事:他们不允许希腊人埋葬他们战死的将士。阿尔戈斯人的首领来到雅典求援,他对雅典的国王忒修斯说:"因为雅典在所有的城邦中是最富有同情心的。"忒修斯有些踌躇要不要卷入这场争端,因为不管这件事情多么正义,这毕竟是另外一个城邦的事,这时候他的母亲对他说:这是你的责任。雅典和他本人的荣誉都系于此。

> 请遵循神的旨意办理
> 你该知道,帮助受伤害的人,
> 惩治违反法律的人,都是你义不容辞的责任。
> 除了尊重是非对错的基本原则,
> 还有什么能使一国与别国联系在一起?

忒修斯承认他母亲说的是对的。雅典是无助者的保护者,是压迫者的敌人。不论她到何处,自由总是跟随着她。

仅仅几年之后,修昔底德就通过他最理想的政治家伯里克利警告雅典人说:

> 你们不要认为我们战争的目的单单是为了享受自由或遭受奴役的问题;同时也牵涉到帝国的丧失以及管理这个帝国时所引起的仇恨而产生的危险。虽然也许有些在突然恐慌状况中,对政治漠不关心的人真的认为放弃这个帝国是一种好的和高尚的事,但是你们已经不可能放弃这个帝国了。事实上你们是靠暴力维持这个帝国的:过去取得这个帝国可能是错误的,但是现在放弃这个帝国一定是危险的。①

雅典人的这两种观念之间简直判若云泥。不能用诗人和历史学家之间的差别来解释这两种观念之间的差别。欧里庇得斯与修昔底德同样都了解这个世界。没有多少人比他们对这个世界了解得更为透彻。不同的是雅典人。这两个人都是他们自己所处的那个时代的代言人。在不到一代人的时间里,这个以自由而蜚声于世的城邦却得了一个僭主之城的名声。

回溯到公元前 480 年,雅典在战胜波斯人之后被推举为希腊自由城邦联盟的领袖。这是一个崇高的职位,雅典人对此也一直引以为荣,但是,这个职位需要高度的公正无私。雅典只有将所有其他城

---

① 修昔底德:《伯罗奔尼撒战争史》(上册),谢德风译,第 167 页,商务印书馆,2009。

邦的利益与其自身的利益同等对待,才能成为联盟的领袖。在波希之战中,雅典确实做到了这一点。她在危难之中不是汲汲于自身的安危,而是表现得高贵、大度,这正是欧里庇得斯眼中所看见的雅典。作为联盟的领袖,在一段时间之内她也一直没有因为权力而走向腐化。但是这段时间并不很长。更大的权力的诱惑如常是不可抗拒的。不久之后,希腊自由联盟变成了雅典帝国。其间颇多变故,甚至是巨大的变故,虽然这些变故没有影响到这个民族的性格,但是却对人们的信仰和道德的根本造成了巨大的影响。

对那些参加波希之战的人们来说,他们取得的巨大胜利证明了他们的一个信念,那就是神圣的正义统治着这个世界。它确实以一种神秘的方式在起作用;然而,那些践踏别人权力的人最终要受到惩罚,不管他们是多么强大,也不管他是个人还是一个国家。产生于权力意识的妄自尊大是希腊人最为痛恨的邪恶品质。在希腊早期的文学作品之中,在所有的故事和神话中,个人的这种邪恶品质都会触犯神怒,而他们看到如果一个国家也具有这种品质,那它就会像强大傲慢的波斯帝国一样遭到萨拉米斯那样惨重的失败。伟大的领导者梭伦曾经说过,尘世的正义反映了天堂的正义。伟大的诗人埃斯库罗斯这样写道:

> 金钱从来不是一个堡垒,
> 它无法保护
> 冒犯神的正义的祭坛的人。

但是随着雅典将她的盟友变成了她的臣民,这些信念被一股越来越高涨的金钱和财富的浪潮冲垮了。对这个帝国的年轻人来说,事实证明那些旧的信念是虚幻的。在他们看来,金钱才是一个不可攻克的堡垒。他们的城邦因为侵害其他的城邦逐渐强盛起来,这一点他们不会看不到。那么,正义的神圣力量又在什么地方呢?一个人如果去侵害一个与己无害的人,有什么东西会使他感到恐惧呢?修昔底德和他同时代的人为什么还要相信善恶有报?伯里克利时代的年轻人只需要睁开眼睛,就不会把回避邪恶和赢得平安再看成一回事了。一个利用一切可能去损人利己的人显然最不会害怕被雷电劈死。突然之间,在辉煌的、无可战胜的雅典,行善的动机不存在了,对恶有恶报的恐惧也消失了。而当时那些杰出的年轻人,野心勃勃,以富为荣,心中却没有什么东西能弥补善恶因果消失后留下的空白。的确,他们仍旧蜂拥着前去观看埃斯库罗斯和索福克勒斯的戏剧,但他们费尽心思也看不懂。他们也去看《奥瑞斯忒斯》,可是丝毫也没有意识到剧作家向他们展示的善的无穷力量,他们也为《安提戈涅》鼓掌欢呼,但他们从来没有想到他们看到的是公正无私的行为所具有的崇高的美。

在这个辉煌而腐朽的城邦中,有一个人看到了这个巨大的变化。修昔底德看到了所有道德的基础——也就是对他人的权利的尊重,已经土崩瓦解、荡然无存了。当欧里庇得斯写《请愿的妇女》的时候,尊重他人的权利在雅典是人所共守的原则,不仅人与人之间的交往是如此,城邦与城邦之间的交往也是如此。城邦就是高贵的个人的化身。但到了修昔底德写作的时代,雅典人已经抛弃了这种原则,转而变成了一个帝国。在一个庞大的强权政治的运作中,一个国家利用一切可能来谋求自身的利益不仅是必须的,而且也是正确的。修昔底德不但可能是第一个意识到这种观念,而且肯定是第一个把这个被后人奉为圭臬的观念用文字表达出来的人。在他的书中,伯里克利明确地否定平等相待和互相理解对国家和对个人一样重要。他指出,一个只谋求自己的发展道路,而不将这条道路强加给其他国家的国家可以遵循这种观念,但对一个希望一统天下的国家来说则必须抛弃这种观念。他说:"一个统治帝国的城邦认为只要是和它自身利益相关的就不算违背正义和理智。"

这就是伯罗奔尼撒战争爆发时雅典的精神。雅典帝国不断增强的力量激起了她最有力的竞争对手的反对。斯巴达奋起抗争雅典。

所有的读者在读修昔底德之前都对雅典有所偏爱。斯巴达人在艺术、文学或科学等方面都没有给后世留下任何东西。然而我们必须说,斯巴达人的理想从那时起就不绝如缕,一直流传到现在,那是一种本能的展现,虽经两千年的岁月却几乎丝毫没有减弱。那不是一个成年人的理想。斯巴达人像小学生一样看待事物,和吉卜林的小说《斯托基公司》非常相似。一个标准的斯巴达人应该是勇猛的、面对艰难和痛苦不改颜色的人,还应该是第一流的运动员。话说得越少越好,甚至不如说,想得越少越好。他们强调不要去问为什么,而是去行动,去死。他们是勇士,此外无他。斯巴达的目标就是战争。雅典人对待战争的态度和他们对待其他一切事物的态度都是现实的。他们从来没觉得战死沙场有什么吸引人的地方。在修昔底德的书中,有伯里克利所作的一篇纪念阵亡将士的演讲,在这次演讲中,他没有鼓励他的听众去学习那些战死的将士,而是要他们祈祷如果不得已需要上阵杀敌,不要陷入那么危险的境地。在雅典,战争不是一件好事。然而战争确实是必须的;它是一个城邦夺取不属于自己的东西,或保有已经夺取的东西的唯一的途径。战争显然是有实际的好处的。

斯巴达人则是从情感上而不是从利益上考虑战争的。对他们来说,战争绝不一定意味着罪恶;战争是人类最高尚的活动。他们对战场有一股迷恋之情。他们所喜爱的诗人提尔泰奥斯完美地表达了他们这种浪漫情绪。他的一首诗达到了即使军旅诗人也很难表达出来

的强烈的情感,他在诗中说:

> 这年轻人健美的身姿在他死去的片刻最是美丽。
> 甚至在他死后他仍旧动人无比,
> 这勇敢的年轻人在他生命最灿烂的时刻死去。
> 他在男人们的遗憾、女人们的泪水之中获得永生。
> 此刻他最美丽,而且比他活着还要神圣,
> 因为他在战场上消逝离去。

斯巴达的年轻人所受的训练就是要使他们明确,他们的使命就是保持城邦的强大,并放弃任何与这个目的没有直接关系的东西。生活中所有其他的可能——幻想、对美的热爱以及文化方面的兴趣都被抛到了一边。人生一切的志向和努力的目标就是要使自己的祖国更加强大。凡是有利于国家的才是好的;凡是有害于国家的都是坏的。一个斯巴达人不是一个个的个体,而是一部运行良好的机器中的一个部件,这部机器对他负有一切责任,要求他绝对地服从,并因此造就了他的性格和他的思想,而且在他的内心深处铭刻下了这样的信念:男人的最终目标就是杀死别人或者是被别人杀死。普鲁塔克写道:

> 在斯巴达,公民的生活方式是固定不变的。总的来说,他们既没有愿望也没有能力过一种属于个人的生活。他们就像一群蜜蜂围绕着蜂王聚集在一起,怀着满腔热情和无私的抱负,完全属于他们的国家。

雅典则是一个民主政体。所有雅典人都是公民大会的成员,公

民大会是雅典的最高权力机构。权力的执行机构是五百人议会,每一个公民都有资格参加这个议会。官员通过抽签或者是公民选举决定。

城邦不对雅典公民个人负责;个人须对城邦负责。因此,雅典人的城邦概念和斯巴达人显然不一样。雅典人从来不认为城邦是一个什么神秘的实体,也不认为它与组成城邦的公民有什么不同,或是比它的公民要高出一等。雅典人的现实精神使他们绝对不会这样认为。雅典的城邦概念是一个联合体,在这个联合体中所有的公民自由地去发挥他们自己的能力,按照他们自己的生活方式生活,他们唯一需要服从的只是他们自己通过的并可以自由修订的法律。但是在这种对法律很不稳定的看法下面蕴藏的雅典独有的信念,主宰着公元前五世纪的思想和艺术领域——雅典认为那些无规制、无约束、不合法律的东西是野蛮、丑恶、不理性的。由自制来严格约束的自由是雅典鼎盛时期的信念。雅典的艺术家体现出了这种信念,它的民主体制却没有。雅典的艺术和雅典的思想经受住了时间的考验。雅典的民主制度却蜕变成了君主统治,最后流于失败。

事实证明,独裁统治在战争中表现得更为有力。随着时间的推移和战争的不断深入,雅典的民主政府和纪律严明、目标明确的斯巴达的政权比较起来就越发显得软弱无力。雅典的策略随着当政者的更替而摇摆不定。亚西比德就是一个例子,这个人虽无操守,却足智多谋,苏格拉底曾对他寄予厚望,他说服了雅典人派一支远征军去征服西西里。他有出类拔萃的领导能力,这次远征在他的领导之下本来有可能成功,可是最终仍以失败告终,这当然是由于这次行动执行得非常糟糕。雅典的舰队刚刚抵达西西里,亚西比德就被召回雅典,因为当时他的政敌控告他亵渎神明,因此民众对他的指责也甚嚣尘上。他深知一群狂热的卫教士对一个典型的不信教的人会如何处置,便索性转而效忠斯巴达,并屡建功绩。

  远征西西里的行动完全是因为领导不善而以失败告终。指挥这次远征的将领根本不足以胜此重任。他的指挥策略乏善可陈。他们低估了敌人的力量,待到明白过来则为时已晚。他们过于迷信自己的海军力量,并因此遭到惨败。在叙拉古附近进行的海上决战中,雅典强大的海军中了敌人的计谋,一溃千里。这是一次彻底的失败。雅典军队弃船而逃,在没有任何食物和给养的情况下从陆路溃逃。经过几天的艰苦跋涉,绝望、饥饿、疲劳的雅典军队溃散了;他们的前锋和后队失去了联系,叙拉古人不费吹灰之力就将他们各个击破。到最后,雅典残余的部队逃到了一条河边,饥渴如狂的士兵立即奔到河边去喝水,他们完全没有注意到,甚至也完全不顾及敌人已经包围了上来。河水很快就被鲜血染红了,但是雅典的士兵们仍旧发疯似地涌向河边,一边喝着血水一边死去。

  被活捉的人全部被发配为奴。其中大部分人被发往叙拉古附近的采石场去做苦力,在那里,大自然就给了他们足够艰苦的磨难,根本无需人的参与了。在白天的酷暑和夜晚的严寒的折磨下,没有多少人活下来。修昔底德为他们撰写了墓志铭:"做了人能做的事,受了人该受的苦。"

  从来没有,也不会有比这更惨痛的失败。后世的国家在发动战争的时候,都希望使敌人遭受像雅典人在西西里遭受到的那样沉重的打击。但这还不是雅典在这场战争中遭受到的最惨重的灾难。修昔底德史书中的高潮是他对战争中雅典城邦中的人们遭受的苦难的描写。这是一个伟大的民族最后四分五裂的画面。他通过两个故事说明了这个分裂的过程是多么的迅速。其中一个故事发生在战争初期,另一个则是在战争后期。第一个故事讲述的是一个附属于雅典的重要岛屿上发生了叛乱。雅典派了一支舰队前去镇压,他们在狂怒之下投票决定杀死所有的男人,将所有的女人和孩子发配为奴。在投票之前,他们的领袖警告雅典人不要被雅典帝国的三个死敌引入歧途:怜悯、耽于清谈和公平相待的精神。他的意见得到了与会者的赞同,于是他派了一条船去执行这个任务。然而,欧里庇得斯所说的希腊精神仍旧存在,雅典人醒悟过来了。他们派了第二条船去追赶第一条船,无论如何也要及时赶到岛上去阻止这场大屠杀。他们的心情是如此急迫,没有片刻的休息,以至于桨手们在吃饭的时候都不得离开他们的岗位,并最终及时赶到。

第二个故事也是发生在一个叛乱的岛上,故事发生在七年之后。这次是一个并不重要的小岛,叫作米洛斯,他们的要求也不过是想中立。但雅典在这七年之中已经发生了变化。这一次,她不需要人再来提醒她要避免怜悯和公平相待。希罗多德曾经说过,当雅典面临高尚和卑劣的选择的时候,她总是把高尚作为自己的选择。战争对这个民族造成了巨大的影响,我们从修昔底德书中记载的雅典使者和米洛斯人之间的对话就可以看出这种影响到底有多大。

米洛斯人说他们没有做错任何事,对他们发动战争违背所有正义的原则,雅典的使者回答他们说:"只有双方势均力敌的时候才谈得上正义。强大的一方得到他们所能得到的,而弱小的一方则付出他们必须付出的。"

米洛斯人回答说:"你忽略了正义,可正义对你们也是有利的,因为如果一旦你们被打败了的话,你们也就不可能要求得到正义了。"

雅典人说:"你必须让我们来冒这个险。我们的目的是不费吹灰之力而使你们屈服于我们,况且这对你们来说也是有好处的。"

"成为你们的奴隶吗?"米洛斯人问。

"啊,这可能使你们免于陷入更糟的处境。"

"你们真的不愿意保持和平,让我们继续做你们的朋友而不是你们的盟友吗?"

"不,"雅典人回答说,"我们不需要你们的友谊。那对我们来说正好显示了我们的软弱,而你们的憎恨则显示了我们的力量。请你们记住你们现在面临的问题是要自保。我们比你们强大。"

"命运不总是支持强大的一方,"米洛斯回答说,"如果我们尽我们最大的努力,就可能有独立的希望。"

"说起希望,你们要小心,"雅典人回答说,"不要像普通人那样,当实在的希望没有了,就转而相信像宗教这种不实在的希望。我们建议你们放弃这种愚蠢的想法。我们还想提醒你们在刚才我们的谈话中你们还没有提出一个注重实际的人应该提出的想法。"

米洛斯人不是很实际的人,他们选择了战争。雅典人没用多少力气就攻克了这个小岛。他们将岛上的男人屠杀净尽,把妇女和孩子发配为奴。雅典已经不再费心去用美丽的辞藻来粉饰丑恶的事实,因为这些丑恶的事实对他们来说已经不再丑恶了。修昔底德说,邪恶这个时候已经被人当成了美德。词的意义都发生了变化:欺骗被奉为精明,鲁莽被当作勇敢,而忠诚、谦虚、大度却被认为是软弱的代名词。"善良本是高贵品质的一个重要组成部分,现在却遭到了嘲笑,销声匿迹了。每一个人都不相信任何其他的人。"这就是追逐权力给希腊人带来的最终后果。

斯巴达要好得多。她把战死疆场作为一种责任的理想肯定不会长时间让人感到满足,但至少也比雅典人在和米洛斯人的谈话中表现出来的那种没有任何理想的情况要好得多。雅典在公元前404年陷落。激烈的派系之争分裂了这个城邦,而一向支持斯巴达人的雅典贵族小集团最后得势。权力之争又开始了一个新的轮回。

下一个轮回甚至来得更快。斯巴达没有能力统治其他的国家。雅典人统治的时候,除了对这些城邦重征赋税之外,并未对它们有任何其他干涉。一个羡慕斯巴达的雅典人说明了斯巴达人的统治方法，大意是说任何斯巴达人的意志在他们的臣属国里都是绝对的法律。斯巴达人除了自己的治国方式之外不能理解任何其他方式，希腊其他城邦的人对他们也并不很友好。他们都不是很驯顺的臣民，他们也不喜欢屈从。斯巴达人不可能长久地控制他们。斯巴达帝国支持了没有几年。在战争后期，斯巴达和她过去的头号敌人——波斯——缔结了联盟，波斯曾经大力帮助斯巴达攻克雅典。但是不久之后这两个盟友之间就开始频生龃龉。斯巴达人失败了，他们从雅典夺取的海上霸主地位落到了波斯人的手中。

这就是这次历经27年的战争的结局。乍看起来，虽有胜者但胜得无趣，但实际情况却比这还要糟得多。在这27年里，无数的雅典人在战争中丧生。幸运的是，一些适合参战年龄的男人——苏格拉底、柏拉图、修昔底德本人，还有很多同样声名赫赫的人没有死在战场上；但是毋庸置疑，那些战死沙场的人中有很多人本来能够使这个世界达到一个新的高度。如果这些人没有死去、没有那么白白地死去的话，公元前五世纪在雅典燃烧的熊熊烈火，本来应该能为这个世界带来更多更多的光明。

> 所有这一切的罪恶都源于贪婪和野心引起的权欲。——修昔底德 III,83

第十章
色诺芬 普通的雅典绅士

他书中描写的人物都是一些普通的、快乐的平民百姓,
绝不在任何一个方向有极端的倾向,
而且真实得绝对令人信服,
就像色诺芬本人一样令人信服。

读完修昔底德再来读色诺芬令人有一种既愉快又奇怪的感觉。他们两个人生于同一个时代,虽然色诺芬的年纪比修昔底德要小得多。他们都是雅典人,也都是战士;他们都曾经经历了战争,亲眼看着雅典遭到惨痛的失败。但他们却生活在两个不同的世界中;那是两个截然不同的世界,甚至于让人觉得它们之间简直就不会有任何关系。修昔底德的世界是被战火摧毁的荒凉破碎、分崩离析的世界,在他的世界里已经没有任何希望,幸福更是不可想象的事情。色诺芬的世界却充满了欢乐,那里有着许多优雅和善的人,有着许多愉快的事情来消磨光阴。比如,他们打猎。他为此写了一篇优美的文章:他写到他们早起出发时的愉快心情,在冬天白雪覆盖的大地上,猎犬像它们的主人一样仔细搜寻猎物;在春天,"田野里到处开满了野花,花香对猎狗的嗅觉来说是很不利的";或者追寻一只野鹿,那是一项很好的运动;或者是去猎野猪,那很危险,可是令人感到非常愉快,非常刺激。而猎手们得到如此丰厚的回报:他强健、年轻的体魄可以保持得比别人长得多;他比别人更勇敢,甚至还更可靠——虽然作者并没有解释为什么会如此。似乎一个打猎的人就是比不打猎的人好，事情就是这么简单。去看一看英国文学中描写的那些猎狐的乡绅。狩猎是一项美好的、健康的、诚实的活动，一个能经常去打猎的年轻人是很幸运的。狩猎可以使他躲开城市的罪恶，使他热爱美德。

人们不禁要问，修昔底德的书中的哪段时间是这些雅典人狩猎的时间呢？这位伟大的历史悲剧的作者是否曾经看过人们狩猎？他是否听人说起过那些人猎来的野猪有多大？那些狩猎者们一边欢饮、一边讲故事的晚宴，他是否参加过？我们完全无法想象他会参加这些活动。苏格拉底曾参加了一次晚宴，这次晚宴色诺芬也在场并留下了文字记载，我们也许可以设想苏格拉底也去参加那些狩猎者的晚宴，但即便能作此想，我们也无法想象修昔底德会出现在那种场合。此外，我们有理由认为，比起柏拉图参加的在阿伽同家里的那次著名晚宴，苏格拉底参加的那种晚会是更富有当时的时代特色的。阿伽同的客人都是雅典的精英人物，他们喜欢谈一些高雅的话题作为消遣。但在色诺芬记述的那次晚宴上，除了苏格拉底和他本人，其他的人都是些普通百姓，他们肯定很快就会对《会饮篇》中那样的谈话内容感到厌倦。但是没有任何人会对色诺芬描写的那种晚宴感到厌倦。那种场面自始至终都令人感到无比愉快。当然席间也有一些高雅的谈话，有苏格拉底在，这是少不了的；时不时地，他们也会谈些严肃的内容，那种甚至足够吸引修昔底德的注意的话题。但在大部分情况下，他们谈的都是酣畅的晚宴上的那种轻松愉快的话题。比方说，苏格拉底说他宁可长现在这样扁平的鼻子，也不要高鼻梁，还有，一个新婚的男人拒绝吃洋葱的时候，席间就会爆发出一阵阵的笑声。酒席间也会有音乐，苏格拉底唱了一首歌来为客人助兴。一个兴高采烈的男孩演出了一段愉快的插曲，而色诺芬对此的描写显示了他敏锐的观察力和深切的感受力。这个男孩是应邀和他的父亲一起来的,他刚刚在雅典的一个重要节日上获得了少年组最重要的比赛的冠军,这确是一项殊荣。他坐在他父亲的身旁,大家都认为他是一个非常可爱的孩子。人们想逗他活跃起来,可是他羞得一句话也不肯说,直到有一个人问他最为骄傲的东西是什么,有人叫道:"啊,当然是他获得的胜利了。"听见这句话他才突然红着脸说:"不,不是。"大家听见他终于开口了,都非常高兴,他们继续问他说:"不是?那你最为骄傲的是什么?""是我的父亲。"他边说边朝父亲身边挤。在修昔底德认为一无是处的辉煌而腐朽的城邦中,色诺芬笔下的这个少年是一幅多么动人的图画。

像通常一样,主人准备了一些娱乐活动来招待宾客。一个姑娘为他们献上了新奇有趣的节目。其中最精彩的一出是她一边跳舞一边在空中舞动十二个圆环,随着音乐的节奏把这十二个圆环抛得上下翻飞。苏格拉底非常认真地看了这个姑娘的表演,他说他不得不得出这样的结论:"不仅仅从这个姑娘身上,我的朋友们,而且从其他很多事情上,我都觉得女人的天分一点儿也不比男人差。"他还说,如果这些人之中有人愿意教妻子学些东西,那他会感到很高兴的。席间纷纷咕哝道"粘西比",跟着有人大胆地问苏格拉底:"你自己为什么不教你的妻子一点儿好脾气?"苏格拉底回答说:"我一生最大的目标就是和人能融洽地相处,我之所以选择了粘西比,是因为如果我和她能够处好的话,我就能和任何人和睦地相处了。"所有在场的人对这个回答都感到非常满意。

他们又漫无目的地闲谈了一会儿,最后他们谈到了运动上来,大家都饶有兴趣地听苏格拉底说他每天早上都跳舞以减轻体重。"的确如此,"有一个人插进来说,"我看见过他跳舞,当时我还以为他发疯了。可他告诉了我是怎么回事,我得说他的确说服了我。我回家之后——你们相信吗?我没有跳舞,因为我根本就不会跳,于是我就挥动胳膊乱舞一气。"然后大家就齐声叫道:"啊,苏格拉底,快跳一个给我们看看吧。"

这时那个跳舞的姑娘翻起了筋斗,然后前滚翻跃过了一个用剑架成的圆环。这让苏格拉底感到不高兴了。"这当然是很出色的表演,"他承认,"可是我们感到愉快吗?看着一个这么可爱的年轻姑娘冒这么大的危险?我没觉得这令人愉快。"其他的人都表示同意,然后这姑娘马上就放弃了这个节目,并马上和另外一个举止优雅的小伙子开始表演一出名叫"酒神营救被遗弃的阿里阿德涅"的哑剧,来代替刚才的节目。他们的表演令大家赞叹不已。这两个演员一句话都没有说,可他们的演技非常高超,仅仅通过手势和舞蹈就向观众清晰地表达出了故事中的情节和人物的情感。"他们完全不像仅仅扮演自己角色的演员,而就像一对真正的情侣。"晚宴到此结束,大家尽欢而散,苏格拉底与那个可爱的孩子和孩子的父亲一起回家。色诺芬在整篇文章中一直都没有提到他自己,除了在文章开始的时候说明他也参加了宴会,而且他认为高尚且有道德的人在他们娱乐的时候的一言一行都是非常重要的,所以他才要写文章把晚宴上的这些事情都记录下来。我们只能遗憾只有极少数的希腊作家像他一样写下这样的记录。

他还有另一篇记述雅典人日常生活的文章,这篇文章非常引人注目,不仅是因为它反映了雅典人的日常生活,还因为文中记述了古希腊妇女的一些情况,而妇女在任何历史时期的文章中都是很少出现的。一个新婚的小伙子在谈论他的妻子。他说,她结婚时还不到十五岁,从小就受到了令人羡慕的教育,她受的教育要她"尽可能地少看,少听,少问"。新娘纯洁得就像一张白纸一样,新郎很得意,因为他可以在纸上画任何东西。他心中清楚地知道该怎样开始。据色诺芬的记述,他是这样说的:"当然,我当时先得给她时间来逐渐地习惯我；然后，到了我们能够轻松地交谈的时候，我便告诉她怎样才能做一个很好地管理家务的主妇，说她负有很大的责任。可她很疑惑地对我说：'可是，我的母亲告诉我，我自己是无足轻重的，只有你才是重要的。母亲对我说，我唯一要做的就是要通情达理，要小心谨慎。'"她的丈夫很机灵地就着这个话，因势利导，和蔼而郑重地向他的妻子解释她从此都要小心谨慎、通情达理。她应该把家里的收入都妥善地保管起来；要注意监督每一项正在进行的工作；监管仆人纺线、织布、做衣服；训练新的仆人，照顾病人。听到这儿，这位新娘的精神好像活跃了一些，她嚅嚅地说她觉得她喜欢照看生病的人。年轻的丈夫接着往下说，当然她得待在家里，他自己则喜欢早晨起来骑马到乡间去遛一圈——这项活动既强身健体又很令人愉快。但是一个女人到处乱跑则实在是不成体统。可是，她的身体可以通过织布，或是铺床叠被，或是在监督女仆们工作来得到锻炼。和面做面包据说是最好的运动。所有的这一切都会增进她的健康，使她保持很好的气色——这样就可以使她对丈夫具有吸引力。化妆品一点好处也没有：当妻子涂涂抹抹的时候丈夫总是会觉察到，而他们却永远不会喜欢；妻子们脸上的红红白白的东西如果让丈夫觉察到的话，那是最令他们讨厌的，而他们是肯定会觉察到的。文章以一句欢快的话结了尾："从那时起，我的妻子在每一方面都严格遵照我的话去做。"

我们很难想象修昔底德笔下的雅典会有这样一个贤惠的妻子，会有这样一位幸福、自大的丈夫和他们整洁的家，我们同样也很难想象修昔底德坐在苏格拉底的身边，观看那个舞动圆环的姑娘跳舞的情形。想把色诺芬和修昔底德结合起来组成一幅和谐的画面是根本不可能的。这样做唯一的后果就是我们再也无法看到他们任何一方所陈述的真理。修昔底德所陈述的事实要深刻得多。他能在动荡的生活中发现不变的真理。他能够深深地挖掘出他所处的时代的邪恶,并且能够意识到这些邪恶的根源就是人性中那不变的邪恶本性。从斯巴达战胜雅典这一事实中,他看到了战争在检验各种价值观念中的作用,而且他意识到如果人类仍旧如此贪婪、仍旧如此追逐权力,那么对世间最重要的那些东西来说,起决定作用的必将仍是战争。他所了解的这些的的确确都是真理,而且这些现象没有任何改观的迹象,这实在让人感到无尽的悲哀。

但色诺芬描写的东西也是真实的。在遍遭战火洗劫的雅典确实仍有一些愉快的聚会、井井有条的家舍、优雅的年轻人和快活的狩猎者。历史著作中从来不记录这样愉快的小事,但是这些愉快的小事也有其重要意义。如果修昔底德的描述代表一切的话,那么整个希腊一定会是一个疯狂的世界。毋庸置疑,色诺芬的思想停留在一个较低的水平上。他考虑的不是永恒的真理。但我们可以通过色诺芬的眼睛看到伯里克利时代雅典普通人的生活,而我们通过修昔底德或是柏拉图的眼睛却看不到。我们从色诺芬的笔下看不到修昔底德描写的那种黑暗、贪婪的雅典阴谋家;也同样看不到柏拉图设想的那种理想人物。他书中描写的人物都是一些普通的、快乐的平民百姓,绝不在任何一个方向有极端的倾向,而且真实得绝对令人信服,就像色诺芬本人一样令人信服。下面就是他对一个人的生动的描绘:

> 他说他很久之前就意识到"我们自己应当知道我们必须做什么,并且要尽力去做,否则神会觉得我们没有理由繁荣昌盛。如果我们确实是聪明的,并且努力去做事,那么他会让我们其中的一些人兴旺起来,即使不是全部。抱着这样的想法,当我向神祈祷健康和力量、祈祷雅典人的尊重、祈祷无损荣誉地增加我的财富、祈祷无损荣誉地在战争中免于死难的时候,我敬重神,并尽我的所能去做一个有价值的人"。

这些格外合乎情理的希望体现了希腊人的心声。说这些话的人和记载这些话的人都是典型的雅典绅士。我们可以从色诺芬的作品看到他的为人——他心地善良、通情达理、和蔼、诚实、虔信宗教;他同样也是一个聪明的人,对各种想法都感兴趣,他不是那种纯思辨型的人物,而是那种可以为某种合乎情理的、实际的善行努力工作的人。他的朋友也一样,他们都是典型的雅典绅士。

在另一种意义上,色诺芬也代表了他的时代。他的一生中有着广泛的兴趣,曾经从事过多种不同的职业,这正是伯里克利时代的雅典人不同于其他人的特点。他年轻的时候就离开了他父亲在阿提卡的庄园到雅典来受教育,从而脱离乡村的生活方式;他加入了苏格拉底他们的圈子,这个圈子里的老老小小都像柏拉图所说的那样"疯狂地像着了魔一样地渴求知识",或者像他自己说的"都想成为善良优雅的人,懂得他们对于家庭、仆人、朋友和国家的责任"。他看到的苏格拉底不像柏拉图所说的那样,总是在谈论"狂喜的灵魂所窥见的正义与智慧的灿烂景象,闪烁着纯洁的光辉",或是任何类似的人。他看到的苏格拉底是一个头脑清晰的思想者,一个洞明世事的人。据色诺芬在《回忆苏格拉底》一书中的记载,苏格拉底为他的年轻朋友们做的主要事情就是在如何安排日常事务方面给他们提供实际的建议。他告诉一个年轻的军官怎样使他的士兵更有效率;他告诉一个为众多眷属所累的认真负责的小伙子怎样让她们去自己养活自己,等等。色诺芬被这种有实用价值的智慧所深深吸引。我们无从知道色诺芬的一生中,到底有多长时间是在这种愉快的谈话中度过的,但是当他放弃这种生活,走上完全不同的生活道路,成为一名战士的时候,他还很年轻。他是真正属于他那个时代的,那个时候的诗人、剧作家和历史学家同时也是战士、将领和探险家。

他在战争中到过很远的地方,看到了广阔的世界。他也得到了足够的钱来供他度过余生,因为他俘虏了一个波斯贵族,得到了一大笔赎金。然后他就回到了希腊——不过是去了斯巴达,而不是雅典。奇怪的是,他在《长征记》一书中描绘出了民主理想的伟大成就,但他自己却绝不是一个民主派。他出生于一个贵族家庭,他的一生都保持着他的阶级信念。他一直都热爱斯巴达,从不信任雅典。即便如此,在他生命中最危难的时刻,当他和他的同伴们面临灭顶之灾的时刻,他的行为却像一个真正的雅典人,他知道自由是什么,自由的人能够创造出怎样的功绩。当万人大军推举他为将军,让他率领大家走出困境的时候,他从来没在他们身上施行斯巴达人的那一套。他成了一个民主的领袖,一个像我们能想象到的最自由的民主政体的领袖一样的领袖。他们获得了伟大胜利,但这并没有使他的思想观点受到重大的影响,这没有什么可奇怪的;改变阶级信仰的贵族在历史上是很少见的。色诺芬再也没有回到雅典;实际上,回到希腊之后没几年,他就站在斯巴达一方与雅典为敌,因此被雅典宣布为流放者。斯巴达人在离奥林匹亚不远的地方给了他一块风景优美的地产,他在那里生活了许多年,每天骑马、打猎、经营农田,成了一个典型的乡村绅士。他在此间多有著述,内容迥异,包括了苏格拉底应邀参加的那些酒会,雅典的税收合理管理办法等等。除了两三篇之外,他所有的文章都很单调乏味;他的文章思路清晰、直截了当、明白晓畅,如此而已。然而散见于他的文章各处的一些句子仍旧显示出他有令人惊奇的思考能力和远见卓识。虽然他曾经多次被迫卷入战争,或者毋宁说因为这一点,所以他相信所有国家的目标应该是和平。他说,解决争端应该靠外交活动,而不是战争。他督促雅典利用其影响来维护和平,还建议把德尔菲作为各个城邦的集会地点,以讨论彼此间的分歧。他说:"以武力征服别人的人会以为人们会长期屈从于他们的威力，但真正长期的征服靠的是人们自愿地服从比他们自己强的人。征服一个国家的唯一方式是宽大仁厚。"这个世界还没有达到色诺芬的思想高度。

然而色诺芬最好的书，也就是真正使他声名远播的著作则是关于战争的。我们指的当然是《长征记》，这本书记述的是"万名雇佣军大撤退"的故事。这是一本伟大的书，也是我们借以了解希腊的重要历史文献。没有任何其他著作如此生动地描绘了希腊的个人主义精神，这种精神是古希腊人的最显著的特征，也是希腊之所以取得了如此伟大成就的原因。如果我们仔细思考一下的话，就会发现这既可以说是希腊人热爱自由的原因，也可以说是他们热爱自由的结果。希腊人执着于不受其他人干涉的独立的生活方式。去向别人寻求指引在他们看来是很不正常的；他们靠自己来判断是非真假。的确如此，除了既令人难以接近、更让人难以理解的神谕之外，在希腊没有任何指引者能得到大家的一致遵从。雅典人没有任何权威的教会，也没有任何权力机构来决定一个人应该信仰什么，他应该怎样去生活。没有任何机构或部门会干涉希腊人对任何东西做任何形式的思考。至于统治机构，希腊人从来没有觉得它应该干涉人的个人生活；比方说，它不应该规定一个人是否应该教他的孩子爱国，不应该限制一个人应该买多少酒，也不应该强迫一个人存钱防老。所有这样的事情都要靠雅典公民自己决定，并自己承担全部责任。

雅典民主制度的基础是建立在所有民主政体的共同信念上的，那就是相信普通人都能够尽自己的义务并且在尽此义务的过程中能利用他们健全的判断。相信个人是希腊人公认的信条，而且不管是否曾经明言，这个信条在整个希腊都是普遍的信条。我们知道斯巴达是个例外，其他地方也一定有一些逆流；然而，最反动的希腊人任何时候都可能回到这种思想上来。据史料所载，远征他乡的斯巴达人曾经哗变,推翻了一个不受欢迎的军官;他们也曾经向一个将军投掷石头,因为他下达的命令遭到大家的一致反对;在危急关头,他们也曾经废弃了一个不称职的将军而自由行动。甚至斯巴达钢铁般的纪律也不能完全根除雅典人对独立的热爱。希罗多德说过:"民治,这个词说起来都那么动听。"在埃斯库罗斯的戏剧中,雅典人在萨拉米斯大败波斯人的时候,波斯的女王问:"雅典人的君王是谁?"回答是:"他们不是任何人的奴隶或臣属。"因此,所有的希腊人都相信他们征服了波斯暴君的奴隶臣民。自由、独立的人比屈服的、受人控制的人有无可比拟的优越性。

没有任何军事权威曾经提倡过这种信念,但我们从《长征记》这本书中的任何地方都可以看到,这种信念对战士来说也是一样适用的。万人大军经历了最艰险的长途跋涉之后安全地回到了雅典,正是因为他们不是典型的纪律严明的军队,而是一群能发挥个人积极性的人组成的军队。

这部大撤退的史诗是从离巴比伦不远的一个亚洲小镇中的军营中开始的。一万多名希腊人聚集到了那里。他们来自很多不同的地方:有一位军官来自帖萨利;还有一位来自彼奥提亚;总指挥则是个斯巴达人;他的参谋队伍中有一位雅典平民,名叫色诺芬。他们都是为了钱才当兵打仗的,这支军队是典型的雇佣军,他们因为在家乡无业可从,这才离乡远征。希腊当时没有任何战事。斯巴达的统治正处于一段和平时期。那一年是公元前401年,也就是雅典陷落三年之后。

然而其时波斯内乱,纷争多出,一场战争已迫在眉睫。国王的两个儿子彼此不睦,弟欲取长兄之王位而代之。弟弟名叫居鲁士,他的名字取自一百五十年之前征服巴比伦的大居鲁士。他的名字之所以传闻于世,原因只有一个:他进军波斯的时候,色诺芬曾是他军中一将。如果不是这样的话,他的名字早就湮没于亚洲众多国家之间那无穷无尽、对这个世界来说无任何意义可言的皇室争战之中了。然而他的声名却因色诺芬的笔墨得以流传于世。在色诺芬的笔下,他快乐、勇敢、大度,他非常关心自己士兵的福利,和他们患难与共,总是冲锋在前,是个伟大的将领。

他麾下聚集的万人大军,除了能吃饱饭和定时领饷这两件重要的事情之外,并不很清楚他们真正要做什么。他们在开始的几个月里都如愿以偿。他们从地中海出发,穿过沙漠,来到小亚细亚的腹地,他们主要从沿途乡村取得给养,这意味着他们经常吃不饱,而且有的时候根本就没有任何食物。当时还有另外一支强大的亚洲军队,约有十万人左右,不过《长征记》这本书中对其没有详细记载。希腊雇佣军才是居鲁士真正可以信赖的军队。色诺芬说当居鲁士遇到国王的军队的时候,他们已经为他赢得了一天的时间。在库那克萨一战中希腊人为居鲁士取得了决定性的胜利。只是居鲁士本人却死于这场战斗之中,他在厮杀中击伤了他哥哥,自己却死在了他的手下。居鲁士死了,这次远征的意义也因此而不存在了。那支亚洲军队自行溃散了。希腊的这支小小的军队留在了亚洲的中心地带,他们身处异乡,四周都是敌军,既没有食物,也没有武器装备,更不知道怎样才能返回希腊。不久,他们又失去了指挥者。他们的主将在波斯人保证安全的承诺下去和他们进行谈判。他们焦急地等待着,然而将领们却迟迟不归,令人起疑;他们所有人的眼睛都搜寻他们的踪影,突然他们看到了一个人,从衣着上看是个希腊人,只有一个人。他们抢上去接他,然而他受了重伤,他说所有其他的人都已经被波斯人设计谋杀,然后就倒地死去了。

那是可怕的一夜。波斯人的意图很清楚。按他们的经验来说,军中无将,兵必无所助。将军一死,士卒无非是案上的鱼肉。但他们的计划中唯一的错误就是,他们没有考虑到这是希腊的军队。

色诺芬所有的朋友都死了,他信步游荡,离开了混乱的军营,找到一块安静的地方,睡着了。他做了一个梦。在梦中,他看到宙斯的闪电劈落在他的家乡,燃起了一道白光,他醒了过来,坚信宙斯选择了他来拯救这支军队。他顿时热血沸腾,立刻召集那些没有去参加谈判的下级军官来商量对策。他,一个年轻、没有入伍的平民,站起来对那些久经沙场的战士们讲话。他要求他们要抛开绝望的情绪,要"表现出战胜厄运的勇气"。他提醒他们,他们是希腊人,不应该被一群亚洲人吓倒。他的激情感染了其他人,他甚至把他们逗笑了。可是也有一个将领,却不断地重复他们所处的绝境,固执地反对谈论其他的一切,色诺芬建议把他降为普通士兵,让他去扛行李;大家向他投来赞赏的目光,他对他们说,那个人会是一头很好的驮骡。他们一致推举他来统领后队,然后大家一致要求他对全体士兵发表演说。他的演说振奋了人心。任何人在当时的情况下都可能感到绝望无助,但他们是希腊人,他们是自由人,他们出生的国家是自由的国家,他们的祖先也有着自由的传统。而他们要面对的敌人是暴君统治下的奴隶,甚至对自由的概念一无所知。"他们认为我们已经战败了,因为我们的将领们都死了,还有我们的受人爱戴的老将军克利尔库斯。但我们要让他们看到他们把我们都变成了将领。现在他们要面对的不是一个克利尔库斯,而是一万个克利尔库斯。"他赢得了士兵们的信任,这一天早上,他们开始了回乡的旅程。

　　他们的周围都是敌人,不能相信任何向导,那个年代既没有地图,也没有罗盘。只有一件事情是肯定的:他们不能沿着来路回去。因为无论他们路过哪里,沿途的食物都已经被他们吃光了。他们被迫折向北行,沿着河流向上游行进到了底格里斯河和幼发拉底河的发源地,穿过了今天的库尔德斯坦、格鲁吉亚和亚美尼亚高地,当时住在这些地方的都是一些野蛮部落,这些部落就是他们唯一的给养来源。如果不能攻克敌人的要塞并夺取他们储存的粮食，他们就只能饿死。等待着他们的是最险恶的山地战，对当地的每一寸土地都非常熟悉的敌人占据着制高点，等待着他们从狭窄的山谷中走过，然后从山顶上滚下大石头来砸他们，或是在他们渡过冰冷的急流的时候突然从树林中向他们放箭，而他们则只能拼命想找一个地方躲起来。到了更高的山地之后，他们遇到了极为寒冷的天气和极深的积雪，而他们的装备原本是为了在阿拉伯沙漠的气候准备的。

考虑到他们所面临的困境，我们现在的人大概都会认为他们只有严格地遵守纪律，坚持他们优良的军事传统，不爽毫厘地遵从军官的命令，才会有唯一的生存机会。然而他们的总指挥早已经死了；和野蛮人进行山地战不是他们传统的军事训练项目；更要紧的是，因为他们是希腊人，在极端危急的情况下，他们不愿意盲目地遵守命令。实际来看，只有抛弃在他们头脑中已经牢牢扎根的那些规定和限制，他们才能面对当时的危险处境。他们需要做的是尽力挖掘每个人身上所有的智慧和创造力。

他们只是一支雇佣军，但他们是希腊的雇佣军，每个人都有很高的智力水平。在某种情况下，这一万名将军的纪律当然会是一个很大的问题，也可能是一个致命的问题，但是，这些希腊人就像我们开发西部的祖先一样，他们知道集体行动的必要性。所有士兵都很清楚，在他们所面临的危险处境中，如果再加上纪律混乱对他们来说意味着什么。他们的纪律完全是出于自觉的，可这居然很奏效。当苦着帆布的四轮车穿过美洲大陆向西挺进的时候，每一个这样挺身而出的人都是因为有着超凡的能力，其他面临危险的人都会随之而行。万人军团的将领们也就是这样得到了他们的职位。军队很敏锐地觉察到一个人素质的高低，不久之后，年轻的平民色诺芬实际上已经是这支军队的指挥者了。

然而，每个人都负有一定的责任。有一次色诺芬派一个侦查队去寻找一条过山的路，他对他们说："你们每个人都是指挥者。"无论碰到什么危险，他们就马上召开一次会议，向大家说明当时的情况，请大家展开讨论。"无论谁有任何更好的想法，请说出来。我们的目的是要保证所有人的安全，这也是大家共同关心的问题。"经过反复讨论之后，大家进行表决，然后按大多数人的意见行动。不称职的指挥官受到公开审查。军中所有的人都是法官，他们决定是惩罚受审者，还是将其无罪开释。这看起来像是一幅漫画，可是对受到审判的普通人来说，从古到今从没有比这样的判决更公正的了。根据色诺芬的记载，这些由一万名将军临时变成的一万名法官从来没有通过一条不公正的判决。有一次色诺芬因为鞭打一名士兵需要对大家作出解释，他说："我承认我确实打了他，我告诉他把一名受伤的士兵背回军营来，可我发现他居然将他活埋了。我还鞭打了其他的人，因为我发现他们蜷缩在雪堆里等死，还有那些落在后面的筋疲力尽的可能被敌人追上的士兵。打他们一下，他们就可能爬起来快点儿走。我得罪过的那些人现在来责难我了。可我在战斗中、在行军途中、在寒冷中、在疾病中帮助过的人没有一个人站出来说话，他们不记得了。可是记住一个人的好处比记住他的坏处却要好得多，而且也要愉快得多。"听完了色诺芬的解释，参加会议的人记起了色诺芬过去的行为，他们站起来走开了，色诺芬没有获罪。

色诺芬的辩词完全消除了所有人的不满情绪，这充分说明了他很善于处理人际关系。从他的话语中可以看到他的感情受到了伤害，但他没有生气，没有憎恨，最重要的是，他没有自以为是。他的那些听众信服了他诚恳、直率的话；他毫无自我吹嘘的发言使他们想起了他为大家作出的巨大贡献；他们也理解了他并不认为自己是毫无瑕疵的，他只是要他们记得他的过失，也记得他的好处。他理解他的听众,也知道一个领导者应该具备的品质,至少知道怎样领导希腊人。在他的一本关于大居鲁士的著作中,他描绘了一名理想的将军的形象,显然,要一个东方的君主符合这样的形象是非常荒唐的,但它却完美地体现了希腊人如何设想使那些最独立、最自主的人愿意追随另外一个人的办法。他说:"一个领导者自己必须相信自愿的服从一定胜过强迫的服从,而且他只有真正清楚应该做什么,才能获得别人自愿的服从。这样他才能获得别人的服从,因为他使他们相信他知道最好的方法,就像一个医生使他的病人服从自己一样。而且他忍受的艰险、疲劳、严寒酷暑要比他要求他的士兵应该做到的还要多。居鲁士说:'不能身先士卒的人不会成为一个好的指挥官。'"无论是否如此,缺乏经验的平民色诺芬不可能有其他的任何办法来赢得万人大军的信任。他能使他们相信他知道最好的方法,他们也愿意放弃自己的想法,欣然地去追随他。

他的行为也向士兵们表明,即使他们推选他为指挥者,他和其他士兵之间也是平等的。有一次,他骑马从他负责的后队去和前队联系,当时雪下得很大,军队行进非常困难,有一个士兵冲他喊道:"啊,你骑在马上可真是舒服。"色诺芬从马上跳下来,把那名士兵推到了一边,站到了他的位置,开始和其他士兵一起行军。

不管遇到了多么危急的情况,那些只有自由人才能够产生的创见总是帮他们渡过难关。他们一致同意扔掉了他们的行李和所有的战利品,他们说:"我们会让敌人帮我们搬运我们的行李。打败了他们之后,我们就可以随意取用我们需要的东西。"刚开始行进的时候,他们曾经多次遭到波斯骑兵的重袭,因为他们没有骑兵。军中的罗德斯人用投石机投石头能比波斯人远一倍,他们便把投石机架在驮骡的背上,只射敌人的骑手,然后再把毫发无损的马匹牵回来,从此,波斯人就不断地给他们提供马匹。如果他们需要箭的话,他们就派一些比敌人射得远的弓箭手去佯攻,然后把敌人雨点般射落在地上的那些箭很容易地捡回来。他们用各种各样的方法让波斯人为他们所用。到了山区,他们就放弃了他们训练过的那些战术。他们不再排成紧密的队伍,即使这是他们训练过的唯一的编队形式,然后开始排成长队行进,有的时候队与队之间相距很远。在崎岖的山地行军的时候,这本来只是一种常识,但是反映了希腊军人自觉的品质。只会严格遵守纪律的军队做不到这一点。

大多数情况下他们都很冷,有的时候几乎要冻僵,大多数情况下他们都饥肠辘辘,有的时候几乎就要饿死,而且他们总是、总是在战斗,然而就在这样的环境中,他们保全了自己。到现在为止也没有人确切地知道他们到底经过了哪些地方。有一天,色诺芬走在队尾,他策马走上了一段陡峭的山坡,他听到前面传来嘈杂的呼喊声,士兵们都大喊大叫起来。遇到埋伏了,他想,于是他命令士兵全速跟上,他也迅速催马上前。但山顶上却没有敌人,只有希腊人。他们站在那里,眼睛望着同一个方向,脸上沾满了泪水,双手指向前方。士兵的呼喊最后化成了一个声音:"海!海!"

他们终于到家了。对希腊人来说,海就是家。这是一月中旬。他们离开丘纳克萨的时候是九月七日。在四个月的时间内,他们走过了大约两千英里的路程,他们在这段路程所经历的艰难险阻不仅此前闻所未闻,此后也绝无仅有。

《长征记》是希腊人的故事集,是希腊人的缩影。一万名天生独立的人,在没有法律约束的情况下,向世人证明了他们能够完美地协同作战,证明了出于自愿的合作会带来什么样的奇迹。希腊政权,或者至少可以说,我们最熟悉的雅典政权也证明了同样的奇迹。指引希腊人从遥远的东方安全地回到家乡的力量,也就是使雅典伟大、杰出的力量。雅典人就是他们自己的法律,但是他们独立自主的强烈愿望和他们为国家竭尽全力的愿望相辅相成。这就是他们对生活实际的自然反应，没有任何东西是外界强加给他们的。雅典城邦就是他们的保护者，是他们的安全保障，也是他们的骄傲，是他们作为希腊人的一切价值的保证。

柏拉图说，一个人只有在为城邦服务的过程中才能使他们的道德真正完善起来。雅典人因为不把自己的生命当作个人的事情而获得了拯救。我们的"idiot（白痴）"这个词源于希腊人对公共事务不负任何责任的人的称呼。修昔底德记下了伯里克利曾在葬礼上讲过的这样一段话：

> 我们是自由民主的政体，但我们也是顺从的。我们遵守法律，尤其是那些保护受压迫者的法律，还有那些不成文的法律，谁违反这些法律，谁就会得到众人一致的谴责和羞辱。我们不允许一个人汲汲于个人的事务而不理会公众的事务。我们和其他的城邦不同，因为我们认为一个远离公众生活的人是无用的人，然而我们的精神是独立的、完全自主的，我们不屈服于任何人。

但这种绝妙的平衡只维持了很短的时间。毋庸置疑，这种平衡处于巅峰状态的时候也并不完美，正像人类任何崇高的思想在它的形成过程中都不是完美的一样。即便如此，这仍旧是希腊取得的伟大成就的基础。民主，所有人的精神上和政治上的自由，每个人都自愿成为城邦的仆人这个信条是所有希腊的天才们的思想基石。这个信条在伯里克利的时代被人们追求金钱和权力的热潮大大地挫伤；伯罗奔尼撒之战将使之荡然无存。然而，自由的个人自发地团结在一起，为公众生活贡献力量，这个理想已经成为我们这个世界宝贵的财富，将永远铭记在人们心中。

第十一章
悲剧的概念

悲剧是希腊人首创的,
因为在希腊,思想是自由的。

有史以来，世界上称得上悲剧大师的人共有四位，其中三位都是希腊人。希腊非凡的特点正是在悲剧中才最清楚地表现出来。除莎士比亚之外，三位希腊悲剧家埃斯库罗斯、索福克勒斯、欧里庇得斯都可谓举世无俦。悲剧是希腊人独有的成就。他们首先真正理解了悲剧并把它发展到了顶峰。悲剧不仅仅直接触动了那些伟大的悲剧作家，也引起了所有希腊人的关心，他们深深地为悲剧所吸引，其中一次演出就有三万多名观众来观看。希腊的天才们对悲剧有最深刻的洞察，并表现出他们最深刻的内在品质。

希腊人性格中最鲜明的特点，在于他们不仅能清楚地看到这个世界，而且还能看到这个世界是美好的。唯其能够如此，他们的艺术创造才与众不同，他们的艺术最显著的特点是它较少于争斗，而富有其独特的平静和安宁。悲剧似乎能够使我们相信确实有那么一个真就是美、美就是真的领域。希腊艺术家带领我们走向这个领域，用他们的艺术照亮生活中的黑暗混乱，虽然悲剧带来的光明和宗教信念耀眼的光明比起来要显得闪烁不定，但是它却有它独特的魔力，使人感到安慰,虽然它给人们带来的希望并不确定,然而它却仍非常重要。对所有的伟大诗人来说都是如此,但对悲剧诗人来说最是如此,因为他们要用诗歌的力量去描述那些无法解释的东西。

悲剧是希腊人首创的,因为在希腊,思想是自由的。人们对人生的问题思考得越来越深入,而且开始越来越多地意识到生活中充满了邪恶,所有事情都是不公正的。于是有一天,有这样一个诗人,他认识到了这个世界有无可救药的邪恶,但他仍旧能用他诗人的力量去发现生活中真实的美,于是第一部悲剧就诞生了。有一本非常出色的书讨论了这个问题,书的作者这样说:"探索的精神遇到了诗歌的精神,悲剧就诞生了。"具体来说:希腊早期的像神一样的英雄和英雄一样的诸神在遥远的、狂风肆虐的、地势起伏不平的特洛伊平原上展开了激战;而在希腊较平静的地方,每一件普通的事物都闪耀着美——这就形成了如诗歌创作中的双重世界。然后一个新的时代开始了,人们开始不满足于歌声和故事的美,他们要努力去了解、去解释。悲剧第一次出现了。一个无比伟大的诗人,他不满足于原有的神圣的传统,而且他有足够伟大的心灵能包容新的和难以让人容忍的真实——这就是埃斯库罗斯,世上第一位悲剧作家。

悲剧是属于诗人的。只有他们才能"到达阳光照耀的高处,在生活的不谐之音中奏响一个和弦"。只有诗人才能创作出悲剧。因为悲剧正是痛苦借着诗歌的力量升华成的快乐,如果诗歌是真正的知识,而且那些伟大诗人的指引是可以追随的,这种升华就有最引人注意的含义。

痛苦化作了喜悦,或者我们可以说,痛苦中蕴藏着快乐。悲剧看上去是一种奇怪的东西。确实没有比它再奇怪的东西了。它向我们展现了痛苦,却由此给我们带来快乐。它展现的痛苦越大,情节越可怕,我们感到的快乐就越强烈。悲剧作家们选择的都是生活中能产生的最离奇、最可怕的事件,但通过他们给我们展现的场景,我们得到了一种让人愉悦的激情。这里就有了某种值得思考的东西,我们不应该像那些肤浅的人一样,轻易回答这个问题说,罗马人也曾经像过节一样观看角斗士厮杀,或者说直到现在残酷的人性和野蛮事件的幸存者仍然能让最文明的人心生波澜。即使这些都是事实,我们也仍旧不能解释人们从悲剧中得到快感这个神秘的问题。它和残酷与血腥的欲望毫无关系。

在这个问题上,让我们来考察一下我们日常生活中所说的"悲剧"和"悲剧的"这两个词,这将颇有启示。痛苦、悲伤、灾难,我们认为这些词都是使人感到压抑、使人情绪低沉的——我们常说痛苦的深渊、悲伤得肝肠寸断、灭顶之灾。但谈到悲剧的时候,这些比喻就发生了很大的变化。我们说它们把我们推上了悲剧的高度,而不用其他的词。我们说深深的忧伤,但我们不这样说悲剧。我们总是说悲剧的高度。词语不是无足轻重的小问题。语言曾被称为最古老的诗歌,这不无道理,因为语言中的每个词汇都代表了某种意义上的创造性思维。整个人类本性都隐隐约约体现在人类的语言中。这里有一个非常值得思考的问题,人本能地感觉到悲剧的痛苦和所有其他的痛苦之间有着很大的不同,这不是程度上的不同,而是类别上的不同。悲剧中有某种东西使它与其他的灾难之间产生了非常明显的区别,这种区别也非常明显地表现在我们的日常语言之中。

悲剧是通过痛苦给人们带来快乐,所有注意到这个奇怪的矛盾的人都看到了悲剧和其他痛苦之间的这种区别,世上很多鸿儒大哲也都曾思考过这个问题。他们告诉我们,悲剧的快感自成一类。亚里士多德说悲剧是:"怜悯和畏惧,以及一种被清洁净化了的情感。"黑格尔认为悲剧是一种"调和",我们可以把它理解为生活中产生的不和谐融入了永恒的和谐之中。叔本华说:"心灵的激情会说:事情非如此不可,而悲剧就是对这种激情的接纳。"尼采说:"重新肯定向死而生的意志,而在这重新肯定之际为意志的不可穷尽而欢喜。"

怜悯、畏惧、妥协、快乐——这些都是悲剧快感的组成部分。不能激起这些情感的戏剧不成其为悲剧。所以哲学家们说的和人们通常的判断是一致的,悲剧是高于、超越了痛苦的不谐之处的东西。但是悲剧为什么使我们产生了这样的情感,悲剧的最本质的成分是什么,这些问题只有黑格尔一个人做过探索。他在一篇著名的文章中说,悲剧唯一的主题是精神的斗争,而且斗争中的两种精神都引起我们的同情。但是,正如黑格尔的评论者们所说的,按他的说法,他就把无辜受难者的悲剧排除在外了,而这样一个把考狄莉娅和迪伊阿尼拉之死排除在悲剧之外的定义不能成为悲剧的最终定义。

的确,对每一个无辜的人所经受的苦难都可能有完全不同的处理方法,我们甚至可以把他们归入完全不同的类别中去。埃斯库罗斯的《普罗米修斯》是最伟大的悲剧之一,剧中的主要人物是一位无辜的受难者,但是除了这个纯粹形式上的联系之外,剧中的那个充满激情的、蔑视天神和宇宙间一切力量的反叛者和那个既可爱又充满爱心的考狄莉娅之间没有任何关系。如果我们给悲剧下一个最终定义的话,这个定义应该包括生活和语言能包容的所有不同的环境和不同的人物性格产生的各种情况。它必须要包括像《安提戈涅》这样宁可睁着眼睛死去,也不能容忍她的兄弟死而不能下葬的性格倔强的少女,也得包括像麦克白这样弑君杀臣的野心勃勃的狂人。这两部悲剧看起来完全不一样,却在我们心中激起了同样的反应。它们都给我们带来了最强烈的悲剧快感。它们之间有某种共同的东西,但是哲学家们没有告诉我们那是什么。他们关心的问题是悲剧使我们产生了怎样的感受,而不是悲剧实质上是什么。

整个文学史上只有两个时代产生了伟大悲剧,其中一个是伯里克利时代的雅典,另一个是伊丽莎白时代的英格兰。这两个时代之间相距两千多年,但探究两者之间有什么样的共同之处以至于它们选择了同样的表达方式,可能会对我们了解悲剧的本质有些帮助,因为这两个时代都远远不是黑暗没落的,而是精神昂扬地看待生活,充满了令人颤栗的无限的发展可能。那些在马拉松和萨拉米斯战胜敌人的人们,那些击败了西班牙人、眼看着无敌舰队沉没的人们,他们都高高地昂头挺立。他们觉得这个世界充满了神奇;人类是美好的;生命就像活在浪尖上。最重要的是,那种英雄主义的强烈快乐激动着人们的心房。有人可能会说,这里没有产生悲剧的土壤啊。但是生活在浪尖上的人们要么感觉到悲哀,要么感觉到欢乐;他们感觉到的不可能是平淡沉闷。与能在生活中看到悲剧的那种心性相对的不是看到欢乐的那种心性。与认为生活是一场悲剧的看法相对的是认为生活是肮脏的看法。当人们看到人性之中缺乏尊严和意义,人性是琐碎的、卑贱的,而且陷入了凄凉无助的境地的时候,悲剧的精神就已经不存在了。"有时候,请允许美妙的悲剧披着帝王的华服浩浩荡荡地走过。"与悲剧完全相反的则是写作《底层》的高尔基。

其他的诗人只是可能会去追寻生命的意义,而悲剧家则必须如此。可是很奇怪,有一种谬论非常普遍,那就是悲剧意图的意义在某种程度上要依靠外界环境,要靠:

  面具,和古代华丽的衣饰
  奢华的场面、盛宴和尽情的喧闹——

这些东西和悲剧风马牛不相及。生活的表层是喜剧关心的范围;悲剧对此不予一顾。我们肯定不会到"集市街"和"天顶"去寻找悲剧,但并不是因为这些地方过于平俗。没有任何内在必然的原因说不能在巴比特"天顶"的家中上演悲剧,在那里上演悲剧和在艾尔西诺城堡一样适宜。唯一不能的原因在于巴比特自己。叔本华从悲剧中发现的那种"奇妙的将人向上提升的力量"从来不从外界的事物中寻求任何推动力。

人类生命的尊严和意义——这些,也只有这些,是悲剧绝不会弃而不顾的。没有这些也就没有悲剧。要回答构成悲剧的因素是什么这个问题,就要回答上面的分析中提出的问题,那就是生活的真正意义是什么,人性的尊严靠的是什么。对于这两个问题,悲剧作家们给了我们确定的回答。伟大的悲剧本身就给它自己提出的问题提供了解决办法。首先,正是因为我们能够忍受苦难,我们才比麻雀要更有价值。如果麻雀有比我们更大的或是和我们一样大的忍受苦难的潜力的话,那么我们就不能理直气壮地说我们是这个世界上的万物之灵了。当我们深究我们为什么坚信每个人的非凡价值的时候,我们知道那是因为我们每个人都能够忍受极大的苦难。不管它是"天顶"还是艾尔西诺城堡,事物外部的细节有什么用呢?悲剧关注的中心是忍受苦难。

但是,应该注意,悲剧关注的不是所有的痛苦。我们的痛苦有不同的程度。不是所有的人都能同样地忍受痛苦。我们的感受力之间的差别比任何其他的方面的差别都大。有人的忍受能力差一些,有人忍受能力强一些,人的尊严和意义就是根据每个人能忍受苦难的程度来确定的。没有任何尊严能比得上正在忍受痛苦的灵魂的尊严。

> 我和悲哀并排坐在一起;
> 这就是我的王位,叫王侯们过来向它行礼。

悲剧被推上了王位,唯一可以进入悲剧王国的人必须是真正的贵族,那些感情丰富的人。悲剧的要素之一就是感受力强的灵魂。有了这样的灵魂,任何灾难都可能变成一部悲剧。但是即使大地被移动,山峰填平了海洋,只要有些许卑贱和肤浅掺杂进来,悲剧也就不成其为悲剧了。

罗马历史中有着黑暗的一页,其中记载着一个七岁的小姑娘,她的父亲犯了死罪,她受到株连,也必须去陪死,她走过的时候,围观的人们一边哭,一边问:"她做错了什么事?如果他们告诉她的话,她绝对不会再做第二次了。"——然后她就被送进监狱,随即上了刑场。这个故事令人心碎,可它不是悲剧,这只是一个凄惨的故事。这个故事里面没有让我们的灵魂去攀登的高峰,只有无尽的黑暗,只有令我们伤心落泪的故事。无辜的人遭受苦难本身不是悲剧。死亡本身也不是悲剧,甚至那些年轻的、那些美丽的、那些可爱的和那些被爱的人,他们的死亡也不是悲剧。像麦克白感觉和遭受死亡那样感觉和遭受的才是悲剧。像李尔王感受考狄莉娅的死亡那样感受到的死亡才是悲剧。莪菲丽亚的死不是悲剧。她只是她自己,只有当哈姆雷特和雷欧提斯的悲伤是悲剧性的悲伤的时候,它才是悲剧。《安提戈涅》是一部悲剧,并不是因为上帝的律法和凡人的律法的要求之间产生的冲突,使这部戏成为悲剧的正是安提戈涅本人,她那么伟大,遭受了那么大的折磨。哈姆雷特为杀死他的叔叔而犹豫不决,这不是悲剧。真正的悲剧在于他的感受力。把这部戏中所有的情节都改换成其他的情节,哈姆雷特无论陷于任何灾难中都可能是一个悲剧;而不管剧中的灾难有多么深重,波洛涅斯绝不会是一个悲剧人物。能忍受巨大的苦难的灵魂在忍受苦难——这个,只有这个,才成其为悲剧。

这样看来,现实主义和浪漫主义之间的区别和悲剧其实没有任何关系。人们一直相信正好相反的说法。有人认为,希腊人到神话中去寻找悲剧的主题,是因为他们要尽力离现实生活远一点,而这是因为他们认为现实生活中没有产生伟大悲剧的空间。最近有一位悲剧作家说:"现实主义是悲剧的毁灭者。"事实并非如此。如果现实主义真的只能写寻常的事物,悲剧就会被排除在外,因为能产生伟大的情感的灵魂是不寻常的。但是如果任何人类的事物都不外乎现实主义的关注范围,那么悲剧也就包括在它的关注范围之中,因为不寻常的事物是和寻常的事物一样真实的。当莫斯科的艺术家演出《卡拉玛佐夫兄弟》的时候,舞台上有一个非常可笑的矮个子男人,穿着破破烂烂的衣服,挥舞着胳膊,一边在台上走来走去,一边低声啜泣,这个形象与传统的悲剧人物形象简直有天壤之别,但他却是一个真正的悲剧人物,他撕下了传统悲剧美丽的外衣,但他却是真正的王者,他发出了痛苦的声音,这是在斗争中产生的人的心灵难以忍受的痛苦的声音。可能再也找不到比这一幕更沉闷、更典型的现实主义场景了,但是我们看到这一幕的时候就能感觉到怜悯和敬畏,直到这个人向人们展示了他所能忍受的苦难而获得了尊严。易卜生的戏剧不是悲剧。无论他是不是现实主义者——一个时代的现实主义者很可能到了下一个时代就成了浪漫主义者——他剧中的人物都是一些灵魂渺小的人物,他的戏剧也只是结局较为悲惨罢了。我们看完他的《群鬼》,心中感觉到的是对社会恐惧地发抖和冷冷的气愤而已,实际生活中有时的确会如此,但这些情感都不是悲剧情感。

最伟大的现实主义小说都出自于法国人或俄国人之手。读完一本法国小说,我们感觉到的是对人类的一种绝望和厌恶,我们感到人类是那么的卑劣、琐碎和可怜。但是读俄国小说的时候我们却有一种截然不同的感受。我们在俄国人的小说中也会看到法国小说常有的那种描写人本性中的卑劣、野蛮、生活的不幸,但是我们读完之后感觉到的不是绝望和厌恶,而是怜悯和惊叹,人竟然能忍受如此深重的苦难。俄国人是这样看待生活的,因为俄国的天才们都是非常诗人化的作家;而法国的天才们不是。《安娜·卡列尼娜》是一部悲剧;《包法利夫人》却不是。现实主义和浪漫主义,或是不同程度的现实主义与此都没有任何关系。这是渺小的心灵与伟大的心灵的问题,是具有敏锐观察能力的作家和诗人的天赋之间的问题。

如果希腊人没有给我们留下任何的悲剧作品,我们就很可能难以知道他们达到了怎样的高度。这三位诗人能够表现人类深深的痛苦,而且他们能够用悲剧来认识和呈现这种痛苦。他们说,邪恶的神秘遮蔽了"任何脑子不是石头块的人都会看到的东西"。痛苦可以激化成一种强烈的感情,而且在悲剧中,人们在平时无法把握到的意义会在瞬间向人们展示出来。在特洛伊女王最危难的时候,欧里庇得斯通过她对我们说:"假如上帝没有玩弄我们的命运于股掌之间,并将我们降为凡俗,那么我们死去的时候便不会给后人留下任何东西。后人在我们身上将找不到可以歌颂的主题,也不会将我们的悲哀写成伟大的诗篇。"

为什么普通人的死是一件凄惨的、令人消沉的事情,会促使我们转身走开,而为什么英雄的死却总是悲剧性的,会通过生命的活力,让我们感到温暖?回答了这个问题,也就解开了悲剧为什么会给人带来快感这个谜。司各特爵士说:"永远不要对我说勇敢者的鲜血白流了,他们向未来所有的人提出了庄严的挑战。"一部悲剧在结束的时候也向我们提出了同样的挑战。伟大的心灵在忍受煎熬和遭受死亡的时候将痛苦和死亡升华到了一个新的境界。通过它我们可以瞥见斯多葛派的哲人王所称的上帝我父之城,比起我们活着的人面对的现实来说,那是一个更深远、更终极的现实。

第十二章
埃斯库罗斯 第一位戏剧家

"鼓起勇气。
痛苦,
当它到达了巅峰的时候,
就不会再持续很长的时间了。"
——这句话简洁恰当地表达了他的精神,
也恰当地表达了他那个时代的精神。

当尼采为"悲剧性"这个词下那个著名的定义的时候，他和在类似情况下的大多数哲学家一样，眼睛盯着的不是缪斯女神本身，而是某个特定的悲剧家。"重新肯定向死而生的意志，并在这重新肯定之际为意志的不可穷尽而欣喜。"他这话指的不是索福克勒斯，也不是欧里庇得斯，而是埃斯库罗斯的悲剧的本质。悲剧在展现苦难和死亡的时候有着神奇的力量，它不会让我们感到压抑，而是让我们情绪激昂，这一点我们在埃斯库罗斯的悲剧中比在任何其他悲剧诗人的戏剧中都看得更清楚。他是第一个悲剧作家；悲剧是他首创的，他的精神特质也在悲剧中留下了深深的烙印。

这种精神是战士的精神。埃斯库罗斯是一个马拉松勇士，这个称号只授予击退早期的为数众多的波斯侵略者的那一小队官兵中的那些勇士。他的墓志铭说明他对荣誉是如此珍视，他的诗歌似乎也不能并列左右：

雅典人埃斯库罗斯，欧福里翁之子，躺在这里，周围荡漾着革拉的麦浪。马拉松圣地称道他作战英勇无比,长头发的波斯人听了,心里最明白。①

他是否也曾参加别的战斗?除了他的作品中提供的一些线索之外,我们对这个问题以及其他所有关于他的问题都没有确切的答案。他的墓志铭告诉我们他出生于一个贵族家庭,此外还记录了一些关于他的日期——哪部戏是哪年写的,还有他的死去的日期——这就是我们能知道的关于他的所有的东西了。没有像柏拉图那样的人用肯定、熟稔的笔触记下他的一言一行,从而使他成为一个获得永生的人。他像莎士比亚一样,只允许我们从他的作品中来了解他,这使我们对他的生平所知很不确切,因为伟大的诗人关心的范围是整个生活,他们能把自己变成这个世界中的任何人物,就像济慈曾经说过的那样,他们可以把自己想象成埃古,也同样可以把自己想象成伊摩琴。即便如此,我们还是从埃斯库罗斯的所有现存作品——他所有九十部作品中的七部——中可以看到他的性格和他的心性的主体,而莎士比亚的戏剧范围太过宽广,无法作此归纳。可是我们却不能轻易地下这样的结论,因为如果埃斯库罗斯所有的九十部戏剧都留存了下来,而莎士比亚只留下了七部,那么我们就可能会得出相反的结论。但是我们强烈地觉得埃斯库罗斯的每一部悲剧都表现出作者的崇高的心灵和思想,以及他本人充分体现出来的那种英雄榜样,因此不太可能设想埃斯库罗斯写出的任何东西不具有这种崇高与英雄的特色。

关于埃斯库罗斯是个什么样的人,我们只能得出以上这些判断。

---

① 埃斯库罗斯:《埃斯库罗斯悲剧六种》,罗念生译,第 2 页,上海人民出版社,2016。

可是对他的实际经历我们却所知甚少。我们推测他习惯于大家庭的生活方式,他看不起暴发的新贵——他在《普罗米修斯》中,借宙斯嘲弄这种人是"暴发之神,逞一时之势,发片刻之威"。克吕泰涅斯特拉对俘虏来的特洛伊公主说,如果一个人不幸沦为奴隶的话:

> 那么落在一个继承祖业的主人手里,
> 是一件很值得感谢的事。有些人一本突然收万利,
> 可是他们对奴隶在各方面都很残忍,而且很严厉……①

因为他曾经行伍,所以在他的作品中有些段落显然是根据个人的经验写出来的:"我们宿营的地方离敌人的城墙很近;我们衣服因为潮湿已经开始腐烂;头发里面生满了虱子。"这不是一个入伍不久的新兵眼中的战争。更值得注意的是克吕泰涅斯特拉在特洛伊陷落之后发布的通告中长篇大论地叙述她们取得胜利的经过的时候,突然插入了一段对一个新近攻陷的城池的白描:

> 有的人倒在丈夫或弟兄的尸体上,老年人倒在儿孙的尸体上,用失去了自由的喉咙悲叹他们最亲爱的人的死亡;有的人,由于战后通宵掳掠而劳累,很是饥饿,停下来吃城里供应的早餐,不是按次序发票分配的,而是各自碰运气摇得了签,就住在特洛亚被攻占的家里,不再忍受露天的霜和露,也不须放哨,就可以像那些有福的人那样睡一夜。②

---

① 埃斯库罗斯:《阿伽门农》,《埃斯库罗斯悲剧六种》,罗念生译,第270页,上海人民出版社,2016。
② 埃罗斯库罗斯:《阿伽门农》,《埃斯库罗斯悲剧六种》,罗念生译,第254页,上海人民出版社,2016。

这些话出自一个伟大的女王之口,就显得有些奇怪,这倒像一个老兵在回忆他过去经常见到的某些场面的细节。但是只有这些段落才为我们了解他的生活方式提供了一些线索。

我们自己,我们之中最伟大的人都是我们这个时代的产物。埃斯库罗斯生活的那个时代凭着它的希望和努力,沿着人类命定的道路无所畏惧、毫不迟疑地向前迈进了一大步,使之成了人类黑暗的历史上闪亮的一页。这个时代为数很少的人竟然击败了当时世界上最为强大的力量,波斯人遭到了如此惨痛的失败,他们再也无力发动另一次这种只会给人们带来灾难的侵略行动了。这次伟大的冒险获得的成功影响到整个希腊。人们的生活变得更加紧张热烈了。危险、恐惧和苦闷激励了人们的精神,也提高了人们的洞察力。开始的时候他们好像注定要遭受失败,注定要失去所有的财产,然而事情完全出乎人们的意料,他们获得了巨大的胜利,这不但使他们大喜过望,也大大鼓舞了他们的士气。人们相信他们可以创造出英雄业绩,因为他们看到有人创造出了英雄业绩。这就是悲剧诞生的时刻,因为悲剧是痛苦和欢乐的神秘的混合体,它展现了人们在面临不可避免的灾难的时刻表现出来的那种不可战胜的精神。直到这个时候,希腊的诗人们一直以一种直接的、无自我意识的眼光观察着这个世界,而且他们发现这个世界是美好的。勇敢行动的光荣和自然界万物的美好就使他们感到满足了。埃斯库罗斯是新一代的诗人。他在表现外在世界之美的诗歌和表现人类痛苦之美的诗歌之间的鸿沟之上架起了一座桥梁。

他是第一个把握住生活中令人迷惑的"世界内心深处的矛盾"的诗人,他对生活的了解只有伟大的诗人才能了解到;他意识到了遭受苦难的神秘之处。他看到人类被一种神秘的力量紧紧地和苦难捆在了一起,陷于一种奇怪的冒险,终生与灾难为伍。但对英雄们来说,最深重的苦难对他们正是一个挑战。埃斯库罗斯那个时代的精神在他的身上得到了最大程度的体现。他是第一个,也是最后一个天生的斗士,对他来说,能和强大的对手势均力敌就足够了,他不必一定成功。生活对他来说就是一场冒险,其中确实充满了危险,但人生来就不是为了享受天堂般的安宁。生活的充实正在于生活中充满了艰难险阻。即使人生再不济,在我们身上至少还有某种东西,可能反败为胜。

一个有着这种英雄性格的人,他洞察人类苦难而黑暗的现实的能力和他超凡的诗才撞击出了新的火花,悲剧由此而诞生。如果悲剧就是要展现人类最深重的苦难和人类最崇高的业绩,那么埃斯库罗斯就不仅仅是悲剧的创始人,而且还是所有悲剧家中最具有悲剧性的人。没有任何一个人在生活的嘈杂的噪音中能够奏响这样动听的乐曲。在他的剧中没有任何的退却,没有任何的被动接受。伟大的精神以伟大的方式来承受苦难。《普罗米修斯》中的歌队的少女们要求知道她们面前所有的罪恶:"这样,当一个人躺在病床上,静静地面对所有的痛苦,也是美好的享受。"安提戈涅要做的事情对她自己来说也意味着死亡,这时候,她呼喊道:"勇气!我将有力量,我也将知道如何行动。"克吕泰涅斯特拉给了她丈夫最后一剑,他倒地死去。这时候,她打开了宫门向大家宣告她做了什么:

> 我还是站在我杀人的地点上,我的目的已经达到了。我是这样做的——我不否认……我刺了他两剑;他哼了两声,手脚就软了。我趁他倒下的时候,又找补第三剑,作为献给地下的宙斯,死者的保护神的还愿礼物。这么着,他就躺在那里,断了气;他喷出一股汹涌的血,一阵血雨的黑点便落到我身上,我的畅快

不亚于承受天降的甘雨,正当出穗的季节。①

普罗米修斯,在毫无帮助的情况下,面对着那不可抗拒的力量,但他却没有屈服。即使只说一句表示屈服的话他就可以获得自由,他也毫不退让;即使在最强大的力量面前,他也没有任何卑微的忏悔。诸神派使者来劝他服从宙斯的命令,他回答说:

普罗米修斯: 宙斯无法用苦刑或诡计强迫我道破这个秘密,
除非他解开这侮辱我的镣铐。
让他扔出燃烧的电火吧,
让他用白羽似的雪片和地下响出的雷霆使宇宙紊乱吧;
可是这一切都不能强迫我告诉他,
谁来推翻他的王权。
……

赫耳墨斯: 傻子,面对着眼前的苦难,你尽可能,尽可能放明白一点吧。

普罗米修斯: 你白同我纠缠,好像劝说那无情的波浪一样。②

他说完了最后一句话,宇宙就朝他的身上压下来。他仍认为自己的行为是正义的:"看着我,我受到了不公正的对待。"——帕斯卡说,他比将他碎为齑粉的宇宙还要伟大。埃斯库罗斯就是以这种方

---

① 埃斯库罗斯:《阿伽门农》,《埃斯库罗斯悲剧六种》,罗念生译,第280页,上海人民出版社,2016。
② 埃斯库罗斯:《普罗米修斯》,《埃斯库罗斯悲剧六种》,罗念生译,第161页,上海人民出版社,2016。

式看待人类,坦然地面对灾难,永不屈服。"鼓起勇气。痛苦,当它到达了巅峰的时候,就不会再持续很长的时间了。"——这是他一部佚失的剧本中的一句话,这句话简洁恰当地表达了他的精神,也恰当地表达了他那个时代的精神。

他是一位拓荒者,完全凭着自己无穷的力量来开辟自己的道路,而且从来不在某个地方驻足或停步不前。他的作品从来没有让人觉得达到了完美的境地,从来没有让人觉得他到达了顶峰,再往前走就是下坡路了。若是个石匠,他可能是雕凿迈锡尼大门巨石的匠人,不会是雕刻普拉克西特里斯那赫耳墨斯的雕像的匠人。阿里斯托芬是埃斯库罗斯最尖锐的批评者,但他也是最喜欢埃斯库罗斯的人,即使在嘲笑他的时候也不例外。形容词是诗人的试金石,而他认为埃斯库罗斯使用的形容词"清新,好像被激流冲刷的树木,又被战争中的巨人吹散",阿里斯托芬的用语让人想起"激战"的狂风暴雨,那种落在李尔王头上的"熊熊燃烧的思想的火焰,劈开橡树的闪电一样的先锋"。一种卓越的信手拈来的灵感伴随着超人的力量。埃斯库罗斯从来不用费推敲之力,这一点和莎士比亚是一样的。他们的灵感如喷涌的泉水,他们从不会像一般人那样在夜晚苦闷地在屋子里踱来踱去,为求一字之立而绞尽脑汁。

他们两人有一种非常相似的东西。莎士比亚也曾在芸芸众生的层面之上看到人们取得成功、遭受痛苦,他也曾经为有像马拉松和萨拉米斯战役中那样的勇士的时代所有的高远的希望和勇气所感动。埃斯库罗斯和莎士比亚对生命的奇迹、生命之美、恐惧和痛苦,以及人们去行动、去倾听的能力有最丰富的感觉,任何其他作家都无法和他们相比。

你的朋友们是狂喜,是剧痛,

是爱,也是不可征服的人类思想。

这是一位十九世纪的诗人写下的两句诗,这两句诗正好道出了莎士比亚和埃斯库罗斯的特点,这也正是他们两个人的作品的特点。

莎士比亚的戏剧《麦克白》在构思上和埃斯库罗斯的风格非常相似,甚至比索福克勒斯和欧里庇得斯的戏剧还要更像埃斯库罗斯的风格。麦克白的城堡和阿伽门农的宫殿的气氛是完全一样的。在这两个地方永远都是黑夜;空气中弥漫着阴郁的气息;死亡从大门漂浮进来。这两部剧作中描写的都不仅仅是黑暗肮脏的勾当。俄狄浦斯的宫殿中一样淌满了鲜血;那里充满了恐惧,命运缓慢的脚步声清晰可闻,无情地迈向生命的终点。但在《奥瑞斯忒斯》和《麦克白》中,这种恐惧中包含这样的事实,那就是命运的脚步声并不那么清晰可闻;这种声音被捂住了;我们的耳朵在倾听却听不真切;那慢慢逼近的东西被包裹在黑暗之中;那是某种我们未知的东西,还有罪恶的神秘。

我们无法通过摘录原文来说明这两部悲剧在总体感觉上的相似之处,但它们都把我们的注意力引向一种即将来临的无法解释清楚的恐惧,有很多段落可以说明这一点。在这两部悲剧中,凶兆的警钟一次又一次地敲响。某种可怕的事情就要发生了——到底是什么事情,没有人说得出来,一切都可能在我们的眼前发生。

《麦克白》

第一幕,第三场

麦克白:为什么那句话会在我脑中引起可怖的印象,
使我毛发悚然,使我的心全然失去常态,
噗噗地跳个不住呢?

想象中的恐怖远过于实际上的恐怖……

第一幕,第四场

麦克白:星星啊,收起你们的火焰!
不要让光亮照见我的黑暗幽深的欲望。
眼睛啊,别望这双手吧;
可是我仍要下手,
不管干下的事会吓得眼睛不敢看。

第一幕,第五场

麦克白夫人:来,阴沉的黑夜,
用最昏暗的地狱中的浓烟罩住你自己,
让我锐利的刀瞧不见它自己切开的伤口,
让青天不能从黑暗的重衾里探出头来,
高喊"住手,住手!"

第三幕,第四场

麦克白:去!离开我的眼前!让土地把你藏匿了!
你的骨髓已经枯竭,你的血液已经凝冷;
你那向人瞪着的眼睛也已经失去了光彩。①

《阿伽门农》

---

① 莎士比亚:《麦克白》,《莎士比亚全集8》(纪念版),朱生豪译,第314、317、318、349页,人民文学出版社,2014。

歌队：我怕听黑暗中隐藏着的消息，
　　　因为神并不是不注意那些杀人如麻的人；
　　　一个人多行不义，虽然侥幸成功，
　　　但是那些穿黑袍的报仇女神最终会使他命运逆转，
　　　……
　　　这恐惧为什么在我这预知祸福的心上不住地飘来飘去？
　　　……
　　　但是我的心自己学会了
　　　唱报仇神的不需弦琴伴奏的哀歌，
　　　……
　　　我的内心不是在乱说——
　　　这颗心啊，它正在那旋到底的漩涡里面
　　　绕着那预知有报应的思想转来转去。
　　　但愿这个猜想不正确，
　　　不会成为事实！

卡珊德拉：你把我带到什么地方了？带到什么人家里了？

歌队：带到阿特瑞斯家里了。

卡珊德拉：这是个不敬神的家
　　　　它能证实里面有许多亲属间的杀戮
　　　　和砍头的凶事——
　　　　一个杀人的场所，地上洒满了血。
　　　　……
　　　　啊，这是什么阴谋？
　　　　什么新的祸患？
　　　　这家里有人在计划一件莫大的祸事，
　　　　那是亲友们所不能容忍而又无法挽救的；

　　　　　　　援助的人却远在天涯。
　　　　　　　……
　　卡珊德拉：你们看见那些坐在屋前的，
　　　　　　　像梦中的形象一样的小东西没有？
　　　　　　　那些孩子好像是被他们的亲人杀死的，
　　　　　　　他们手里全是肉，用他们自身的肉做的荤菜；
　　　　　　　现在看清楚了，
　　　　　　　他们捧着他们的心肺，还有肠子——
　　　　　　　惨不忍睹的一大堆，
　　　　　　　都被他们父亲吃了。
　　　　　　　为了这件事，我告诉你们，
　　　　　　　有一头胆小的狮子待在家里，
　　　　　　　在床上翻来覆去——计划报仇。①

　　从两个剧本之中摘录下来的这些段落产生的相似效果是任何人都看得出来的，同样的例子还可以找出许多。莎士比亚的戏中有三女巫，埃斯库罗斯的戏中有复仇三女神，这种相似不是偶然的相似。这两种角色都绝不会出现在俄狄浦斯的王宫中。

　　埃斯库罗斯和莎士比亚之间另外一个明显的相似之处是：他们能笑。其他的悲剧作家则不能。不管我们怎样描述诗人们，我们总不会说他们笑；他们都是严肃的。只有埃斯库罗斯和莎士比亚能证实苏格拉底的"戏剧作家应该既能够写悲剧，也能够写喜剧"的说法。一般人会觉得在悲剧的气氛中插入一段喜剧会破坏整个戏剧优雅的

---

　　① 埃斯库罗斯：《阿伽门农》，《埃斯库罗斯悲剧六种》，罗念生译，第 256 – 275 页，上海人民出版社，2016。

品位,有些评论家对《麦克白》中的看门人颇有微词便是一个例证。但令人感到惊奇的是,这两位伟大的剧作家不在乎品位的高低。他们高兴怎样写就怎样写。在所有悲剧中,最扣人心弦的一个情节是当阿伽门农的宫殿的大门关上,以防奥瑞斯忒斯来刺杀他亲生母亲的时候,奥瑞斯忒斯却装作报告自己的死讯的信使赚开了宫门。他走进宫去,一心想的就是要成就这件可怕的事情,这时候有一个老妇人上场了,歌队唱道,她是奥瑞斯忒斯的保姆。她哭诉道:

> 唉,我是个可怜的女人。我经历过那么多的事情,可从来没碰见过这样的麻烦。哎,奥瑞斯忒斯,小宝贝!哎,小冤家,他是我今生的克星。他的母亲把他交给我来照看,可他晚上的尖叫声时常把我从梦中惊醒,还有他平时没完没了的麻烦,我都得受着。一个人事不懂的孩子简直就是一个不会说话的小畜生。你得跟着他的屁股后面转。他不会告诉你他什么时候饿了,什么时候渴了,什么时候想撒尿了。他的小肚子一满,尿就出来了——有的时候我知道他要尿了,但大多数的时候我并不知道,那只好一块一块地洗尿布了。我不仅是个保姆,我还是个洗衣婆——

这位保姆真像早生了两千年的朱丽叶的保姆,她就此下场了,接下来就是弑母的那一幕。

也许可以说,莎士比亚无论如何都称得上是一个伟大的剧作家,而埃斯库罗斯,人们通常认为并不是。他是一个深于思考的诗人,他走上戏剧创作的道路完全是出于偶然。这种说法与事实颇为相左,因为他是第一个,也是最重要的天生的剧作家,他发现这个世界如此具有戏剧性,为了表达自己,他必须要创造出戏剧这种形式。戏剧确实是他创造出来的。在他之前,戏剧演出的时候只有一个歌队和歌队长。他加入了另一个演员,让剧中人物之间产生关系,这是戏剧最本质的东西。他至少是和莎士比亚同样杰出的剧作家,他不仅仅是戏剧的创始人,还是演员和剧务负责人。他设计了所有希腊戏剧演员的服装;他还更新了舞台布景和舞台装置;他为雅典的戏剧定下了规矩。

当我们知道了他肩负着这么多的责任,就不会再奇怪他的作品中为什么会有很多错误。毋庸置疑,他写下了很多粗糙的句子,很多蹩脚的章节;他工作起来不太细心,不注意细节。有时他会忽视必要的细节,有时又过于拖沓,比如说《奠酒人》中厄勒克特拉认出奥瑞斯忒斯的那一节就写得过于平淡、简短,而描写发现坟墓上的一缕头发的那一节则用了一百五十多长行。但是他始终都很清楚他正在述说的故事中的真正富有戏剧性的部分,总是径入主题。在这种地方他一点也不马虎。他总是竭尽他所有的剧场技巧和戏剧力量来突出每一部戏剧的主题。继他之后的那两位剧作家的作品比他的作品要更富于戏剧性。他们的技艺更加高超,他们的技巧也更加成熟,但是埃斯库罗斯的戏剧中的某些紧张的戏剧张力是索福克勒斯和欧里庇得斯所望尘莫及的。他不但开创了戏剧创作的先河,还把戏剧创作推到了一个非常高的高度,后世只有莎士比亚一人可以和他相提并论,而从上面所提到的双重贡献而言,他则是前无古人,后无来者。

我们只能选出一段来证明这一点,因为我们选录的篇幅必须有相当的长度,才可以展现这种戏剧效果的特殊力量。在《奠酒人》一剧中,克吕泰涅斯特拉得知奥瑞斯忒斯还活着,并且杀死了她的情人。她就知道下一步将要发生什么事情了,于是她命令自己的家奴:

克吕泰涅斯特拉:快!快去给我拿一把能杀人的斧头。我是赢,还是输,立刻就会见分晓。我站在苦难的巅峰。

(奥瑞斯忒斯和皮拉得斯一起上场。)

奥瑞斯忒斯：我找的正是你。另一个已经得到了他应得的报应。你爱他——你应该和他躺在同一个墓穴里。

克吕泰涅斯特拉：住手——啊,我的儿子。你看——我的胸膛,你沉重的脑袋曾经枕在上面睡觉,啊,多少次啊,你曾用你那无牙的小嘴,吸吮我的乳头,你就是这样长大的。

奥瑞斯忒斯：啊,皮拉得斯,我该怎么办？我的母亲——恐惧震慑了我。我可以放弃吗？

皮拉得斯：那么阿波罗的话又怎么办？还有你的誓言？宁可得罪所有的人,也不要得罪众神吧。

奥瑞斯忒斯：你说得对。我听你的。你——来跟着我。我带你到他死去的地方,也在那儿杀死你。

克吕泰涅斯特拉：我的儿子,你好像要杀死你的母亲？

奥瑞斯忒斯：不是我。是你杀死了你自己。

克吕泰涅斯特拉：我还活着——我站在自己的墓穴旁边,我听到了死亡的声音。(他们下场,歌队开始唱道,她的命运是公平的。)抬起你的头,啊,房子。光！我看到了光。

(宫殿的大门打开了,奥瑞斯忒斯站在两具尸体的旁边。)

奥瑞斯忒斯：对于这一个,我无可指责。通奸者就该这样死。但是她,她和丈夫生下了几个孩子,然而却设下了这可怕的计划来谋害他——你们认为她是什么？是蛇,还是毒蝎？哪个男人沾上她,就要倒楣。

歌队：可悲啊，可悲啊——这令人恐惧的行为。

奥瑞斯忒斯：她干了，还是没干？你们可以作证——她为非作歹，杀人害命。我是个胜利者，可又卑劣、肮脏。

歌队：这个麻烦还在这儿——新的又来了。

奥瑞斯忒斯：听我说，汲取教训，因为我不知道这将如何结束。我骑着一匹脱缰的马，我的思想超出了界限。恐惧正在我的心头升起。在我失去理智之前——啊，我的朋友们，我承认我杀死了我的母亲——可是并不是没有道理——她卑劣无比，杀死了我的父亲，神明厌弃她——看——看——女人——那里——那里——黑暗——如此黑暗，长长的头发如盘卷的毒蛇。啊让我离开这里。

歌队：啊，忠于父亲的儿子，你看到了什么幻象？不要害怕。

奥瑞斯忒斯：不是幻象。我母亲派他们来的。他们向我蜂拥而来，他们的眼睛里滴着鲜血，仇恨的鲜血。你看到他们没有？我——我看到了。他们在驱赶我，我不能待在这里了。

（他冲了出去。）

歌队：这种邪恶的仇恨什么时候结束？

该剧演到此处就落下了帷幕。世上还没有任何文学作品比这一幕更富有戏剧性。

埃斯库罗斯创造了一种新的艺术形式，他天生就是一个喜欢创新的人。他很高兴看到旧的东西衰落下去，他也很高兴帮助培植起新的东西。当时在希腊出现了这个世界上此前从未有过的观念，埃斯库罗斯就是希腊思想的领导者，而不久之后，他就把他的追随者们远远地抛在了后面。他敏锐地观察到了那些令此后许多个世纪的人们沦为奴隶的错误的、愚昧的观念。他是最主要的理性主义者欧里庇得斯的先驱。欧里庇得斯在他的《特洛伊妇女》中对战争进行了严厉的谴责,但早在他之前,埃斯库罗斯就剥去了战争光荣的外衣,尽管他本人还是一位马拉松战役的勇士。他曾经行伍,因此才能像那些亲身经历过战争的人一样清楚地知道战争究竟意味着什么。很奇怪,他竟然意识到金钱和战争是紧密联系在一起的:

> 在每一个家里都可以看出
> 为那些一起从希腊动身的兵士
> 而感觉的难以忍受的悲哀,
> 是呀,多少事刺得人心痛啊!
> 送出去的人是亲爱的人,
> 回到每一个家里的是一罐骨灰,
> 不是活人。
> 战神在戈矛激战的地方提起一架天平,
> 用黄金来兑换尸首,
> 他从伊利昂把火化了的东西送给它们的亲人,
> 那是使人流泪的沉重的砂金,
> 代替人身的骨灰,
> 装在那轻便的瓦罐里的。①

类似的段落在《阿伽门农》之中还有很多。

---

① 埃斯库罗斯:《阿伽门农》,《埃斯库罗斯悲剧六种》,罗念生译,第 256 页,上海人民出版社,2016。

希腊人有这样一个基本信念,那就是繁荣会遭到上天的嫉妒,而且最终会以灾难告终,这可能也是希腊人最基本的信念,埃斯库罗斯用一句非常简短的话否定了这种信念:"我的看法与其他人不同,可我仍坚持自己的看法。将会带来灾难的是罪恶而不是繁荣。"

人们通常都认为狂热和宗教性情是对立的,但是实际上伟大的宗教领袖都是狂热的人。埃斯库罗斯是对宗教非常虔诚、狂热,所以他能够抛弃宗教表层上的许多陷阱,去探讨它的实质。诸神在他的戏里面进进出出,令人眼花缭乱,因为这些神对他来说不过是一些影子,他对这些神之间的矛盾不一和不相调和不感兴趣。他的眼光已经越过了他们而直接看到了那唯一的神:"父,在很久以前,他用他的双手创造了我们人类。"他相信,人类生活的苦难,尤其是无缘无故地遭受苦难这一神秘莫测的事情在唯一的神明那里有一个终极的、完美的解释。无辜的人遭受苦难——如果神是公正的,那么怎么会如此?这不仅仅是悲剧的中心问题,而且只要人们开始思考,这就是一个首要的、无法回避的问题,而且在不同的地方,只要人们处在同一个思想水平上,他们就会得出同样的解释,罪恶导致的惩罚会一直延续几代人,他们都会得到神给他们的许多不公正的对待。不得安宁的家庭、遭天罚的同族,这样的主题在文学作品里比比皆是。"父致其罪,子获其罚。"俄狄浦斯和阿伽门农必须为祖先的恶行承担罪责。偷来的黄金最终毁灭了沃儿森家族。但这只是一种折衷的说法而已,那些道德观念正在觉醒的人们会对这种说法感到满意,但这却不能使埃斯库罗斯感到满意。

当他开始思考"那些穿越永恒的思想"的时候,他是孤独的。和他大约同时代的希伯来人以西结意识到靠这个办法来实现神的公正本身就是不公正的,他强烈反对子孙来承担父辈的罪恶造成的恶果这种决不可容忍的荒谬的做法,但他的办法是否认父辈的人有罪。

犹太人总是满足于“神这样说”,这种态度根本就没有给悲剧留下立足之地。他们可以接受完全非理性的行为,而且他们也心安理得地承认这种行为;他们并不像希腊人那样认为他们所面对的现实是无可逃避的。

埃斯库罗斯的探索比常人所接受的那种解释深入了许多,这时候,他意识到自己是孤独的。他说:“只有我自己不相信事情本该如此。”他总是把这个问题推向极致,妻被迫去杀夫,子被迫去弑母,所有这些事情的背后都是那世世代代冤冤相报的观念。他不能满足于任何“浮皮潦草地医治”这个世界的“重创”的解决办法。他看到一种无情的力量发出了诅咒;他知道父辈们犯下的罪恶的后果正由他们的子孙们来承担;他相信神是公正的。他生活的那个时代的人们对人类的经验比其他任何时代的人们都有更多的了解,而他在这些经验中发现了和这些事实相互调和的事实,那就是,痛苦和错误也有其自身的目的和用途——它们是知识的阶梯:

> 是宙斯引导凡人走上智慧的道路,因为他立了这条有效的法则:智慧自苦难中得来。回想起从前的灾难,痛苦会在梦寐中,一滴滴滴在心上,甚至一个顽固的人也会从此小心谨慎。这就是坐在那庄严的艄公凳上的神强行赠送的恩惠。①

他是一个伟大而孤独的思想者。只有很少的情况下,才有一些非常伟大的人物能达到他的思想的深度和广度,而他对这个世界之谜的洞察至今也无人可以企及。

---

① 埃斯库罗斯:《阿伽门农》,《埃斯库罗斯悲剧六种》,罗念生译,第 250 - 251 页,上海人民出版社,2016。

埃斯库罗斯 《阿伽门农》

第十三章
索福克勒斯 典型的希腊人

对整个世界来说,他是最典型的希腊人,
他具有的品质是所有希腊人都具有的品质,
只是这些品质在他身上表现得最为突出。

叔本华说，分析到最后，悲剧的快感是一个接受的问题。这位悲观的大哲学家是在依照一位悲剧家来给所有的悲剧下定义。他的定义只对索福克勒斯最合适，他用这个词完美地表达了索福克勒斯戏剧的本质。接受不是默认，不是屈从。因为别无他途可寻而被动接受和悲剧完全是两回事。接受心态是在说"看，我来实现你的意愿"的意义上说"你的意愿已实现"。接受是积极的，不是消极的。但这种精神和斗士的精神是不一样的，两者之间其实没有任何共同之处。它接受生活，因为它清楚地看到生活必然如此，而不会是其他的样子。"我们必须要像来到这里一样，忍受从这里开始的旅途。"努力去理解那些不可抗拒的事件的发展变化会是徒劳的；而试图对抗我们无力左右的事物，比如那些运行在各自轨道上的星球，更是如此。但即便如此，我们却也不仅仅是旁观者。这个世界上有高贵、善良、温文尔雅的品质。面对命运，人是无能为力的，但是人们可以求善，可以高贵地忍受痛苦，接受死亡。"成熟就是一切。"

这就是索福克勒斯的精神，这种精神和埃斯库罗斯的精神不同，一个人在一艘将要沉没的船上让妇女和孩子登上救生艇,而自己平静地接受死亡,这也是完全不同的精神,伊丽莎白时代彪炳史册的那次战斗中指挥着"复仇"号小艇抗击西班牙无敌舰队的那位绅士的精神同样是一种不同的精神。这两位悲剧家之间前后相隔几乎还不到二十年,但是雅典生活的洪流真可谓一泻千里,当索福克勒斯长大成人的时候,那种使雅典在马拉松、温泉关、萨拉米斯等战役中获得胜利的人生观早已经是前尘旧事了。这些名字直到今天还能使我们回想起那些往事,"那时候神就是人,他们和人一样地行走在这个世界上"。即使到了今天,我们仍能想见人们看着那些英雄壮举的光辉逐渐暗淡下去、那些宏伟的理想最终走向失败究竟意味着什么。雅典人给这个世界带来了自由,然后却亲手毁灭了自己光辉的前程。她变成了一个强大、骄横、暴虐的帝国,她将整个希腊都置于自己的桎梏中,从而激起了全面的反抗,在索福克勒斯去世之前,斯巴达人已经兵临城下,雅典已经是日薄西山。在他的耄耋之年,当死亡即将来临的时候,他写下了这些著名的诗句:

  ……
  等冥王注定的命运一露面,
  那时候,再没有婚歌、弦乐和舞蹈
  死神终于来到了。
  一个人最好是不要出生;
  一旦出生了,求其次,
  是从何处来,尽快回到何处去。
  等他度过了荒唐的青年时期,
  什么苦难他能避免?
  嫉妒、决裂、争吵、战斗、残杀一类的祸害接踵而来。

> 最后,那可恨的老年时期到了,
> 衰老病弱,无亲无友。①

但这不是他的生活信念。写下这些诗句的时候,他已经颓然老矣,心中也正充满悲哀,这两者都是非常可悲的境况。这是他一生的写照:他年轻的时候正是希腊充满希望的时代;他成年的时候雅典城遭受了战争和党争的蹂躏;他步入老年的时候,美、宽容以及公平的生活,这些雅典赖以生存的东西,几乎已经荡然无存了。这是一个老人对自己的一生的总结,而此时他的情感乃至理性都已经流逝,我们不能把这看作他对人生的最后论断。他曾对生活作出过判断,字字铿锵,言语犀利。他生活的时代正是考验人们的性情的时代。对那些性情脆弱的人来说,一切都陷入了绝望之中,天空中闪烁的群星都似乎变得暗淡无光,真理和正义也云烟散尽。但对索福克勒斯这样的人来说,外界事物的变化并不能改变他们内心坚定的信念。伟大的心灵能区别对待转瞬即逝的东西和永恒不变的东西。索福克勒斯确实对他所热爱的这个城邦绝望了,对他来说,恶,而不是善,已经来临;但是,按照他对生活的看法,归根到底,外界环境是没有什么力量的;在内心中,他坚信没有人是无助的。在我们的内心之中有一个堡垒,在这个堡垒之中我们可以控制我们自己的精神;活着做一个自由人,死则无背于人性。埃阿斯说:人总可以高贵地生、高贵地死。安提戈涅在奏响丧钟的时候是坦然的:死是她自己的选择,当她死去的时候,歌队唱到,她是"主宰自己命运的人"。索福克勒斯眼中的生活是严酷的,但是他能承受这一现实。当有人告诉得阿涅拉她的丈夫

---

① 索福克勒斯:《俄狄浦斯在科罗诺斯》,《索福克勒斯悲剧五种》,罗念生译,第296页,上海人民出版社,2016。

对她不忠的时候,那个知情人不愿吐露真情,说话的时候有些吞吞吐吐,她催促她说:"不要用假话欺骗我。不知道事实的真相——那才真正会使我受到伤害。"这可以称为俄狄浦斯第二的女人的临终话语敲响了索福克勒斯所有剧作的最强音:"停止悲伤,因为这些事情无可改变。"除了以不可动摇的力量去忍受痛苦和平静地接受死亡之外,他没有提供任何逃避现实的方法。

除此之外还有什么?外在世界的一切都是变动不居的,而大多数的事物都是可悲的。索福克勒斯是忧郁的,但不是黑色的、苦涩的忧郁;米尔顿的"沉思的修女""友情是虚假的""信仰并不长久""生活只是幻影"的词句在索福克勒斯那里比比皆是:

> 科罗诺斯的儿子从来不曾
> 把没有痛苦的日子赐给凡人。
> 但是欢乐和悲伤
> 时间的车轮
> 滚向每一个人,
> 甚至像沿着轨道运行的星星。
> 光明灿烂的夜晚,
> 命运,死亡。
> 它们从来不会等待世人。
> 财富来了又去,
> 悲伤和快乐也是如此。

这种说教有些危险,一是太简单,再就是它和陈腐的套话之间只有毫厘之别,很容易滑落为后者。索福克勒斯的作品中经常说教之辞:"人皆有一死";"一个人只要活着还没死,就不能断定他的命运是好是坏";"生命的荣誉在于行动而不是言语"。即使他那样的才华也不能让这些俗语带上些诗意,但就像在其他任何地方一样,他在这里显示出他作为一个典型的希腊人对偶句和警语的热爱。值得奇怪的不是索福克勒斯一定要说教一番,而是埃斯库罗斯从不如此。这一点正是他们二人众多不同之中最基本的不同。

索福克勒斯是保守的,他极力维护现有的秩序。在宗教领域中,保守者总是倾向于形式主义。索福克勒斯认为"行而不虑及正义"和"对神的形象没有畏惧"是一样的。他不加挑战地接受正统的划分奥林匹斯山的等级的观点,但是有他那样的心智的人不可能满足于此。他的至福直观和孩子气的神话中的幻想和寓言故事完全不是一回事。他挂在嘴边的字永远是法律,当他试图去理解天堂的时候,他发现的是"再健忘的头脑也不会忘记的纯洁的、值得尊重的法律,神也借此成为伟大的、永生的神"。他用"法律"替代了埃斯库罗斯至为珍视的"自由"这个让人感到自豪的词。雅典对他来说是一个"遵守正义的法律,对上天无比敬畏"的城邦。他喜欢"秩序""完美的谐和""节制、严谨、冷静"。人们可能会猜想,自由对他来说意味着嘈杂、无序、放纵、不自持于正。在《安提戈涅》中,歌队唱到:"只要这法律还有效,那么没有任何降临到世间的庞大的东西不带着诅咒。"这是希腊人才会说的话。希腊语中所有表达"无边""无限""无尽"的词都有贬义。索福克勒斯喜欢他能清清楚楚地看到的东西。无限的东西对他来说是不愉快的。

无论从任何意义上说,索福克勒斯都是我们心目中最典型的希腊人,甚至可以说,所有对希腊精神和希腊艺术的定义首先都是对他的精神和对他艺术的定义。对整个世界来说,他是最典型的希腊人,他具有的品质是所有希腊人都具有的品质,只是这些品质在他身上表现得最为突出。他直率、清晰、简单、理智。过度——

这个词在他面前最好不要提起。有节制是他比任何其他作家都更突出的特点。美在他看来不仅仅表现在色彩、光和影之中，更多的是表现在结构、线条和平衡之中，或者从另一个角度来说，美不是源于神秘，而是源于明确的真实。这就是我们认识中的古典精神，和索福克勒斯比较起来，埃斯库罗斯是一个浪漫主义者。甚至在绝望之中，索福克勒斯的话也是那么的严肃、冷静。他最绝望的话也有一种理智的色彩：

只有卑贱的人才会希望长寿
永远走在这从来离不开邪恶的生活之路。
这一天又一天的日子有什么乐趣，
时而快，时而慢，死才是唯一的目的。
那些感到内心燃起虚幻的希望的人们
在我看来毫无价值。

埃斯库罗斯的绝望又是多么的浪漫：

在神明的云朵的旁侧，
我愿是一缕黑烟。
全身隐没，向高空翱翔。
如无翅的尘埃，我将消亡。
啊，周围的云朵落而为白雪，
给我在这高空中找一把坐椅，
一处悬崖绝壁，向四处眺望，
独自在高处沉思。
我要纵身跃下，直落到底，

只有鹰才能看见。

索福克勒斯和埃斯库罗斯都曾经描写过安提戈涅这个人物,他们笔下的安提戈涅最后的话语凸显出他们彼此不同的性格。索福克勒斯作品中的安提戈涅哀叹道:

> 没有人为我哭泣,没有朋友为我送葬,
> 没有音乐送行,我踏上这最后的旅程。
> 请看我遭受的苦难,又是谁对我不公,
> 只因我不曾放弃那高尚的情操。

埃斯库罗斯的女主人公却不是这样的:

> 没人可以这样命令我。
> 我虽是个女人,但我要为他
> 掘好坟墓,亲手埋葬他!
> 勇气!我将获得行动的力量。
> 谁也不能阻止我。

阿里斯托芬在《蛙》中也描绘了索福克勒斯的形象,但他对索福克勒斯的描述和对所有其他人的揶揄都迥然不同。在阿里斯托芬的作品中,其他人像泼妇一样互相谩骂,像坏孩子一样互相打斗,其中埃斯库罗斯和欧里庇得斯最是如此。索福克勒斯则显得与众不同,他温文尔雅、雍容大度,一副谦谦君子的样子,"生前既无可指责,死后亦无可非议"。即使是阿里斯托芬也不能在雅典的观众面前嘲讽索福克勒斯。① 索福克勒斯是最受雅典人喜爱的剧作家,没有任何东西比这一点更能说明普通雅典人的智力水平和理解能力了。但是不管当时的观众和现在的观众在欣赏品味上存在多么大的不同,也不管这种不同是多么的令人嗟叹,他们在这一点上是共通的:受到大众欢迎总是意味着他充满温暖的同情心。在索福克勒斯的戏剧中,我们总会在一些地方看到他为希腊人所钟爱的那种温和雅致的精神,这种只有心胸伟大的人才有的温和宽容让人动容。双目已瞽的俄狄浦斯为他的孩子哀求道:

> 让我来摸一摸他们——啊,我只是想亲手摸一摸他们,我会觉得他们正在我的身边,就像从前我能够看到的时候那样。我听到的是哭声吗?我亲爱的人们就在我的身边?快过来,我的孩子们。让我的手能抚摸到你们。

这是一个全新的声音。埃斯库罗斯的作品中从来没有过与此相似的东西。

生性慈爱的人并不一定激情澎湃。索福克勒斯是慈爱的,但在心灵最深处他却没有激情。他是一位伟大的悲剧家、一个无比伟大的诗人,但他抱着超然的态度观察生活。有人这样评价过米尔顿:"你的灵魂像是一颗星星,索然独处",喜欢米尔顿的人总是能更好地理解索福克勒斯。他们两个人生活的时代也很相似,正如埃斯库罗斯和莎士比亚生活的时代很相似一样。当克伦威尔将英格兰置于欧洲的版图之上的时候,米尔顿也经历过一段充满希望的时代,但他也

---

① 诚然,阿里斯托芬也曾把索福克勒斯比喻为天堂里的西摩尼得斯,不过那是很多年前的事儿了。

一样地看到他所热衷的一切都流于失败,最后云烟散尽,他看到他的国家——用他自己的话来说——"蒙受了耻辱,遭到了玷污"。他也一样学会了用"冷静的头脑和激情散尽"的态度来接受生活,并把它看成和自己相疏离的东西。他崇高、庄严的诗歌中的世界就是《安提戈涅》和《俄狄浦斯在科洛诺斯》中的世界。

　　索福克勒斯和米尔顿同样出类拔萃。可令人非常遗憾的是,古希腊语已经不再是一门活的语言,索福克勒斯的完美也因此完全无法为人们所体会了。伟大的思想可以从一种语言翻译到另一种语言而不会损失什么,但伟大的风格只存在于一种语言之中。在所有的英语诗人中,米尔顿的非英语民族的读者最少。莎士比亚是英语风格的,可人们也一样可以称他为德语风格的,但是米尔顿只能是英语风格的。索福克勒斯和米尔顿是两位罕有其匹的风格作家。他们的作品总是有鲜明的艺术风格,总能表现出一种字词、语句和音乐的抑扬顿挫的美感。和他们比起来,埃斯库罗斯和莎士比亚都可说是舛讹多出,在后者的作品中,有极为精妙的语言,也有许多拙劣的词句。米尔顿的诗歌在语言特征上是典型的英语风格的,他的诗歌辉煌绮丽、词工句整、语出惊人,但有的时候却变得平静、简单、明晰、直率,完全像是一位古典作家,一个不能流畅地阅读古希腊文的人如果想要了解索福克勒斯的那种毫无瑕疵的语言风格,最好的办法就是去读米尔顿:

　　　　美丽的萨勃列娜,
　　　　请在你坐在那里静静地聆听
　　　　在那波光如镜、清凉明澈的水面下……
　　　　灰蒙蒙的檀香树迎来宁静的早晨……

这就是索福克勒斯的写作风格。

下面这首诗在本质和风格上都完全是索福克勒斯风格的：

> 好了,好了;不要再哀悼哭泣,
> 也不要再说什么道理。参孙已经死去
> 他无愧于自己的名字
> 一个英雄就这样悲壮地结束了自己的生命……
> 不必流泪,不必哭泣,
> 也不必捶胸顿足,不要脆弱,
> 不要轻视,不要看不起,
> 不要非难、责怪;只有公平、合理,
> 还有高贵的死带给我们平静的东西。

这完全可以说是索福克勒斯的文笔。

米尔顿不是戏剧家。他最大的兴趣是思想,不是故事情节。索福克勒斯则很自然地转向了戏剧。他是伯里克利时代的雅典人,戏剧是当时最重要的艺术形式,但是值得怀疑的是如果纯粹出于个人意愿,他是否仍会选择戏剧。他在诗歌上的成就无疑比他在戏剧上的成就要大得多。在戏剧的能力上他比不上埃斯库罗斯。但是另一方面,单从和剧本创作颇为不同的戏剧演出效果上来说,他却要更出色一些,也就是说,他具有更高超的希腊式的技巧与才能:在他所涉猎的所有领域,他都展现出了精湛的技艺。如果他写一部戏的话,那么无论从任何戏剧技巧要求的角度来看,他都会做得非常出色。我们可以想象年轻的索福克勒斯去观看埃斯库罗斯的《奠酒人》的时候,他会注意到每一个粗糙的细节和许多被忽视的高潮:他们不应该去谈论奥瑞斯忒斯的那缕头发;厄勒克特拉推测她弟弟来了,只是因为她看到那些脚印像她自己的,这实在是太傻了;她认出他的那一幕不应该那么简简单单地就放过去了,因为这一幕有可能写出非常有戏剧效果的东西来。于是他自己就开始来写非常细致的戏剧,这就是《厄勒克特拉》。这部剧很短,但没有浪费一个字;厄勒克特拉的性格在和她妹妹的对比之中清晰地展现了出来;那些精炼、有力的对话中的每一个字对说话者和观众来说都语带双关,都有非常震撼的效果;那缕头发被虚化到了背景之中。相认那一场戏产生了它能产生的所有效果;最后结局一段也非常震颤人心。儿子前来替父报仇,杀死了谋杀他父亲的母亲和她的情人。他谎称他是前来报告他自己的死讯的使者,并借此机会接近并杀死了他的母亲,他的姐姐坐在宫殿的门口。这时她母亲的情人向她走过来,兴冲冲地告诉她说他们害怕的那个人已经死了:

埃癸斯托斯:报告奥瑞斯忒斯的死讯的那些陌生人现在在哪儿?
厄勒克特拉:在里面。他们找了打动女主人的心的方式。
埃癸斯托斯:我可否亲眼看看死尸?
厄勒克特拉:完全可以。
(官殿的门打开了。里面放着用尸布裹起来克吕泰涅斯特拉的尸体。奥瑞斯忒斯站在尸体的旁边。)
埃癸斯托斯:我是他的亲属,请揭开盖在他脸上的布,好让我祭奠他一下。
奥瑞斯忒斯:你自己去揭开吧。
埃癸斯托斯:好吧——但是你,厄勒克特拉,如果克吕泰涅斯特拉就在附近,你去叫她到这儿来。
奥瑞斯忒斯:她就在这儿。不用往远处找。
(埃癸斯托斯揭开了盖在尸体脸上的布。)

埃癸斯托斯：我看到了什么——

奥瑞斯忒斯：为什么这么害怕？这张脸你难道不熟悉吗？

揭开盖在尸体脸上的那块布的那一幕有非常强烈的戏剧效果，是该剧的高潮。但是索福克勒斯这部戏围绕的是弑母这一情景，那是任何戏剧效果都不能超越的。他没有在这一行动上面多费笔墨。当儿子杀死母亲之后走出来，他自己和他的姐姐都认为他干得很利落，然后戏剧马上就转到了真正的高潮，也就是杀死埃癸斯托斯的那一场戏。索福克勒斯故意避免表现弑母的那场戏的令人恐惧的场面。他代之以对谋杀者的正义的惩罚，埃癸斯托斯的死不会引起观众的怜悯和恐惧。他曾经说过"对人来说过于伟大的思想"不是人应该说出来的。他具备天才艺术家的那种坚定的直觉：他从来没有尝试去做那种过于艰巨的工作来展现尽善尽美。他没有创作真正完美的戏剧所需的那种激昂的情绪。他在诗歌表现方面有极高的天赋、极高的智力水平，以及举世无俦的完美技艺，但是他没有达到埃斯库罗斯和莎士比亚达到的那种高度。

俄狄浦斯与斯芬克斯

第十四章
欧里庇得斯 现代的思想者

欧里庇得斯是所有诗人中最悲伤的,
而正是因为这个原因他不是最具有悲剧性的。
他拥有那种神奇的力量,
可以通过向我们展现痛苦,
把我们提升到真正的悲剧高度。

伟大的评论家亚里士多德说过,欧里庇得斯"尽管有很多缺点,但他仍旧是所有诗人中最具有悲剧性的"。他对欧里庇得斯的这个盖棺之论直到最近才有人提出异议。亚里士多德的这个论断使后世的人对他形成了这样的态度:这位伟大的批评家错了;他错将悲伤和悲剧混为一谈了。欧里庇得斯是所有诗人中最悲伤的,而正是因为这个原因他不是最具有悲剧性的。但毫无疑问,他仍旧是一位伟大的悲剧家,是世界上四位最伟大的悲剧家之一,他拥有那种神奇的力量,可以通过向我们展现痛苦,把我们提升到真正悲剧的高度。

　　欧里庇得斯当然能够达到"激昂的高度",但他最了解的还是黑暗深重的痛苦。他是"为世间的悲苦而创作诗歌的人",他比任何作家都深切地感觉到人类生活的可悲,就像孩子们无助地忍受他们不了解,也永远无法了解的苦难。没有任何一个诗人的耳朵像他那样敏锐地聆听到人性宁静而哀伤的乐章,那种在他之前的长时间里人们从未注意到的旋律。此外,他还注意到人们甚至更少注意到的个人价值。他是古典世界中唯一有这样的感觉的人。这是一个很有趣的现象。他在两千三百多年前写下的作品中的两个主题,也就是对苦难的同情和个人价值的信念,竟然让人们觉得是当今这个世界中的两个主旋律。一个古代世界的诗人说的竟然是我们要说的话。

有种思想永远都是现代的思想。不管相隔的时间多么漫长,有这种思想的人都承此一脉。在本世纪之初,当墨雷教授翻译的欧里庇得斯开始广为流传之后,欧里庇得斯最使人感到惊讶的是他的现代特征:他说的正是1900年的人们说的话。现在,新的一代人对二十世纪的文坛新星,如乔治·梅瑞狄斯、亨利·詹姆斯,或维多利亚时期以后的其他人都不太在意,但他们读到欧里庇得斯的时候,都会感到他们之间是相通的。公元前400年时的年轻人也有这样的感觉,在未来的许多个世纪里人们也仍旧会有这样的感觉。所有走在时代的前列的人总是会发现欧里庇得斯表达了他们自己的精神。他是一代又一代的现代思想者的代言人。

这种精神体系从来都存在,而且永远也不会改变,它从本质上说就是一种毁灭的精神,它是批判性的而不是创造性的。柏拉图说:"如果生活中没有批判,那么这种生活就毫无价值。"每一代人中的现代思想者都是那些使我们避免陷入一个僵化的世界、那些使我们不能沿着我们的祖先的路一成不变地走下去的批评家们。所有的成规旧例对他们来说永远是错误的。但批判跟批判是不一样的。犬儒式的批评和现代思想者的精神不是一回事。那把自己亲手创造的一切和他苦心经营的一切看作不过是空幻虚无、徒耗精力的东西的智慧之王,也不是现代的思想者。读《圣经·传道书》的时候我们会感觉到:"人们向来就作如此想,并将永世作如此想";但它从来没有让人觉得:"这个,就是这个,是现代的。它是这个时代的全新乐章。"伟大的智者、批评家伏尔泰也是如此,他挥动他的如椽巨笔扫荡了他那个时代的所有令人不快的东西,直到这些东西的根基被扫荡净尽。但他也不是一个现代思想者。"我不知道什么是不朽,但不朽是一件令人不愉快的东西。"他这句话最恰当地说明了他的思想态度,但这种态度属于另外一个思想体系。他的态度是批判的态度,他的矛头指向人间的事物,但是却不包括"人类世世代代赖以生存的人的心灵",而现代思想者是绝离不开对心灵的关注的。

　　最重要的是,他们关心人类生活和人类的事情,从来也不曾对此弃而不顾。他们为人类忍受痛苦,他们专注思考的也是关于痛苦的问题。他们最为敏感的话题是"这个世界上无边的痛苦"。他们看到的周围无谓的苦难,以及预期仍会发生的无谓的苦难对他们来说是绝对不可忍受的。这个世界对他们来说是由一个一个的个人组成的,每个人都有无穷的忍受痛苦的能力,面对如此深重的痛苦,他们心中的强烈的怜悯之情使他们无法接受也完全没有能力接受那种让他们对这些痛苦无动于衷的哲学。他们首先看到这个世界上的最可悲的事情就是不公正,由此激发起了心中强烈的反抗情绪。他们不会接受常规旧例,因为那经常是非正义的幌子;他们在追求正义的道路上,不惜一切地撕下所有可憎恨的事物的面纱:他们对一切冠冕堂皇和让人心安理得的事情都提出疑问。他们不是那些"关心生活中所有的方方面面"的人;他们不去考虑他们所生活的那个时代中的美好的事物;他们的眼睛只盯着那些丑恶的事物。但是他们却从来不会感到绝望。他们是反抗者、是斗士。他们从来不接受失败。他们能够深刻地洞察所有的丑恶和苦难,而且觉得它们是绝对无法忍受的,但他们从来不认为人类的思想遭到了失败,也正是因为这一点,他们才产生了巨大的影响。

　　这种批判的、颠覆的、毁灭的精神很少会在诗人的身上表现出来。世俗的文学作品中的现代思想者大体上可以忽略不计。事物的本质决定了它必然如此。天才们要去创造,而不是去毁灭。只有很少的人能兼此二者而有之。欧里庇得斯出生前三百年曾经有过这样一位天才人物,他完全是一个现代的思想者,在他之前从来没有人像他那样深切地感到人类生活的可悲,人类的不公正是多么罪恶,他明亮的眼睛也能够穿过美丽的外表看到事物的本质——他就是以色列人的先知以赛亚。他的嘴上被人放上烧红的火炭,而他却用有史以来最为典雅而有力的话语,替那些遭受痛苦的人们向那些为非作歹的人提出了最有力的控诉。

以赛亚和欧里庇得斯是文学领域中现代思想者的杰出代表。以赛亚的字字句句都对人类的罪恶行为提出了控诉:"我们寻求公正,却四处无法寻见;我们寻求拯救,但它却离我们如此遥远。……正义在遥远的地方:因为真理跌落在街上,正义也无法进来。是的,真理跌落了。……每个人都在寻求报偿;他们都不去管那些失去父亲的孩子,也不去管那些失去丈夫的妻子,他们收取报偿,为邪恶的人开脱罪责,却使穷人受尽了煎熬,……他们把恶称为善,把善称为恶。……如果人们走进旷野,他们会看见天上的光暗淡了,他们看到的是痛苦、黑暗、阴沉和苦闷。"

他的愤怒的火焰伴随着深深的怜悯:"上帝使我来安抚心碎的人们……如同母亲抚慰自己的子女,我也要抚慰你们……一个妇人能否忘掉自己哺育大的孩子,对从己而出的子女没有怜爱之心?她们也许会忘记自己的儿女,但我不会忘记你们……我就是上帝,抚慰你们的神,我要使盲人重见光明,使监中的囚犯得以出狱,把坐在黑暗之中的人放出牢房……啊,你们受煎熬的人,被暴风雨袭击的人……我因为一点恼怒,藏起身形,但以我永远的仁慈,我将怜悯你们。"

我们在欧里庇得斯的作品中找不到这样的段落,甚至也找不到与此类似的段落;他写作的方法与以赛亚截然不同。欧里庇得斯对罪恶的控诉不是通过某些段落,而是通过他的戏剧整体表现出来的。

他的青壮年时期正值雅典和斯巴达之间连年的战争。他自己的城邦在战争初期获得了胜利，但是雅典迅速扩张的力量没有迷惑他的眼睛。他注视着战争的发展，从光荣的假象看到它背后隐藏着的罪恶，他写下了《特洛伊妇女》——一群被俘的特洛伊妇女在等待着胜利者们将他们送入奴隶生活的深渊，《特洛伊妇女》是他眼中的战争。特洛伊城的陷落是以战争为题材的诗歌的最辉煌的主题，在他的剧中却是这样的结尾：一个肝肠寸断的老妇人坐在地上，怀里抱着一个死去的孩子。

我们同样也无法摘引他戏剧中的段落来说明他对那些遭受不幸的人们的温柔情感和他对人生命价值的重视。他把一个无知的农夫和一位公主放在一起，并向人们展示了他至少和她一样高贵。即使理想主义者柏拉图也不会这样做。甚至那些奴隶们，他们在古代社会的价值观念中根本就不是人，而只是一些活动的财产，但他们在欧里庇得斯的戏剧中也获得了同样的待遇——他们也是一个一个的人。欧里庇得斯有另一套标准："无所畏惧的人不可能是奴隶。"老年人，甚至老年妇女还有年老的奴隶在他生活的那个年代完全不被人重视，而欧里庇得斯对他们也有着深切的理解和同情。赫卡柏和李尔王仍旧是所有描写孤苦的老年人的文学作品中最动人的形象。

这种同情精神使他对人类心灵的深处的了解比他的两位先行者要深得多。除了他自己，无论是埃斯库罗斯还是索福克勒斯，都不能描绘出像《特洛伊妇女》结尾表现出来的那种无比痛苦却又富有人性的场景。大获全胜的希腊人派传令官来告诉安德洛玛刻，她的儿子将要被人从特洛伊的城墙上扔下去。她对她的孩子说：

我最心疼的乖乖，最宝贵的孩儿，你得离开这可怜的母亲，死在敌人手里。……儿呀，你在哭吗？……赫克托尔再也不会从地下起来,举着那闻名的戈矛来保护你。……啊,你曾经是我怀中的小宝贝,母亲最疼爱的婴儿,你的肌肤曾放出一阵阵的乳香,只可惜我白白地包裹你,白白地哺养你,白受苦,白费力。这时期,快拥抱我,拥抱你的母亲,用你的手搂住我的脖子,同我亲吻,这是最后一次了。……快把他领去,把他带走,你们想摔就摔死他!还可以把他的肉弄来吃了!神明这样害了我,我没有力量使这孩子免于死亡。①

当那个小男孩被摔死之后,她的母亲被送上了一条开往希腊的船,孩子的尸体被人送到了她祖母那里,这位老妇人怀抱着死去的孩子,对他说:

可怜的孩子,你先人的城墙,阿波罗建筑的城墙,竟自就这样凄惨地磨去了你的头发,这美丽的卷发,你母亲时常摸它,时常吻它!鲜红的血从这破骨间射了出来;这惨象我真不该形容。
这双小手……这可爱的嘴唇呀,你先前说过多少夸口的话,如今却只是紧闭着;你曾跳到我床前这样哄过我:"啊,祖母,我要为你割一大把头发,引一大群朋友到你的坟前,告一声亲热的永别!"但如今不是你为我送终,而是我这没有了城邦,没有了儿女的老年人来埋葬你小孩,你这可怜的尸首。②

这里没有任何一个被作者提升到常人无法接近的高度的那种神

---

① 欧里庇得斯:《特洛亚妇女》,《欧里庇得斯悲剧五种》,罗念生译,第207页,上海人民出版社,2016。
② 欧里庇得斯:《特洛亚妇女》,《欧里庇得斯悲剧五种》,罗念生译,第218页,上海人民出版社,2016。

情冷峻、态度严肃的人物形象。欧里庇得斯关心的是人类的心灵,传说中神秘的特洛伊公主和王后在他的笔下变成了饱受苦难的女人,她们的感受是其他任何地方的女人都会感受到的,她们唯一超出众人的就是她们忍受着最深重的苦难。他对人类的本性有着深深的了解,他这些生动的笔触把他剧中的人物紧紧地拉到了我们面前:母亲最后一次把她的脸埋进孩子散发着乳香的颈项之间;那个老妇人想起一天早晨,那个小男孩爬上她的床,告诉她当她死去的时候,他会率领他的将士庄重地为她送葬。这里没有悲剧高潮,可这是有史以来人们描绘出的最令人悲伤的场景。没有任何其他描写痛苦的文学作品能够望其项背。

现代思想者的思想性的另一面,那种永远在审视、永远在质疑的精神,也同样难以援引例证。在《以赛亚书》中这种精神在每一声控诉中都表现了出来,即使最浮皮潦草地读一下也会发现这一点。这种精神还时而在他尖锐的判断中表现出来。他敏锐、怀疑的目光看到的罪恶即使在两千六百年后的今天仍旧不是非常容易能看清楚的:"诅咒那些贪婪的人,一片一片掠夺土地,要把整个大地占有。"他简洁地道出了富人广霸土地的罪恶,这也是英国现在的土地问题的症结所在。欧里庇得斯在《美狄亚》一剧中关于妇女的段落不久以前还多为支持妇女享有选举权的人士所援引,那同样也是一篇颇具远见卓识的评论:

> 他们男人反说我们安处在家中,
> 全然没有生命危险;他们却要拿着长矛上阵:
> 这说法真是荒谬。我宁可提着盾牌打三次仗,

也不愿生一次孩子。①

实际上欧里庇得斯的批判精神比其他任何诗人都要鲜明。在他生活的时代,批判精神在雅典的思想领域的地位越来越重要。这座辉煌的城邦有着快速的生活节奏,欧里庇得斯和埃斯库罗斯之间相隔还不到半个世纪,但在这段时间内发生的变化却着实令人震惊。在索福克勒斯的身上却找不到这种巨大的变化的影子。虽然他比欧里庇得斯去世的时间还要晚一两年,他却属于较早的那个时代。或者说索福克勒斯游离于他生活的那个时代的精神之外,无论他生活在哪个时代都会如此。索福克勒斯是个彻头彻尾的艺术家,他把除了自己之外的所有人都只看成艺术的对象,而且,他如生活所是的那般接受生活。面对生活的现实而慷慨激昂地大发议论,这在他看来是孩子气的举动。"把怒气降到我们老年人头上,这是神明的乐趣",这是无辜却瞽目蒙羞的俄狄浦斯在走向死亡时最后说的话。没有人能够回答的问题,索福克勒斯不去问。

和索福克勒斯对面而立的是埃斯库罗斯和欧里庇得斯,他们两个人有很大的不同,但却有着紧密的联系。埃斯库罗斯的时代萌发的怀疑的精神使埃斯库罗斯也产生疑问和惊奇。他从来不会因为他发现某件事情原本就如此就对它不再多加考虑。他同样也用他明察秋毫的眼睛来观察战争,索福克勒斯平静地接受的"奥林匹斯山上暗淡下去的神明体系",这是埃斯库罗斯完全无法接受的。他并不是一个彻头彻尾的现代的思想者。在任何条件下、在任何时代中,他也不会认为人类在总体上是可悲的。实际上,他最主要的情感不是怜悯。

---

① 欧里庇得斯:《美狄亚》,《欧里庇得斯悲剧五种》,罗念生译,第97页,上海人民出版社,2016。

他有那种斗士的性格,总是面向未来,从不眷恋过去。但比这更为重要的是,我们可以从他的作品中看出,他坚信人类能够创造辉煌,所以应该直面巨大的灾难。同索福克勒斯一样,在他的作品中也没有那种面对生活的现实而慷慨激昂的抗议,但这却是完全出于不同的原因:英雄的死唤起的不是怜悯和愤怒。

虽然在这一点和埃斯库罗斯截然不同,但欧里庇得斯却是埃斯库罗斯精神的继承者;他直接继承了埃斯库罗斯,他越过了索福克勒斯,好像后者根本就没有存在过。埃斯库罗斯对当时的宗教不屑一顾,欧里庇得斯则对之展开了猛烈的攻击。他一次又一次展示了通常人们心目中神的淫邪、善妒,以及神邪恶的动机,他们比受他们降下的苦难折磨的人类还要卑下,而且他对这些神都毫无敬意:

> 不要说天上没有通奸的男女,
> 我在很久以前就知道并非如此。
> 神如果是神的话就应完美无缺。
> 所有的这一切都是可恶的鬼话。

他最后说:"如果神明作恶,那么他们就不是神明。"他借此摒弃了神,也摒弃了后世人所说的人按自身的形象创造了神的说法,这种说法在这个世界上流行了很多个世纪,直到今天还仍然很有市场。伟大的思想家竟然能够如此超越他的时代。在他看来,世上没有任何确定无疑的东西:

> 因为谁知道我们称为死的不是生,
> 我们说的生不是死——谁能知道?
> 除此之外,我们生活在太阳底下的人

都有病痛，都有苦难
而所有那些死去的先人
才既无病痛，也无邪恶缠身。

　　阿里斯托芬在《蛙》中对他的评价归纳起来是：他教给雅典人"去思考、观察、理解、怀疑、质问每一件事物"。

　　相传欧里庇得斯是个郁郁寡欢的人。他离开了这个喧嚣的世界，在他的书斋里过着离群索居的生活；古书上有人描述他"阴郁、面无笑容、不喜与人为伍"。他们说他是个厌恶与别人交往的人，与人比起来，他更喜欢与书打交道。没有比这种说法更不真实的了。他之所以息交绝游，是因为他太关心人类了。他不能忍受他心中那种强烈的悲天悯人的感情带来的压力。他生活的时代是一个令人悲哀的时代。雅典最后的失败已不可避免，雅典人开始变得恐惧、凶狠、残忍。而欧里庇得斯必须要肩负两副重担，一是一个伟大的诗人的那种敏感，还有就是一个现代的思想者所有的那种揪心的怜悯之情。一个这样的人怎么会允许自己和他的城邦中逐渐为人容忍和赞美的那些东西发生关系？为了帮助他的城邦，他只有一件事情可做：他只能靠他这种写作方式来向人们昭示他们的凶狠和残忍的罪恶，以及柔弱、邪恶的人们忍受苦难的可怜之处，借此唤醒人们记起他们现在正设法去抛弃的那种恻隐之心。

　　欧里庇得斯在他的有生之年不很受人欢迎，可在他死后不久，却获得了大多数人的赏识，乍看起来，这颇为费解，可等我们了解了这两点，这个问题就不难解释了。他只有五部剧作获得了最高奖赏，而索福克勒斯则足足有二十部。阿里斯托芬对埃斯库罗斯称赞有加，对索福克勒斯则给予了最高的赞誉，但他对欧里庇得斯却极尽贬抑。现代的思想者从来不会受到他所处的那个时代的广泛赞赏。人们不喜欢被人逼着去思考,尤其不喜欢被人逼着去思考那些最基本的问题。索福克勒斯用诗歌的笔触描写了古代诸神的辉煌的形象,观众们在看完了他的戏之后回到家里,心里会坚信过去的东西都是正确的。但是欧里庇得斯却是一个大异教徒,他会严重地搅乱人的内心,他从不愿意让人轻松地满足于他们自己最喜欢的信念和偏见。奖赏不是为他这样的人准备的。虽然如此,在他死后不久,人们对他的评判转而一变,那些关于他如何受人喜爱的引人入胜的故事也得以流传了下来。

  每一个时代中的教条性信念都会被时间的洪流涤荡干净。绝对真理的陈述会变得越来越单薄、陈旧,最终被人们抛弃。一个时代的异端邪说会成为另一个时代的正统信念。纯粹理性的批评者得出的结论不会长久不变。欧里庇得斯对宗教的上层结构的批判很快就为人们所忘记了;人们还记得他,还去读他的原因,是他对那些在一个充满痛苦的世界中忍受苦难的人们的深切理解,他勇于疑古灭旧的那种无畏的精神,还有他追求有可能是善的新生事物的那种执著的精神。而后世一代又一代的人们都把他和屈指可数的几位最伟大的艺术家们相提并论,他们同样都:

> 感受到世上的深重的痛苦,
> 尤其是他们如同可怜的人类的奴仆,
> 一心一意为人类造福。

第十五章
希腊人的宗教

希腊宗教完美地表现出一种叔本华称之为
"将人向上提升的巨大力量"。
希腊没有占主导地位的教会和信条,
但是有一种只要一个人看到了就想追求的占主导地位的理想。

希腊人在宗教方面作出的贡献大体上不为人们所重视。我们通常会说,希腊人在这个领域取得的成就不太重要,没有真正意义,甚至无足轻重,或是微不足道。人们之所以这么认为,是因为把希腊宗教和希腊神话混淆在了一起。希腊人的神当然就是荷马描写的奥林匹斯山上的众神,但他在《伊利亚特》中描写的奥林匹斯山上那些觥筹交错、歌笑喧阗的聚会却不是宗教性的聚会。奥林匹亚诸神的品行颇为不端,他们的道德也并非没有问题。他们互相欺骗;他们和凡人打交道的时候狡诈多变;他们有的时候像叛逆者,有的时候有像淘气的孩子,只有天父宙斯的威吓才能使他们守点规矩。在荷马的笔下,他们的故事都很有趣,但谈不上有任何教化作用。

如果荷马的著作真的是希腊人的圣经,他叙述的那些故事也被希腊人当作精神领域的真理所接受,那么我们只能得出这样的结论——在宗教这个异常重要的领域,希腊人是天真的,不是说孩子气的,而且他们对道德的行为处之漠然。因为很长时间以来,荷马是人们最熟悉的希腊作家,这种看法确实也是最为普遍的看法,虽然以希腊人取得的成就来看，这种看法显得很荒唐。但无论怎么说，这种看法都是完全错误的。在人类的精神历史中，希腊宗教完美地表现出一种叔本华称之为"将人向上提升的巨大力量"。希腊宗教标志着宗教发展过程中一个伟大的发展阶段，从野蛮的、不可理喻的、可怕的宗教仪式走向另一个世界，尽管那个世界仍然遥远模糊让人看不清楚；在那个世界中，人们不会为了达到某个目的而牺牲任何个人，但是每一个人都愿意怀着爱的精神与代表着爱的神一起为了其他人的利益而牺牲自己。

不可能只用一章的篇幅就把希腊宗教讲清楚，但我们也许能够大致说明希腊宗教与众不同的地方。希腊的宗教不是由祭司、先知，或是圣人或任何其他离普通的现实生活很遥远、具有特别的神性的人创造发展起来的；而是由诗人、艺术家和哲学家发展起来的，所有这些人都本能地相信思想和想象是自由的，而且他们都是经营世事的希腊人。希腊人没有权威性的宗教经典，没有教规，没有十诫，没有教条。他们也根本不知道正统教义是什么东西。他们也没有神学家来为"永恒"和"无限"下一个神圣不可侵犯的定义。他们从来没有试图去定义这些概念；他们总是表达或暗示它。圣保罗说过，不可见的东西必须借可见的东西来获得人们的理解，他说这话的时候完全像一个希腊人。这就是所有伟大艺术的基础，希腊伟大的艺术家们也总是努力用有形来表达无形。是他们，而不是神学家们，为希腊的宗教作出了定义。菲狄亚斯在奥林匹亚为宙斯雕塑的雕像就是他为宙斯下的定义，这是自古以来人类创造的最伟大的美的形象。据约翰·克利索斯托记载，菲狄亚斯说纯粹的思想和精神是无法描绘的，但是那位艺术家能够在人的身体内找到某种来盛放思想和精神的容器。所以他雕塑了他的神像，观众在看到这个神像的时候就会放下自我转而去思考神圣的东西。约翰·克利索斯托说："我认为，如果一个人心情沉重,如果他经常要忍受灾难和痛苦,那么他应该站到这个神像面前,然后就会忘记他生活中的所有的艰难痛苦。啊,菲狄亚斯,你的作品是:

> 解除痛苦的灵丹妙药,
> 使人们忘记所有的烦恼。

罗马人昆体良说:"菲狄亚斯的宙斯神像增进了我们对宗教的理解。"

这就是希腊人创造宗教的方法之一。另一种方法是靠诗人的创造,比如说,埃斯库罗斯运用他的力量来暗示明确的表述下面隐藏的东西:

> 神的路径
> 幽曲难寻。
> 然而它却在不幸的人生的
> 幽暗中闪现出来。
> 他轻松、平静地
> 实现他的意志。

试图去描绘神的话语会阻断思想的视野,但是这样的词句却开辟了新的景象。心灵的窗口一时更加敞亮。

苏格拉底的方法也是如此。对他来说,最重要的事情是寻求真理,也就是所有存在的事物的真实状况,从另一个方面来看,也就是神。他毕生都致力于寻求真理,但他从来没有把他看到的东西用明白、确切的语言表达出来。"去寻找父和造物主是很困难的,"他说,

"即使找到了也很难将其表述出来。"

希腊宗教的方式和其他宗教方式必然是不同的,因为其他的宗教并不是建立在每个人都像诗人或艺术家那样自己去寻求真理的基础上,而是每个人都必须遵从一个绝对权威。希腊没有占主导地位的教会和信条,但是有一种只要一个人看到了就想追求的占主导地位的理想。每个人看到的理想都是不一样的。一个艺术家的理想是一个样子,而一个勇士的理想是另外一个样子。"卓越"这个词是我们的语言中和希腊人所用的词最相近的词,但是原词的含义要更丰富一些。原词的意思是最高程度的完美,是一个人能够达到的最高的境界,而一旦了解了这个境界,它总是具有高度的权威性。一个人必须努力争取达到这种境界。当我们看到了最高的境界之后我们必然会喜欢它。苏格拉底说:"没有任何人愿意自己的善的东西被人剥夺。"任何人想要达到这种境界,就必须要付出全部的努力。西莫尼得斯说:

> 没有人曾经亲眼看到过"卓越"是什么样,
> 除非付出了全部努力,心血耗尽
> 到了人生的鼎盛时期,它才会显现。

赫西奥德早就说过同样的话:

> 神明规定人们在到达"卓越"的门之前必定要流尽血汗。
> 到那里的路途遥远,初时的道路也很艰险。
> 但只要到达了这个高度,便可从心所欲,
> 虽然到达这个高度要费尽艰辛,努力登攀。

亚里士多德这样总结了这种寻求和努力："人类须竭尽心力方能获得卓越。"这条漫长、险峻、艰难的道路正是希腊宗教所选择的道路。

即使从现存最早的史料来看,希腊人也已达到了相当高的境界。对我们来说,希腊所有的一切都是从荷马开始的,在《伊利亚特》和《奥德赛》中,希腊人不仅远远地超越了原始崇拜的野蛮性,甚至也超越了他们周围充满恐惧的世界中那种可怕的、使人蒙受耻辱的各种仪式。在荷马的作品中,魔法被完全抛弃了。在《伊利亚特》和《奥德赛》我们甚至根本找不到描写魔法的段落。我们很难理解这在精神方面——同样,也是在思想方面——是多么大的进步。在希腊之前,所有的宗教都是信仰魔法的。魔法有非常大的重要性。那是人类用来抵抗强加在他们身上的所有可怕力量的唯一武器。无数的恶魔都想把各种各样的邪恶强加给人类。他们无处不在。迦勒底有一处碑文这样写着:

　　它们静静地等待着。它们缠绕在木筏的周围。它们从一家流窜到另一家,门挡不住它们。它们将新娘从新郎的怀抱中夺走;它们把孩子从他们父亲的膝边掳去。

生活真是可怕,而人们还能活下去,只因为魔法的力量能够平息或者减弱邪恶的力量。魔法经常是可怕的、毫无情理可言的。人的头脑在这件事情中完全不起任何作用。它被恐惧所奴役。一个充满魔法的宇宙是如此令人感到恐惧,因为它是那么的不合乎理性,因此也是完全不可预料的。原因和结果在任何时候都没有可靠的联系。如果我们生活在这样的气氛中,我们马上就会看到这种恐惧对人的智力活动和人的性格造成的影响。在所有的情绪中,恐惧是最残酷的。

在这个充满恐惧的世界中,奇异的事情发生了。在一个很小的国家里,这种恐惧被驱逐了。说不清在多少年里,这种恐惧主宰了人类,阻碍了人类的发展。希腊人将它驱散了。他们把一个充满恐惧的世界变成了一个充满美的世界。我们完全无从知道这个覆地翻天的变化是什么时候又是怎样发生的。我们只知道在荷马的作品中,人们是自由的、是无所畏惧的。没有任何可怕的力量使人们必须要充满恐惧地向它寻求救赎。和人非常相似的神居住在美好的天堂中。那些认为只有非人的形象才神圣的艺术家把鸟兽和人组合起来的那些奇形怪状、形容可怖、毫不真实的形象,在希腊根本找不到。整个宇宙都变得有理性了。早期的一位希腊哲学家写道:"所有的事物都是混乱的,直到理性来把它们整理清楚。"这样的理性是希腊式的,我们知道的理性的首倡者就是荷马。在《伊利亚特》和《奥德赛》中,人类已经从那些统治着人类的神秘力量下解放出来了。

荷马的宇宙是非常理性的、有条不紊的,也是充满光明的。当夜晚来临的时候,诸神也都去安寝。不论是在天上,还是在地下,都没有任何神秘的行为是见不得太阳的。如果人们对黑暗力量的崇拜仍然在继续——的确有些现象能够证明事实确实如此——至少也没有任何文学作品再去描写关于这方面的东西。荷马对这些东西不屑一顾,在他之后的作家也没有再去注意它。至于描写伊芙琴尼亚被用来献祭的故事,则显然是描写过去的残酷的宗教仪式,代表的是罪恶行为。

一位古代的作者曾经说过,荷马总是对他描写的任何事物进行美化和赞颂。他的著作不是希腊人的圣经;他是希腊人的代表和发言人;是希腊人的典范。希腊人的天才标志在他的两部史诗中比比皆是,这表现在他抛弃了那些丑恶的、可怖的、毫无道理的东西;表现在他坚信神和人是相似的，人也可以像神；也表现在面对任何敌手的时候，不管他是凡人还是神灵，甚至是命运本身，英雄们在充满理性和明达的气氛中的那种英勇无畏的精神。希腊理性本质的最完美体现，就是当有人建议赫克托尔在战斗之前去观看鸟的飞翔以判断吉凶时，赫克托尔说："听从那长翅的飞鸟的预言吧，不管它是飞向左还是飞向右——不；只有一个征兆是最吉利的，那就是为我们自己的城邦而战。"荷马是希腊最有影响的人，因为他本人就具有鲜明的希腊特点。柏拉图说："早年的时候我一直对荷马有一种敬仰和热爱的感情，即使到现在（他马上就要批评荷马了），我仍然有些踌躇不敢言。他是一个伟大的领袖和导师。"

希腊人再没有从荷马带领他们达到的高度上掉落下来。他们继续前进，但不是朝着他们已经抛弃的方向，他们没有放弃理性而寻求魔法，也没有放弃自由而寻求宗教教条和祭司。但是对这些燃烧着追求完美的激情的人们来说，荷马作品中的诸神却已经不能够使他们感到满足。对那些严肃地思考正义和谬误的人们，以及那些运用他们的批评力量去思考整个宇宙的人们，他们无法感到满足，他们的最终目的是要找到宗教，他们要找的不是奥林匹斯山上那些使人疑惑的诸神，而是一个解答生活真谛的办法，还有生活的目的和终极目标的信念。人们开始要求一个更高尚的、一个关心所有人的宙斯，而不是像《伊利亚特》中描写的那个只关心那些伟大的、强有力的人的宙斯。所以在《奥德赛》中的一个段落中宙斯已经变成了贫穷无助者的保护者了；不久之后，农民诗人赫西奥德从实际生活中了解了一个软弱、无助的人在面对强权者时的处境，于是他把公正和宙斯一起推上了奥林匹斯山："游鱼、走兽和空中的飞鸟互相噬食。但是宙斯给人以公正。正义之神端坐在宙斯的王位之侧。"

最神圣的神谕圣地德尔菲理解了这些隐指的对荷马的批评，并用简单易懂的话将它阐述了出来。道德标准被人们应用到了荷马所描述的天堂的各种事物中。德尔菲最伟大的发言人品达指责荷马所描写的诸神纯属无中生有。他说，描述有关神明的没有任何教育意义的故事是邪恶和违背理性的："诗人编造故事诽谤众神，这实在可憎。"这样的批评来自四面八方。荷马自己的理性精神却反过来被人用来反对他自己。真理的理念开始萌生，个人偏见必须要为它让路；到了公元前六世纪的时候，科学思想开始萌芽，一位先驱者这样写道：

> 有一位神明，超乎众神和所有凡人，
> 他并不与凡人相似，不论是他的思想还是身形。
> 他全身心地在观察、在倾听、在思考。
> 我们人按照我们自己的形象创造了神。
> 我认为，如果马、狮子，还有牛，
> 如果它们也有手的话，
> 也会照它们自己的样子创造出马神、牛神。

荷马的奥林匹亚诸神遭到了热爱理性的人们的攻击，而正是因为同样的对理性的热爱，人们曾经在一个疯狂的、为魔法所统治的世界中塑造出了这些神。这个时代不仅萌生了新的思想，也产生了新的需要。希腊需要一个心灵的宗教，荷马的那一套显然不是心灵的宗教，它不能满足心灵饥渴的人们的需要，正像德尔菲的平淡的道德说教不能满足他们一样。

这样的需要迟早会得到满足。希腊产生了一个新的神，而他在开始的一小段时间内对希腊精神产生了很异常的影响。他就是酒神狄奥尼索斯——希腊诸神中出现最晚的神。荷马的奥林匹亚诸神谱中没有狄奥尼索斯。酒神狄奥尼索斯和奥林匹亚诸神显得很格格不入，他是地上的神，不是天上的神。酒能使人兴奋起来，给人一种自由自在的愉快的感觉，使人忘却自我，最后会让人们觉得是酒神把他们从自我中解放了出来，并向他们昭示他们也一样可以变得神圣，这在荷马描述的像人一样的神和像神一样的人中，就已经隐约地表现出来了，但直到狄奥尼索斯出现之后，才获得了发展。

人们对酒神的崇拜大概是从一次大规模的宗教复兴运动开始的，极可能是对德尔菲成为宗教中心的一次反动。无论怎么说，酒神都正好和德尔菲是相对立的，德尔菲是诸神中最具有希腊特点的艺术之神阿波罗神的圣地，阿波罗神是诗人、音乐家，他总是从混乱中带来秩序与和谐，他代表着温和与严肃，在他的神庙上刻着德尔菲最著名的箴言："凡事勿过度。"新的宗教则在任何事情上都很"过度"——酗酒、疯狂的宴饮、人们发疯似的喧闹、尖叫狂舞、在狂喜中四处狂奔。在其他地方，当寻求解放的欲望产生之后，这种欲望经常会带领人们走向禁欲主义，甚至会走向极端，去摧残将灵魂引向邪恶的肉体。在希腊没有发生这种事情。对一个清楚地知道自由是建立在自我节制之上、只有在得到控制和约束的时候才成其为自由的民族来说，他们不可能做出那样的事情。希腊人永远不会离阿波罗的精神太遥远。最后，希腊人对阿波罗的崇拜和对狄奥尼索斯的崇拜不知道什么时候，也不知道怎样就融合在一起了。对这次重要的融合，我们了解的唯一的东西就是阿波罗的学生、音乐之神俄尔浦斯改革了喧闹狂饮的仪式而建立起了秩序。

一定就是在这次改革之后，狄奥尼索斯才成为了希腊最庄严的依洛西斯秘密仪式中的第二位享祭神，位列得墨忒耳之后，这个秘密仪式就是为了祭祀得墨忒耳才开始举办的。他们之间的联系是很自然的——得墨忒耳是谷物之神，狄奥尼索斯是酒神，他们都是地上的神,都对人类有益,因为他们把维持人类生命的面包和酒赐给了人类。那些秘密仪式,包括主祭得墨忒耳的依洛西斯秘密仪式和主祭狄奥尼索斯的俄耳修斯秘密仪式,是希腊以及整个罗马世界中最重要的宗教仪式。西塞罗在被引导入会的时候说:"没有任何东西比这些秘密仪式更重要了。……它们不仅仅教给我们怎样过快乐的生活,而且教给我们怎样怀着美好的希望走向死亡。"这些仪式如此重要,而我们竟然对之一无所知,这颇有些奇怪。每个新入会的人都要发誓不将这些秘密仪式公开,而它们的影响是如此之大,确实也没有一个人那样做过。我们唯一能肯定的就是这些秘密仪式在人们心中唤起了一种深深的敬畏之情,它们提供了解脱罪恶的方法,它们向人们许诺永生。有一次,普鲁塔克离家在外的时候,他的女儿不幸死去了,他为此给他的妻子写了一封信,信中写道,他知道他的小女儿不相信灵魂一旦离开了肉体之后就会消失净尽,再也不会感觉到任何东西了,"因为巴克斯的那些神秘仪式中那些可信的神谕不是这样说的。……我们坚信我们的灵魂是不朽的,而且永不堕落。……所以让我们也这样行事吧,我们在行为上要使我们的生活有秩序,而在内心里,每个人都要纯洁、智慧、永不堕落"。

普鲁塔克的作品中有些章节显然是在描写入会的仪式。"当一个人死去之后,他就像那些已经入会的人一样。我们的生命是一段没有出口的痛苦的旅行。在告别生命的一刹那,恐惧、颤栗、惊讶都来了。然后一道移动的光来迎接你,干净的草地接纳你,还有歌舞和圣灵。"普鲁塔克生活在公元一世纪的后半叶。我们没有办法判断那些精心安排的、感动人心的仪式中,有多少成分出自伯里克利时代的那些秘密仪式,但这些仪式确实有很大的吸引力,阿里斯托芬的戏剧《蛙》中就有一段讲得非常明确:

赫拉克勒斯： 然后你的耳中就会听到
　　　　　　一段音乐，眼前一片光亮
　　　　　　无比美丽——就像这样——还有一丛桃金娘，
　　　　　　一群兴高采烈的男男女女——
　　　　　　都是新入会的信徒。

乍看起来，这种包含着神秘色彩和极度感情化的五迷三道的宗教拯救活动和我们心目中的希腊人很不相称。宣传切合实际道德，而且永远都在强调适度的德尔菲和品达才真正是希腊的代表。但是单靠他们自己，他们永远也不能表达出最崇高和最深邃的希腊精神。高尚的自我节制必有须加节制的东西。阿波罗需要狄奥尼索斯，希腊人肯定意识到了这一点。柏拉图说："一个没有灵感，而且头脑中没有一丝疯狂的人来到神殿的门前，他会以为他可以在艺术的帮助下进入神殿——我敢说，他还有他的诗歌都不会被接受。"

德尔菲的风格和狄奥尼索斯的风格在公元前五世纪的戏剧中得到了完美的统一。在这些戏剧中，伟大的神话和人类的生活都通过伟大的艺术形式表现出来。诗人、演员和观众都能意识到一种深层的东西。他们是为了宗教活动聚集在一起的，他们有着同样的经历。诗人和演员不是在对观众说话；他们代表观众说话。他们的任务以及他们的才华都是要阐述和表达一种共同的情感。亚里士多德说悲剧通过怜悯和敬畏来达到净化人的目的，说的就是这个意思。当人们意识到大家都在忍受着同样的痛苦的煎熬的时候，他们就从自我中解脱出来了。在一瞬间，他们被提升到个人的悲哀和忧虑之上。他们不再是封闭的、孤独的个人，因为他们被一种使人团结的而不是使人孤立的情感所深深地打动了。柏拉图说在完美的国家中，所有的公民为同样的事情欢喜和哀伤。这种感染着每个人的深厚情感在狄奥尼索斯的戏剧中诞生了。人们不再感到孤独。

那些神秘仪式的教义是要人们寻求个人的净化和拯救。它指引将人们和神合而为一。戏剧的宗旨则将所有的人聚成了一体。在震撼灵魂的痛苦的舞台场面之前，每个人都丢开了自己心中萦绕不去的事情，而当人们为俄狄浦斯和赫卡柏椎心泣血的时候，他们内心中的忧闷已久的情感也随着倾泻出来。

但在艰苦漫长的伯罗奔尼撒战争期间，他们的理想暗淡了。当时人们心之所系的不是心灵的救赎，而是自身的安危存亡，在一个纷繁动荡、一切都不确定的世界里，趁自己还有可能的时候尽力把自己能得到的东西抓在手里；但实际上他们什么也得不到，因为神和古老的道德传统都已衰微。欧里庇德斯接替了埃斯库罗斯，兴起了对所有事物的新批评。在伯里克利时代的雅典，一位著名的教师宣称"我们不能确切地知道神是否真的存在，而生命又是如此短暂，完全不足以让我们去证实他是否存在"。国家对此警觉起来，一场清洗发生了。这场清洗的规模和中世纪及其后的类似运动比较起来几乎微不足道，然而它值得记述，因为它的最后一个受害者是苏格拉底。

宗教的形式总在不断变化，旧的形式总是被新的形式所替代。如果一种宗教不发生变化的话，那么它就会走向灭亡。在人类寻求神以及合理生活方式之基础的漫长历史进程中，这种变化几乎总是带来某种更美好的东西。新的思想在萌生之初看上去都像洪水猛兽，好像要把宗教从这个世界上完全消灭掉；但到了最后，人们就剔除了旧有的愚昧和偏见，拥有了更美好的生活。然后其他的愚昧和偏见又产生了，再以后，整个过程又不得不从头来过。希腊此时也正处在这样的一个时刻，所有支持信仰的力量似乎都渐次消亡。苏格拉底收徒授业，而他也正因此而丧生。由于连年的战争在人们心中引起的失望情绪，或者毋宁说是因为雅典精神被强硬、狭隘、气度狭小的斯巴达精神所战胜,雅典首先需要实现前世的三大悲剧家用绝妙的手法展现出来的那种古代理想。她需要重新强调卓越,这也正是苏格拉底为雅典以及后世所作出的贡献。

苏格拉底和柏拉图是分不开的。柏拉图所有的作品几乎都是苏格拉底的言行录,他像一个忠实的学生那样记下老师说过的话;不可能分清哪些话是谁说的了。他们一起创造了卓越的概念,这个概念是古典世界几百年间的生活基础,也是现代世界从来不曾忘却的概念。

苏格拉底相信真和善是最基本的存在,人们通过努力可以达到真与善的境界。只要人们看到了真和善,就必将对其孜孜以求。没有人会去追求恶,除非是因为无知。苏格拉底相信他自己的使命就是要人们看到自己的无知,并且带领他们透过生活表面的迷茫混乱和无谓奔波看到永恒的真和善,然后他们就无可避免地、无可抗拒地去寻求一种完美的、更加完美的生活。他没有任何教条,没有一套信仰要灌输到人们心中。他要让人们意识到自己不辨善恶,并进一步在人们的心中唤起对善的渴望。他相信每个人都要自己为自己亲自去寻求善。他从来没有把自己当作过谁的向导。"虽然我自己还谈不上智慧,"他说,"但一些来找我的人取得了非常大的进步,他们是为自己,而不是为我去发现——但我是神手中的工具。"

他是一个永远的探索者,他只是提出问题,从不进行灌输;但是他提出的问题动摇了人们的自信以及所有使他们感到舒服的生活常规。他的做法最初只造成迷乱,甚至是极端的压抑。亚西比德参加阿伽同的晚宴时曾对所有的宾客说:

> 我听过伯里克利和其他一些伟大的演说家的演讲,但是他们从来没有搅动过我的灵魂,没有使我因为自己如同奴隶一样

的生活而感到恼怒。但是这个人经常会让我感到我几乎无法再忍受我现在忽视自己的灵魂需要的生活。我有时候真希望他死了才好!

亚里士多德说,幸福就是心灵的活动。这句话准确地道出了苏格拉底让人感到幸福的方式。他相信,那些没有认真去思考生活、对自己没有任何了解,也不知道自己的需要和愿望的人,他们的生活毫无价值。所以他就紧紧盯住人们的心灵活动,来检验他们的生活,他坚信,如果一个人对自己的生活不满意的话,那么他们就应该去追求能令自己满意的生活。

他的生活也像他的话语那样在人们心中激起了神圣的不满足感。他感觉到自己的内心中有一个顾问,这个顾问指导他的日常事务,并使他的灵魂能够保持恒久的平静。当他因为腐蚀年轻人而被带上法庭进行生死判决的时候——苏格拉底的学生没有一个相信当时还是国教的荷马的神话——他满怀善意地调笑起诉他的人,非常有礼地拒绝承诺为换取自己的生命而不再教授学生——最后使审判他的法官很坦然地判他死刑!他对他们说:"高兴吧,而且你们应该确信,一个好人绝对不会遭到恶报,不管是在他生前,还是在他死后。我很清楚地看到我死的时刻已经到来了,而且起诉我的人不会给我带来任何伤害。但是,他们也不是为了对我有什么好处——就为这个,我要对他们稍有责备。现在就让我们各走各的路吧,你们接着活下去,而我则将去赴死。哪一种更好,只有神明才知道。"

在狱中,当狱监给他端来毒药的时候,苏格拉底对他说了祝福的话,他当时正在和朋友们谈起没有任何东西比美更确定,而善使人感到最真实的存在,他停下这个话题,说:"我现在真的应该去洗个澡,这样我死去之后就不用劳烦那些女人来清洗我的尸体了。"在场的一个人突然从高谈阔论中惊觉,他想起了苏格拉底即将受刑这一可怕的事实,于是他问道:"我们怎样埋葬你呢?""你们想怎么埋就怎么埋吧,"苏格拉底诙谐地回答说,"只是你们要抓紧我,不要让我跑掉。"然后他转身对其他众人说:"我不能让这个朋友相信那个死尸将不再是我。不要让他再谈起埋葬苏格拉底的事情,因为假话会腐蚀灵魂。亲爱的克力同,你应该说你只是埋葬了我的尸体。"

没有哪个了解苏格拉底的人会不相信"善使人感觉到最真实的存在"。他通过自身证明了希腊人从一开始就希望拥有的那种卓越的概念。耶稣诞生前四百年,这个世界从他的身上、从支持他的一言一行的信念中汲取了一种勇气,人们凭借这种勇气,透过这个混乱、黑暗、徒劳无益的生活,真的发现生活有一个善良的目的,人们能够找到这个目的并将其展现出来。苏格拉底死后五十多年,柏拉图的学生亚里士多德——也可以说是苏格拉底的学生,写下了这样的话:

> 有一种生活,远非人性的尺度可以衡量:人达到这种生活境界,靠的不是人性,而是他们心中一种神圣的力量。有人说,我们作为人要去思考人的东西,我们不应该相信他们的这种说法,而要依照我们内心中那种更高尚的东西的要求来生活,虽然这种东西熹微渺茫,但是,其力量和价值远胜其余。

第十六章
希腊人的方式

对我们来说,
一个人的个性就是为其所独有的某种东西,
使其区别于他人。
而对希腊人来说,
它是一个人所具有的所有人都部分地具备的品质;
它使一个人与其他人融为一体。

个性(character)这个词源于希腊语,但是它在希腊语中的意义和我们现在英语中的意义并不一样。对希腊人来说,这个词首先指的是压在硬币上的印记,其次指的是一个人具有的某种品质,欧里庇得斯说起这种印记的时候——个性——就像赫尔克里斯的勇气,他这个人就是硬币,勇气就是压在他身上的印记。对我们来说,一个人的个性就是为其所独有的某种东西,使其区别于他人。而对希腊人来说,它是一个人所具有的所有人都部分地具备的品质;它使一个人与其他人融为一体。我们对人们身上与其他人不同的特殊品质感兴趣。与此相反,希腊人认为一个人最重要的东西是他与所有其他人都共同具备的那些品质。

这个区别至关重要。我们思考问题的方式是去考虑每一件独立的事物本身;希腊人则总是把事情看作整体的一部分,这种思维习惯在他们做的所有事情上都留下了烙印。希腊艺术和我们的艺术之所以不同,也正是由于这个最基本的原因。最能清楚地说明这个问题的,恐怕莫过于建筑了。希腊之后最伟大的建筑应该说是中世纪的大教堂,人们在修建这些教堂的时候从来不考虑它的位置,总是随意地将其建在任何方便的地方。我们几乎总能看到一座大教堂矗立在一群矮小的房子中间,几乎同这些矮小的房子一样古旧,甚至比它们还要古旧,和周围的景物非常不协调,因此显得特别扎眼。这些教堂的建筑师们从来没有去考虑教堂的位置问题。他们只关心教堂本身。他们从来没有把教堂与周围的景物联系起来考虑。但对希腊的建筑师来说,神庙的位置是最重要的问题。他们在设计建造神庙的时候,就清楚地看到神庙在天空或大海的映衬下清晰的轮廓,然后他们要弄清建筑位置是选在平缓的山坡上,还是选在卫城外的高地上,并以此来决定它的规模。的确,它总是当地最炫目的建筑,借着设计建造它的那些天才成为整个环境中的特征建筑,但它永远只是整个环境的一部分。建筑师们从来不从神庙本身考虑,也从不为神庙本身考虑,他的心中想的不仅仅是他要建筑的神庙;他总是把神庙与其周围的山坡、大海和苍穹联系起来考虑。

把一件事物和其他的事物联系起来考虑,是一种简化问题的方法。如果只从事物本身来考虑,一幢房子是一件非常复杂的东西:设计、装饰、陈设,等等;每一间屋子都是有很多因素组成的;但是,如果把它放在一个街区或者一个城市中来看的话,那些细节就不见了。就像一座城市本身是非常复杂的,但如果把它放在一个国家的范围内来考虑的话,那它也就只剩下一些最基本的东西了。整个地球是纷繁复杂的,但如果把它和整个宇宙联系起来看的话,它也只不过是太空中一个旋转的天体而已。

因为希腊的神庙是作为整个布局的一部分来设计的,所以它的形式非常简单,可以说是世界上所有伟大建筑中最简单的,而哥特式的大教堂是完全从其自身出发来设计的,和其周围的事物没有任何关系,所以它是所有的建筑中细节最繁复的。

希腊人这种将所有事物都看作某个整体的一部分的思维习惯，使得希腊的戏剧与其建筑十分相似。希腊戏剧中的人物和其他任何时代的戏剧中的人物都不一样。希腊悲剧家在刻画人物的时候也有与其他所有戏剧作家不同的方式。就像他们对神庙一样，他们将剧中人物简化，因为他们同样把这些人物看作一个整体的一部分。就如同他们从不认为人是人类生活中的主要角色，他们戏剧中的主要角色也不是人；希腊戏剧中扮演主要角色的，永远是谜一般的世界背后的那种将我们带到世界上，而且从此主宰我们的，那种给一个人以善，却给另一个人以恶，那种使子承父过，那种用烈火、瘟疫和地震将无辜的人与罪恶的人同时毁灭的必然力。"被造物可否去问造物主，你为什么把我造成这样？难道陶工不能摆布泥土，把一个陶器做成高贵的，把另一个做成卑贱的么？"对圣保罗来说，这个问题很容易解决。对希腊的悲剧家们来说，这是永远也无法回答的一个问题，而且他们认为和这谜有关系的因素中，人是首要的也是最主要的因素。因此他们把人间的纷繁复杂放到一个"无限的背景"之中，作为一个无法衡量的整体的一部分，这样，这种纷繁复杂就简单了。当我们从一个整体来看的时候，那些偶然的、无足轻重的事物就从视野中消失了，就像在一片空旷的田野中，我们只能看见一个人身体的轮廓，或者说那就像伦勃朗画的老妇人的画像，当把这幅画像放到一个比较宽敞的空间内来看的时候，老妇人脸上的无数的皱纹就全然看不清楚了。

我们却正好相反。每一个人都占满了整幅画面。我们不觉得命运是转动、塑造了这个世界的力量。人性对我们来说是一个最大的谜；生活之谜就是一个人的自身之谜，我们所关心的冲突也就是内心中的冲突。当我们去了解一个人的生活的时候，我们不是去看外界的事物对他做了什么，而是去看他自己对自己做了些什么，问题从不在于天命，而总在于我们自己，在某个舞台上，我们自己是唯一的演员。我们和希腊人的最大的不同之处莫过于我们看待个人的方式，我们总是孤立地，只从其本身，也只为其本身来看待个人。我们的戏剧，我们所有的艺术，都正好和简单相对立，都是最微妙的个人化的作品。

但是对希腊人来说，人并非各个不同，而是大体无异。希腊的戏剧家们将他们的人物置于一个巨大的舞台上，这个舞台上表现的最主要的冲突是人和创造了人的力量之间的冲突，"生而不全，却冀求尽善"的人认为他们身上最重要的是那种主要的性格，那种强烈的情感，那种恐惧、愿望、悲哀和仇恨，那些给他们带来了永世不变的生活方式，属于一代又一代的所有人都具有的感情。把希腊悲剧中的任何人物和莎士比亚的剧中人物放在一起，我们都可以清楚地看到这种不同的观点造成的人物之间的差异。希腊悲剧中的人物非常简单、朴拙；而莎士比亚的人物则复杂而矛盾。

最好的例子就是埃斯库罗斯笔下的克吕泰涅斯特拉和莎士比亚笔下的麦克白夫人，她们是最典型的邪恶的女人。古典世界最伟大的诗人创造了克吕泰涅斯特拉的形象；而现代世界最伟大的诗人创造了麦克白夫人的形象。这两个人物形象展现了描写她们的作者看待人类世界的不同方式。

希腊悲剧中的克吕泰涅斯特拉从头到尾都令人惊心动魄。她一上场，我们就准备好倾听她对丈夫的憎恨，以及她那等他一从特洛伊回来就杀死他的决心；我们听到一个最悲惨的故事，那是在十年以前，她的小女儿被亲生父亲所杀，因为当时神要人们以一条人命作为牺牲，他们才会加快推动开往特洛伊的战船。她的开场白中有一句话暗示了她当时的想法：

> 即使胜利者安全返回家园，
> 死难者所受的痛苦——
> 那一刻也不曾忘怀的痛苦
> 也会给他们带来厄运。

这许多年来她一直没有忘掉这种痛苦——她死去的女儿所忍受的痛苦。这就是诗人允许她从观众身上得到的全部同情，然而接下来，他大胆、清晰地刻画出一个刚强倔强的女人形象：她镇定、骄傲、自信、藐视压迫；她从不怀疑她有能力独自实现自己的意愿，而不需要任何人的帮助。她确实这样做了，她杀死了自己的丈夫，从宫殿的大门走出来，向众人宣布她做下的事情：

克吕泰涅斯特拉：刚才我说了许多话来适应场合，现在说相反的话也不会使我感到羞耻；……这场决战经过我长期考虑，终于进行了，这是旧日的争吵的结果。我还是站在我杀人的地点上，我的目的已经达到了。我是这样做的——我不否认——使他无法逃避他的命运：我拿一张没有漏洞的撒网，像网鱼一样把他罩住，这原是一件致命的宝贵的长袍。我刺了他两剑；他哼了两声，手脚就软了。我趁他倒下的时候，又找补第三剑，作为献给地下的宙斯，死者的保护神的还愿礼物。这么着，他就躺在那里，断了气；他喷出一股汹涌的血，一阵血雨的黑点便落到我身上，我的畅快不亚于麦苗承受天降的甘雨，正当出穗的季节。……那时候他满不在乎，像杀死一大群多毛的羊中一头牲畜一样,把他自己的孩子,我在阵痛中生的最可爱的女儿,杀来祭献,使特剌刻吹来的暴风平静下来。

歌队长:你的舌头使我们吃惊,你说起话来真有胆量,竟当着你丈夫的尸首这样夸口!

克吕泰涅斯特拉:你们把我当一个愚蠢的女人,向我挑战,可是我鼓起勇气来告诉你们,虽然你们已经知道了——不管你们愿意称赞我还是责备我,反正是一样——这就是阿伽门农,我的丈夫,我这只右手,这公正的技师,使他成了一具尸首。事实就是如此。……这里躺着的是个侮辱妻子的人,特洛亚城下每个克律塞伊斯的情人。①

她的情人被人们的叫喊所震怒,她最后的话是对他说的,该剧②最后的几句话是这样的:

别理会这些没意义的吠声;我和你是一家之主,一切我们好好安排。③

从戏剧的开始部分看来,麦克白夫人简直就是第二个克吕泰涅

---

① 埃斯库罗斯:《阿伽门农》,《埃斯库罗斯悲剧六种》,罗念生译,第 279 - 281 页,上海人民出版社,2016,引文顺序有改动。

② 原注:也就是《阿伽门农》,该剧是悲剧三部曲的第一部,这三部曲主要讲述了阿伽门农还乡,直到奥瑞斯忒斯将其母亲杀死而离乡这一段时间内发生的事情。

③ 埃斯库罗斯:《阿伽门农》,《埃斯库罗斯悲剧六种》,罗念生译,第 287 页,上海人民出版社,2016。

斯特拉,她对自己的目标同样地坚信、同样地决绝、同样地不为任何疑虑所动摇。当麦克白犹豫不决的时候,她有足够的力量来使他坚定起来。她问他,如果不能成功将自己决定了的事情付诸实施的话,那岂不是自认怯懦?这些话简直就像是出自克吕泰涅斯特拉之口。而且她这段有力的话也像那个沾着自己丈夫的鲜血的希腊王后说的话:

> 我曾经哺乳过婴孩,知道一个母亲是怎样怜爱那吮吸她乳汁的子女;可是我会在他看着我的脸微笑的时候,从他那柔软的嫩嘴里摘下我的乳头,把他的脑袋砸碎,要是我也像你一样曾经发誓下这样毒手的话。①

邓肯死后,麦克白应该将刀丢在邓肯的卫士们身边,以证明他们有罪。他却带着刀回到麦克白夫人的身边,她告诉他把刀放回去,然后在卫士们的身上涂满鲜血,他非常害怕地拒绝了:

> 我不高兴再去了;我不敢回想刚才所干的事,更没有胆量再去看它一眼。②

她轻蔑地回答说:

> 意志动摇的人!把刀子给我。睡着的人和死了的人不过和

---

① 莎士比亚:《麦克白》,《莎士比亚全集8》(纪念版),朱生豪译,第322页,人民文学出版社,2014。
② 莎士比亚:《麦克白》,《莎士比亚全集8》(纪念版),朱生豪译,第328页,人民文学出版社,2014。

画像一样……①

这也正像克吕泰涅斯特拉说的话,也正像她做的事。麦克白夫人的形象从始至终都是一个清晰简单的轮廓,很像埃斯库罗斯笔下的人物,只有一个很小但是非常重要的区别。当麦克白去刺杀国王的时候,在焦急中等待的麦克白夫人担心他会失手,她自言自语道:

倘不是我看他(指国王邓肯)睡着的样子
活像我的父亲,我早就自己动手了。②

这句话使她清晰的轮廓变得模糊了。当国王从浴缸中起来,等着克吕泰涅斯特拉给他披上浴袍的时候,她是否也曾经有过片刻的痛苦和清晰的记忆,使她下手的时候产生了犹豫?如果她真的有过的话,埃斯库罗斯也绝不会把它写出来的。克吕泰涅斯特拉内心深处的活动不属于他所关心的范围。对他来说,克吕泰涅斯特拉的意义和重要性在于他要使所有的人都清晰地看到,一个杰出的、素朴的、伟大的、有力的生命行将毁灭,因为她的胸中燃烧着一股强烈的憎恨,她无法抑制这股憎恨之情,因为那是命运的力量。当她的亲生儿子要杀死她的时候,她面对死亡时一如她杀人时一样毫无畏惧。麦克白夫人最后成了一个可怜的疯子,总是在洗着她那双用所有阿拉伯的香水也洗不干净的双手,这是一个和希腊戏剧风格截然不同的形象。和其他人比起来,她才是她自己亲手谋划的谋杀事件的最

---

① 莎士比亚:《麦克白》,《莎士比亚全集8》(纪念版),朱生豪译,第328页,人民文学出版社,2014。
② 莎士比亚:《麦克白》,《莎士比亚全集8》(纪念版),朱生豪译,第326页,人民文学出版社,2014。

终受害者。她的悲剧在她自己的内心之中。莎士比亚想要表现的是她身上最深层的、最孤独的东西。

克吕泰涅斯特拉的悲剧表现在内心之外；她的对手是命运。就像雅典的建筑师们一样，埃斯库罗斯没有孤立地看待她；他没有把克吕泰涅斯特拉看成是一个将自己的命运掌握在自己手中的孤立的人，或者说，没有像莎士比亚看待麦克白夫人那样认为命运是在个人内心中。他看到的是一些其他的东西；他把过去当作一个背景，将她放到这个背景中来看，过去发生的可怕的事情将会给她和她的亲人带来可怕的后果：编织她生命之网的线是很多年前就已经纺好了的；虽然她自己有强大的精神力量，她的命运却在她开始行动之前就已经决定了。在她之后的几代人都是冤冤相报没有终了：她的姐姐引起了特洛伊战争；她的女儿为此付出了生命；而她自己，杀死了她的丈夫之后，又为她的儿子所杀。希腊的悲剧家说，这就是生活，每个人都在编织着这张痛苦、罪恶、灾难的大网，而决定这张大网的图案的力量会使站在它面前的每个人都感到自己的心脏停止了跳动。在这样的背景之下，任何异想天开或是前后矛盾的东西都不再显眼了。我们只能辨别出一个清晰的轮廓，简化为最主要和基本的特点，而这些特点无疑给一个人的本质打上了烙印。

欧里庇得斯所著《特洛伊妇女》中的人物赫卡柏的遭遇和李尔王颇为相似，她也是已近耄耋之年的一国之君，也同样陷入了悲苦的境地。她是特洛伊的王后；现在特洛伊已经陷落，她的丈夫和儿子都已经死去；她和她的女儿站在残垣断壁之间，等待希腊王子们抽签来决定她们的命运。赫卡柏的开场白就将自己清晰地展现在观众面前。该剧剩下的部分都是在进一步证实我们第一印象中一个年纪老迈、处境悲苦然而却毫无颓然之象的女人能够忍受的最大程度的痛苦。这部戏刚开始的时候，她从她的地铺上醒过来，说：

从地上抬起来吧,这疲倦的头!
这不再是特洛伊,看看天空,看看四周——
这不再是特洛伊,我们也已不再是主人。
这快要折断的脖颈,快挺起来!
忍受吧,莫要恼怒……
我坐在希腊国王的门口
对,坐在尘埃之中,我是谁?……
一个没有了家的女人。
为死去的亲人哭泣——
　　我们都曾是一国之君,
我也嫁给了一个一国之君。我为我的君王
生下好几个儿子……却全都,全都死了。
我再也不可能看到
他们的脸庞,他们也再无法看见他们的母亲,
而现在,我的双脚走到了命运的边缘
变成了一个女奴隶,年老体衰……

　　希腊的传令官来告诉她,她的一个女儿已经作为牺牲,祭献在阿喀琉斯的墓前;希腊的士兵把她其他的女儿也一个个带走了,她们向她哭喊道:

　　母亲,这里发生了什么事!

　　她回答说:

> 我看见神为那些卑贱的人戴上王冠,又把那些高贵的人们推倒在地上。

她的儿媳,赫克托尔的妻子安德洛玛刻最后一个离开的时候,她劝慰道:

> 我虽然没有坐过船,倒也曾在画图里见过,听人讲过,因此我知道:……如果那汹涌的海浪来得太猛,把他们淹没了,他们就投降命运,任凭波浪翻腾。我自己也是这样:我忍受了这许多苦难,嘴里却一声不响,因为神们降下的灾难的波涛已把我克服了。
>
> (向安德洛玛刻)啊,亲爱的女儿,不要再理会赫克托尔的命运,你的眼泪再也救不了他。你姑且奉承这新的主子,用你的丰姿去诱惑他……①

这就是赫卡柏的命运,虽然从始至终她自己没有犯下任何罪孽,却遭到命运无情的摆布,受尽了最深重的苦难,但她却仍能够继续忍受这种苦难;从外表上看来,她是一个可怜的老妇人,但她的内心却非常坚强,没有任何动摇;虽然她作为凡人不得不忍受深重的痛苦,她却已经超越了凡人的软弱。

我们一想到李尔王,就马上意识到他和赫卡柏之间的鲜明对比,他感情冲动的脾性和不可理喻的愚蠢使他落入了悲惨的境地,特洛伊战争以及后来发生的所有事情给赫卡柏带来的境遇也不过如此。

---

① 欧里庇得斯:《特洛亚妇女》,《欧里庇得斯悲剧五种》,罗念生译,第 205 – 206 页,上海人民出版社,2016。

就像高纳里尔和里根无心中互相评头品足时所说的:

里根:这是他老年昏悖;可是他向来就是这样喜怒无常的。
高纳里尔:他年轻的时候性子就很暴躁。①

然而他又如此可爱,高傲,粗心大意,对别人的怠慢感觉迟钝:

骑士:……可是照我看起来,他们对待您的礼貌,已经不像往日那样殷勤了……可是当我觉得您受人欺侮的时候,责任所在,我不能闭口不言。
李尔:我近来也觉得他们对我的态度有点儿冷淡,可是我总以为那是我自己多心,不愿断定是他们有意怠慢。我还要仔细观察观察他们的举止。可是我的傻瓜呢?……②

这些细腻的笔触把他描绘得栩栩如生。而当他心中充满恐惧的时候,他竭尽全力来控制他的愤怒:

李尔:拒绝跟我说话!他们有病!他们疲倦了……给我再去向他们要一个好一点的答复来。
葛罗斯特:陛下,您知道公爵的火性……
李尔:国王要跟康华尔说话;亲爱的父亲要跟他的女儿说话,叫她出来见我:你有没有这样告诉他们?我这口气,我这一

---

① 莎士比亚:《李尔王》,《莎士比亚全集7》(纪念版),朱生豪译,第137页,人民文学出版社,2014。
② 莎士比亚:《李尔王》,《莎士比亚全集7》(纪念版),朱生豪译,第149页,人民文学出版社,2014。

腔血！哼！火性！火性子的公爵！对那性如烈火的公爵说——不,且慢,也许他真的不大舒服……①

而最惹人喜爱的、最打动人心的,是他的软弱：

李尔：不,你们这两个不孝的妖妇,我要向你们复仇,我要做出一些使全世界惊怖的事情来,虽然我现在还不知道我要怎么做。你们以为我将要哭泣;不,我不愿哭泣,我虽然有充分的哭泣的理由——②

将近尾声时,我们听到了那些赤裸裸的可怜的话：

李尔：我是一个非常愚蠢的傻老头子,活了八十多岁了;不瞒您说,我怕我的头脑有点儿不大健全。③

因此,正如克吕泰涅斯特拉和麦克白夫人形成了鲜明的对照,年迈的王后和年迈的国王也形成了鲜明的对照,赫卡柏是命运的牺牲品,李尔王是他自己的牺牲品。赫卡柏的形象是粗线条的,作者只是泛泛地描写,没有任何细节;李尔王的个人性格未加分析地呈现在我们面前,和其他所有人都不同。李尔王占据了整部悲剧,赫卡柏只占

---

① 莎士比亚：《李尔王》,《莎士比亚全集 7》(纪念版),朱生豪译,第 174 – 175 页,人民文学出版社,2014。

② 莎士比亚：《李尔王》,《莎士比亚全集 7》(纪念版),朱生豪译,第 180 页,人民文学出版社,2014。

③ 莎士比亚：《李尔王》,《莎士比亚全集 7》(纪念版),朱生豪译,第 228 页,人民文学出版社,2014。

据了一部分。我们不需要去问她代表的是什么，我们的目光越过她看到了更远处的东西：她的痛苦和她的死亡把我们带向那永远也不会有任何人能理解的东西，这正是埃阿斯无辜地被逼上死路的时候看到的东西：

> 过去这些年里发生的离奇的怪事
> 使我们对已知的事情也有点茫然。
> 庄严的誓言，钢铁般的决心，都开始动摇，
> 没有人可以确定地说，这不可能。

  一座希腊的神庙使人感觉到大海、天空和群山的辽阔与奇美壮丽，但要不是有神庙洁白闪亮的大理石相映衬的话，人们不会特别注意到神庙周围的这些景物；同样，一部希腊悲剧通过一个伟大的灵魂忍受的苦难，简单而又有力地将我们周围异乎寻常的事物摆到了我们面前，这是我们平时没有注意到的，然而却充斥着我们的生活的黑暗现实，我们知道了人类的无奈和痛苦的神秘意义都尽在其中。

  但是简单地刻画和刻画得不充分并不是一回事。的确，简单地刻画出来的人物形象几乎从来都不具有鲜明的个性，可是希腊的悲剧却最完美地体现了如何通过简单的刻画使人物具有鲜明的个性。希腊戏剧中的人物都具有鲜明的个性。无论从哪方面来看，赫卡柏和克吕泰涅斯特拉都各有各的特点；她们两个人都有自己的方式来面对命中注定的事情。如果我们把她们的处境对换一下的话，赫卡柏绝不会为自己的女儿报仇而杀死自己的丈夫；如果克吕泰涅斯特拉处在赫卡柏的位置上，希腊的士兵可能会发现完成他们的任务没那么容易。她们的形象被简单化了，其中省却了不少东西；然而使她们成其为鲜活的生命的那些东西一点也未曾缺漏，她们每个人都是

独特的，绝不雷同。一位艺术家可以只勾画出一个面庞的轮廓，这个轮廓却能够和一幅描画得细致入微的画像起到相同的效果，希腊的悲剧家们在将人物简单化的同时也能够使他们具有鲜明的个性。

有一个关键的问题是我们必须强调的，因为人们通常都认为希腊戏剧中的人物其实不是具体的人物，而只不过是某个典型人物，是人性的抽象化。实际上事实并非如此，从理论上来说事实也不可能如此。有一个实际的例子比克吕泰涅斯特拉和赫卡柏都更有说服力，那就是希腊三位悲剧家都描写过的人物厄勒克特拉。这三位悲剧家都曾经把厄勒克特拉作为主要的剧中人物来描写，但他们笔下的厄勒克特拉却是完全不同的。厄勒克特拉是克吕泰涅斯特拉的女儿，父亲死后她仍旧住在宫中，她只有一个愿望，那就是她的弟弟会从他流亡的地方回来为他们的父亲报仇。三部戏的开始都是一样的，当奥瑞斯忒斯回来找到厄勒克特拉的时候，她的生活非常悲惨，她拒绝向杀害父亲的人妥协，因此受尽了他们的侮辱和虐待。

在埃斯库罗斯的剧中，厄勒克特拉上场的时候，手里拿着要送到父亲坟前的祭品，她母亲做了一个可怕的梦，因此才派她把这些祭品送到她父亲的坟上。她的开场白是对歌队中忠于她的那些仆妇们说的，她的话表现出了她的困惑和疑虑：

> 女人们，你们把我家管理得有条有理，
> 请给我出个主意，
> 这些悲伤的祭品——当我把它们洒向墓前的时候，
> 告诉我，我该说些什么？
> 我说些什么祝福的话，怎样念那些祷词？
> 说我带来的这些东西，是一个满腔深情的妻子
> 祭献给她深爱的丈夫的礼物——可这是我母亲送来的？

不能这么说——我没有这个勇气说这样的谎言。那说什么？快告诉我。
我是否应该含辱不语，如他死时那样，
把这些祭品洒向大地？

歌队催促她祈祷那"要一命抵一命的人快些到来"，可是她畏缩了：

要我向神明祈祷，祈求这样的礼物
这样做是否合乎正义？

当歌队告诉她这正是她的责任的时候，她开始祈祷，可是却仍旧用的是含混的词句。她不能要求她的弟弟回来向她母亲寻仇：

父亲啊，可怜我，还有奥瑞斯忒斯
我祈祷，愿他回来的时候带来好运。
我——愿我有比我的母亲
更纯洁的心灵，更洁净的双手。
而父亲啊，你的敌人们，
愿他们罪责难逃，杀人偿命。

这就是她能说的最激烈的话了。她没有对她母亲情绪激昂的控诉，没有呼喊着复仇。她不是情绪激昂的，而是非常安静、自制地忍受着她的悲伤，但是当奥瑞斯忒斯回来，等她认出他之后，她却非常急迫、热情、充满爱心。她对他说：

> 我的欢乐,我的四个最爱的人,父亲、母亲、姐姐,
> 如此可怜地被人杀死——我的弟弟,值得信赖,值得尊敬
> 你一个人,就等于他们所有的人。

在后面的对话之中,当歌队高兴地说他们将在谋杀者死后发出胜利的欢呼,奥瑞斯忒斯说道:

> 让我来结束她的生命,然后让我也死去。

她只希望杀死她父亲的人们在一个荒僻的地方被人杀死。她最后祈祷说最好不用凡人动手,由宙斯亲自惩罚那些谋杀者。然后她的戏就演完了。从头到尾,她都没有谈及她弟弟杀死她母亲的事,她也没有参与此事。埃斯库罗斯笔下的厄勒克特拉不可能参与这样的事情。

索福克勒斯笔下的厄勒克特拉与此截然不同。她对她经受过的每一件罪恶都充满了憎恶。她对歌队说,她在她父亲的王宫中就像一个仆女:

> 穿下等的衣服,吃奴隶的饭食,

受到了"那个女人",也就是她的母亲,还有那个"卑鄙的懦夫",她母亲的情人的奚落和侮辱。当她的妹妹告诉她,等奥瑞斯忒斯回来之后,他们将要把她囚禁在一个地牢里,这时候她哭喊道:

> 假如只是这样,我但愿他赶快回来
> 我就可以离你们远远的,你们每一个人。

她的母亲总是责骂她、侮辱她,说她心里只想着她的父亲,从来没有想过她父亲杀死的姐姐,她反驳道:

> 你就骂我不忠,蛮横,无法无天,
> 如果我是这样子,那么请记住
> 我正是你的女儿。

但是她的心中也时常感到痛苦。这出悲剧开始的时候她祈祷道:

> 快让我的弟弟回来吧,因为我
> 再也没有力量独自承受如此深重的苦难——

甚至歌队也对她稍有责备,他们觉得她"消沉的灵魂"必然"总是导致她左右为难",她回答道:

> 我知道我的情绪,但我无法控制自己——
> 你们的责备使我感到羞愧。

当奥瑞斯忒斯来到她的身边而他们彼此还没有认出来的时候,听到他温和的话语,她说:

> 要知道,你是第一个怜悯我的人。

但是当奥瑞斯忒斯进去刺杀他们的母亲的时候,当她听到了一

声尖叫:

> 我被打倒了——这沉重的一击。

这时候,她对他喊道:

> 如果你还有力气,再给她沉重的一击!

奥瑞斯忒斯杀死了他的母亲之后走了出来,她向他欢呼道:

> 这个罪人终于死了——死了……

最后当她母亲的情人在祈求他们饶命的时候,她催促她弟弟说:

> 不——快杀死他,把他的尸体扔得远远的,
> 扔到我们看不见的地方,去喂狗,去喂猛禽。

这是她最后的几句话。

欧里庇得斯笔下的厄勒克特拉和另外两者都不同。在欧里庇得斯的剧中,厄勒克特拉被嫁给了一个农夫,这样她的孩子就再也不可能对克吕泰涅斯特拉和埃癸斯托斯构成威胁了。她的开场白是当他们一起从草舍中出来的时候她对她的丈夫说的。她的话中充满了柔情和感激:

> 啊,朋友,我的朋友,如同神明成了我的朋友,
> 只有你没有嘲笑我的眼泪。

生活少有如此艰辛,这么多的恐惧
这么多的耻辱,受伤的心灵总是能找到
能抚平伤口的双手,我痛苦的心灵
才找到了你。

他告诉她说不要这么辛勤地为他工作:

你的体质如此柔弱——

但是她的回答却是性情最大方的人才能有的回答:

不让我
和你共同辛勤劳作?
你又要种地,又要养牛。
我理应把家里安排得舒舒服服。

可是当他离开之后,她才对自己说出了她内心的真实感受:

快些迈动这劳累的步伐,
快些过去吧,这一年一年的时光;
快含着眼泪向前,
啊,死去的人们多么幸福!
让我记住:我是阿伽门农的女儿,
我的母亲是克吕泰涅斯特拉,邪恶的王后……
我的名字叫作厄勒克特拉……神明知道我的耻辱。
啊,干活,干活是多么劳累

生活又是多么艰苦。

她不能忍受农民生活的肮脏贫穷和无尽的劳苦,她毕竟曾经是一位公主。当奥瑞斯忒斯回来告诉她,她的弟弟派他来看看她生活状况如何,她说话的时候充满了激情。她说,如果他回来,她将和他一起去杀死她的母亲:

> 对——用杀死我父亲的那把斧子。
> 让我杀死我的母亲,然后快乐地死去——

然后她倾诉了她无尽的苦难、耻辱和仇恨:

> 告诉他这灰尘和烟雾咽住了我的呼吸;
> 这低矮的房屋使我只能弯着身躯,
> 你看这衣衫——我只能一针一线自己缝补
> 要不就只能赤身露体……
>   啊,她——她!
> 她的王位周围闪烁着特洛伊的战利品,
> 左右手侍立着我父亲从东方俘虏来的王后,
> 还有东方的绫罗绸缎,无数的黄金。
> 而就在王宫的地板上还流淌着鲜血,
> 凝固成黑色的斑斑血迹,如同石头上
> 霉烂的污渍。

当奥瑞斯忒斯向她说明了自己的身份之后,她毫不犹豫地和他一起去刺杀他们的母亲。当奥瑞斯忒斯看到克吕泰涅斯特拉从远处

走来的时候,他不禁想起来:

我的母亲来了,我的母亲,我的亲生母亲。

厄勒克特拉却兴奋不已:

真是自投罗网!
啊,她走过来了——

然后她看到她母亲身穿的那柔软的描金掐银、绣着美丽图案的东方服饰,再看她身上那粗鄙褴褛的衣服,这无时不在的痛苦再一次刺痛了她。她说:

她身上珠光闪烁——

奥瑞斯忒斯心里却只想着一件事:

奥瑞斯忒斯:我们把我们的母亲怎么办?你是说杀了她?
厄勒克特拉:什么?怜悯?你怜悯她?
奥瑞斯忒斯:她曾经哺育了我。
　　　　我怎么能杀她?
厄勒克特拉:就像她杀我们的父亲那样杀死她!

当她的母亲走过来的时候,她和他一起走进屋子里面,以便能在他杀死她母亲的时候助上一臂之力,她表现得毫不犹豫,头脑中没有任何其他的念头阻止她的行动。但当所有的一切结束的时候,她的弟弟和妹妹走进来的时候,她所有的激情都消失了。她被吓坏了,但她是为奥瑞斯忒斯担心,而不是为她自己。她想承担所有的罪责,而为她的弟弟开脱,她就像第一幕的时候她对她的农民丈夫那样表现出热情和大方:

> 弟弟,这都是我的责任——
> 我是她膝下的儿女——
> 我称她为"母亲"。
> 我的罪恶天地难容。
> 我内心中曾经渴求爱——
> 可谁愿意再吻我的额头,
> 谁会不怕烙在上面的印迹?

奥瑞斯忒斯叫道,所有的事情都是他做的:

> 我把剑高举过额头:
> 我蒙着眼睛刺出一剑
> 就像人们刺向祭祀的牺牲
> 那一剑正中她的喉头。

但是她愿意承担一切罪责,因为她曾经出谋划策,并鼓动奥瑞斯忒斯去行动:

> 我给了你暗号,要你动手
> 我的手还亲自拿过那把剑。

然后她跪下去,伏在尸体上面:

　　她——我从前深爱过,
　　她——我也痛恨过——

　　除了向她弟弟道别之外,这是她最后的话。
　　除了境遇相同之外,这三个女人没有任何相同之处。埃斯库罗斯笔下的厄勒克特拉温柔、充满了爱心和责任感,在古代社会中最为重要的责任感迫使她违背自己的本性去为父报仇;但她不但自己不能亲自去做这件事情,甚至也不能坦然地看着她的弟弟去做这件事情。
　　索福克勒斯笔下的厄勒克特拉却是一个饱受艰辛、严厉、强悍的女人,她活着的目的只有一个,那就是复仇。她非常果敢,无所畏惧,从来不屈服于任何对她有绝对控制权的人;她决定如果奥瑞斯忒斯不回来的话,她自己就要独立去刺杀她的杀父仇人,虽死而不辞;她在杀死她母亲之前没有丝毫的犹豫,在她母亲死去的时候也没有任何的悔恨之意;然而她却也不时地表现出一种哀伤之情。
　　迄今为止,人们研究得最仔细的是欧里庇得斯笔下的厄勒克特拉。欧里庇得斯也把厄勒克特拉描写成一个备受艰辛的女人,但是她受到的那些轻微的侮辱和深重的仇恨一样沉重地压在她的心头。她不但憎恨她的杀父仇人,也一样憎恨她的贫穷、她肮脏的草舍和她褴褛的衣衫。她像索福克勒斯描写的厄勒克特拉一样坚定地认为她的母亲应该去死,她还亲自参与了谋杀,这是索福克勒斯笔下的厄勒克特拉没有做的,但是她的母亲最终被刺死之后,她马上对自己充满了厌恶和责备,最后,她伏在她母亲的尸体上面,想起来她曾经爱过她。

这三个厄勒克特拉中的任何一个都和另外两个截然不同,但是她们的形象在作者的笔下都一样鲜明。她们都没有什么复杂的、值得怀疑分析的地方。她们就站在那里,刻画得清晰,每一个都是活生生的人,她们都忍受着无尽的苦难,并通过她们痛苦的激情给我们带来快感,但是她们都很简单、直接、容易理解,是"微言大义"的绝好的例子。我们注意的焦点被吸引到了另外的地方,去思考一个范围更为广阔的东西,而不是拘泥于复杂的内心中的冲突。

如果希腊悲剧关注的中心是典型人物,是没有生命的人性的代表,这三个厄勒克特拉在本质上也没有什么区别——一个女人,任何女人,心中燃烧着复仇的火焰——如果真的是这样的话,那么这样的悲剧就不再成其为悲剧。典型人物的说法在理论上不堪一击,在现实中也根本不存在。悲剧不可能发生在一个典型人物身上。除了在想象中,根本就没有典型的痛苦这回事,那个苍白的形象是哲学家而不是艺术家创造出来的。痛苦是这个世界上最具有个人色彩的东西。的确,痛苦是人们之间互相联系的一个纽带,但只有当痛苦结束之后人们才会意识到这一点。人们只能独自忍受痛苦;当你眼睁睁地看着另外一个人忍受痛苦时,你就知道有多厚的一道屏障将你和他隔绝开来。只有单个的人才能够感觉到痛苦,也只有单个的人才能够成为悲剧人物。希腊戏剧中的人物首先通过伟大的灵魂表明痛苦是什么,然后才让我们产生怜悯和畏惧。情感不是通过理智的抽象产生出来的,可是赫卡柏永远都会使我们受到感动,使我们精神振奋。悲剧是属于诗歌领域的,而诗歌和典型人物毫无关系。

典型人物是属于喜剧的,那种理智型的、讽刺的、斗智的喜剧。我们根据一部喜剧是否是理智型的来判断它是倾向于典型人物还是倾向于个人。现代艺术倾向于典型人物,关注的中心是眼睛能看到、头脑能意识到的东西,这在法国戏剧中最为明显。个人化的倾向和专注于每个人深深的孤独的生活的戏剧在英国戏剧中最为明显。法国戏剧关心的是事情是怎样的；英国戏剧关心的是事情意味着什么。英国人是现代世界中杰出的诗人，而法国人是杰出的知识分子。

莫里哀的喜剧中的中心人物是一个典型人物，只是稍有个性而已。答尔丢夫不是一个个别的伪君子，他是所有伪君子的典型。答尔丢夫的创作者不仅用最真实的笔触描写他的虚伪，使他的这种罪恶品质永远都清晰可见，而且同时还加重了他的色彩——用法语来说就是 l'exagération juste（合理的夸张）——答尔丢夫就是伪君子的化身。他是一个伟大的艺术形象，而不是一个活生生的人。像莫里哀笔下其他所有的人物形象一样，他活动在舞台上，而不是在现实生活之中。人们通常都同意把莫里哀叫作滑稽诗人，其实我们完全不能称他为诗人，除非我们在用这个词来指称所有具有创造性的天才的时候。他充满机智、诙谐、讽刺的喜剧是像水晶一样清晰的思想的产物，和疯子、热恋中的人以及诗人正是两个极端的产物。但对莎士比亚这样的诗人来说，典型人物却没有任何意义。他笔下的人物都是生活中的人物，人们从来不会认为他们只活跃在舞台上。福斯塔夫悠闲地坐在他的小酒馆中；他走在伦敦的大街上；他活动的背景永远都是生活，我们完全无法想象他只活在舞台上。难道我们想到波顿等人的时候，我们联想到的是舞台和电弧灯光吗？森林绿地才是他们的舞台，山楂丛才是他们的化妆室，如流水一般明澈的月光才是他们的舞台灯光。我们一想到贝特丽斯和培尼狄克就会想到果园，就像我们一想到阿尔赛斯特和色里曼纳就觉得自己坐在舞台的脚灯下面一样。

精神关注的对象是生活，是个人。从生活中抽象出来的东西是类型、是典型人物、是理智关注的对象。希腊人对这两者同样关注。他们想知道事物是什么，也想知道事物意味着什么。他们不会顾及个人而忘了典型,也不会顾及典型而忘了个人,他们既不会忘了答尔丢夫的不变的真理,也不会忘了福斯塔夫的生活现实。我们最熟悉的从古典时代传下来的名言是一个罗马人说的,但他说的却是一个纯粹希腊的概念,是希腊伟大的哲学家们的基本想法:"我是人,因此和人有关的任何事情都不会让我觉得奇怪。"

在希腊的悲剧中,我们看到的人物都是从很远的地方看到的,他们属于无始无终的一个整体的一部分,然而由于某种奇特的方式,他们的遥不可及并没有使他们的悲剧性和个人魅力有丝毫的减弱。他们充满激情地忍受着巨大的悲痛,因此他们的生命也是充满激情的伟大的生命。

另外只有一部经典作品能够帮助我们理解这种方法,那就是有关基督生活的著作。这是最大的悲剧,但这个悲剧是希腊式的。基督的形象是一个非常简单的形象,但是我们绝对不会把他想象成一个典型人物。莎士比亚的悲剧之所以感人至深,是因为他把剧中的人物刻画得如此清晰,我们可以看到人类灵魂的最深处,要知道,我们甚至不能看到我们最亲近的、最深爱的人的灵魂最深处。其结果是,我们把自己和剧中人物等同起来;我们在一定的程度上变成了哈姆雷特和李尔王。希腊的戏剧不是这样打动我们的,《福音书》也不是因为这个感动我们。《福音书》的作者只记录话语是怎么说的和行迹是怎么做的,从来不告诉我们言行者的心理是怎样的。例如,"彼得说,你这个人,我不晓得你说的是什么,正说话间,鸡就叫了。主转过身来,看彼得"。

我们在看《福音书》的时候产生的悲剧情感并不是由于我们将自己和基督等同起来,也不是由于我们对他本人有很深的了解。我们看到的基督的形象比任何其他的人物形象都要简单,他的个性也是我们能见到的最鲜明的人物个性。他站在人类的善恶冲突的大舞台上，我们则站在一个遥远的地方；我们只能观望着。他的痛苦完全是另一种痛苦。但是，没有任何其他一种景象能够在人类的心中产生如此深深的怜悯和敬畏。希腊的悲剧家们就是用与此类似的方式产生作用的。

只有当理智和精神相互平衡的时候，人类才有可能取得这样的成就。理智把事物简单化，因为它把所有的事物都看成是互相联系的，任何一件事物都是整体的一部分，就像《福音书》故事中的基督是人神之间的居间人。而精神将事物个性化。基督作为人子的形象是如此鲜明，世世代代以来不计其数的人，不分国家、种族和语言，都同他一起忍受着苦难，并通过他理解人生，他的形象也是精神的创造物。

所以希腊戏剧中的人物也是希腊的理智和精神平衡的结果，某个个人展现了整个人类都共有的人性，而这种共有的人性也在一个人身上体现出来。希腊的理智在看待一件事物的时候从来不只从它本身来看，也不只为它本身来看，他们总是把这件事物看成一个更大的整体的一部分，希腊精神在每一件独立的事物中都看到了美和它的意义，希腊的理智和精神共同创造了希腊的悲剧，就像它们共同创造了希腊的雕塑和希腊的建筑。希腊的悲剧、雕塑和建筑都是完全属于个体的、简单的，但又因为它们属于某个整体的一部分，从而显现出了它们的重要性，它们是希腊的理想的杰出的范例。"美是绝对的、简单的、不朽的……是个体在总体中的闪亮。"

古希腊曙光女神

第十七章
现代世界的方式

现代科学和希腊时代的科学不一样,它只注重理性,
精神并没有进入这个领域。
至于我们的艺术和我们的文学,
我们从中感觉不到任何确定的东西。

最后分析起来，个体和总体之间的平衡其实是精神和理智之间的平衡。希腊取得的所有成就都带有这种平衡的印记。从某种意义上说，就是因为有了这种平衡，他们才取得了那样辉煌的成就。希腊之所以才人辈出，正是由于澄明的思想的力量加上伟大的精神力量所产生的巨大的推动力。这种结合使希腊的神庙、雕塑、文字都用简单的形式表现出伟大的内容。他们结构简洁的神庙、他们融合了现实和理想的雕塑、他们和思想有着紧密的联系的诗歌、他们将探索精神和诗歌精神联珠合璧而成的悲剧，所有的这一切都是如此。它使得雅典人成为事实和美的热爱者；它使得他们在留给我们的科学、哲学、宗教和艺术中能够同时紧紧地把握可见的事物和不可见的事物。

但自希腊之后，就很少有人再到达过这种平衡。西方世界既没有全然走上精神的道路，也没有全然走上理智的道路，而是在两者之间摇摆不定，时而坚持这条道路，时而又坚持那条道路，从来没有最终放弃任何一方，然而也没有能力将两者协调起来。

当希腊城邦消失以后，在随后而来的迷茫和危难之中，人们从理智的、可见的世界转向了禁欲主义和那不可动摇的、精神世界的坚实堡垒之中。同样,在耶稣诞生之后最初的几个世纪中,教会也由于贫穷、弱小和被迫害而倾向于尽力逃离这可见的世界。这个时候出现了沙漠隐士,也出现了居住在柱顶上的圣人;他们以自我折磨和自我残伤为乐事。可见的事物不仅逐渐被人们看成是可以忽视的,甚至是罪恶的,它使人们完全脱离对不可见的事物的思考。后来出现了较大规模的僧侣阶层,这种极端倾向才得到遏制。知识和艺术取得了一席之地,苦行受到了约束,但是中世纪时代的美好的上层建筑背后的那种苦难的后果像任何苦难造成的后果一样,人们全力去应付生活的苦难,而全然不知道思想自由为何物,就像希腊从来不曾存在过一样。文艺复兴运动的开始以及希腊的重新被发现又使这个大钟摆摆到了另一个极端。在意大利的城市中已经完全看不到极端悲惨的景象了。人们开始快乐地生活,并且开始运用他们的理智来进行思考。他们需要自由去思考、去热爱生活和人世之美,但是到了后来,他们同样也认为不可见的事物都是可以忽视的,他们的成就也是以道德和伦理的丧失为代价换来的。宗教改革运动同时强调道德和人们为自己思考的权利,但是他们拒绝了美和享受的权利。这个大钟摆的最后一次摆动是在十九世纪后期,人们为科学真理而战的时候,科学获得了胜利,而宗教、艺术和精神的呼声却都被轻视或者抛弃了。

　　自从希腊时代之后,人类就没能在整体上维持这种平衡;甚至仅仅是在某一个领域内也只是偶然达到这种平衡。然而在整个历史中,一旦在某个方面或者某一时刻达到了这种平衡,尽管非常有局限性,都产生了伟大并对后世产生影响的东西。当罗马立法者中最睿智的一位认为不考虑任何例外、不顾及个别的差异而实行绝对公正的法律会导致绝对的不公正,他就等于在宣布在这件事情上罗马实际上已经意识到了特殊和普遍之间的关系,意识到了个人要求和大多数人的要求之间的关系,意识到了人们的同情和理智之间的关系。在这个领域罗马达到了希腊人在他们涉及的每个领域都达到的那种平衡,于是罗马的法律为世界设立了榜样。

我们唯一能较为清晰地看见的是,我们今天在努力争取获得的平衡在某种程度上有点像罗马取得的那种平衡。我们意识到的精神和理智之间主要的对立是个人和群体之间的对立。我们最大的成就,也就是我们这个时代的标志是科学,但是现代科学和希腊时代的科学不一样,它只注重理性,在这个领域内,规律和例外、个体和一般之间的平衡只是理智这个层面上的平衡。精神并没有进入这个领域。至于我们的艺术和我们的文学,我们从中感觉不到任何确定的东西。追求个性的潮流在莎士比亚和文艺复兴时期的画家那里达到了高潮;从那以后,没有任何东西达到过当时的水平,但是个人一直是我们的艺术关注的焦点。

现在,我们好像可以看到一种开始背离这种极端个人化的倾向,但是这次运动离我们太近了,因此我们不可能知道它是否真的具有什么重要意义,也不能预测它对未来会产生什么影响。如果我们真的能够达到我们越来越清晰地看到的这种平衡,那么这将是一个新的平衡,因为我们正将我们的主要精力花费在新的社会和经济领域,而且更重要的是因为我们对于个人有了前所未有的知识和全新的观察角度。

一千九百年来,西方一直在试图理解特殊和普遍之间的相互关系。我们曾经受教于有史以来最著名的个人主义者,他宣称人头上的每根头发都是有编号的。这种极端的个人主义精神塑造了我们的精神,而且也给我们带来了人类历史上从未有过的新问题,同时它也打破了我们一度获得的思想上的平静和统一性,而带来了思想上的困扰和尖锐的冲突。不是由于人们的贪婪,也不是由于他们的野心,也不是由于他们的机器,甚至也不是由于他们旧时代的印记遭到清除,我们当今的世界才充满了混乱和纷争,真正的原因是我们对个人要求以及总体要求之间的那种平衡有了新的观点。

事情在古代要简单得多,因为在与总体利益冲突的时候,根本就不存在个人权利,任何公共利益都可能要求个人献出他们的生命,甚至为了获得更好的收成,就要用他们的鲜血去肥沃土地。然后,人类有史以来最为震撼的观念萌生了,那就是——人人都有权利。人们开始对父权、君权、奴隶主的权威这些有史始以来从未有人怀疑过的事情产生了怀疑。原来清楚、简单的东西变得纷繁复杂了。个体的观念出现了,于是没有任何东西再是清楚、简单的了;正义和非正义之间再也没有明显的界限。虽然我们仍是偶尔、隐约地,但已经比以前明确、清楚地看到为了大多数人的利益而牺牲自己的那些人——那些煤矿工人、那些死因牢里的罪犯。反对为公众利益牺牲个人的呼声到处可闻。

在意识到一个整体中单个的部分的同时,我们过多地意识到了我们自己。我们背上了一种过度认识的重担。倒不是说我们可以太过清楚地看到每一个人的对与错,而是我们过分深刻地感觉自己,最后却发现只对某个个人才有意义的东西其实根本没有任何真正的意义。

希腊科学家在他们所生活的那一两个世纪里重新塑造了整个宇宙。他们通过一种本能抓住了真理,他们看到由许多相互关联的部分组成的整体,而且在他们的宽阔的视野里,充满混乱和魔法的旧世界消失了,取而代之的是一个井然有序的世界。他们能仔细研究的仍然只是局部,但是,从那时候起,科学经过多少人无量的劳动证实了他们对整体的直觉认识。希腊的艺术家发现的是混乱无序的人类世界,一个由不相关的、毫无秩序的部分组成的复杂的混合体,但他们同样也有部分属于整体的直觉。他们看到了对于一个人来说永远重要的价值并通过这个把他和其他人联系起来。

我们无法再重新把握希腊人的观点;他们那种简单而直接的方法不适合我们。时间的巨轮从来不向后转动,不过也幸好如此。希腊之后的这么多世纪以来,个体的概念已经深深扎根于人们的心中,永远不会消失。但是现代科学因为对个别的事实积累了更多的知识,所以看到了希腊人所无法企及的、更具概括性的真理。如果我们能够利用这个办法,通过我们对自己的充分的认识和所有人结成一个整体,像过去的那些悲剧大师们那样看到事物的深层,认识到我们自己最重要的东西也就是我们所有人都共同拥有的东西,那么天平上的砝码就会重新得到调整,我们也就同样能够达到希腊的黄金时代所达到的那种高度平衡的状态。要实现我们努力想达到,却不知如何去达到,也并不确定一定能达到的这个目标,只有一个办法:在这个世界中,应该没有任何人会在他不情愿的情况下牺牲自己。集体的利益,也就是人类的理智,与对每一个人的情感,也就是人类的精神和心灵,二者应该协调起来。

圣保罗说:"对我们来说,战争不是为了杀人流血,而是为了对抗霸权和暴力。"那些使人们势不两立、使家族相争、使兄弟反目的最残酷的斗争从来不是为了皇帝和国王,而是为了用真理的一方面压倒另一种方面。虽然如此,我们当前的斗争再一次证明,我们的心中有某种东西使我们不能安于接受被分割开来的真理。虽然自希腊之后西方世界一直都存在理智和精神之间的冲突,从来没有把握好人性的这两个方面,但是我们也不可能把我们自己全部交给其中一个,而将另一个从我们的意识中完全除去。每一代人都尽力将精神的真理和理智的真理协调起来,并借此使内心世界的图画适合于这变动不居的外在世界的画框。单独对每一代人来说，这似乎都是不可能的；他们或者选择了图画，或者选择了画框，二者始终一去一存，但是为获得这种平衡的斗争从来没有停息过，因为我们的本性就要获得这种平衡。

东方人能够舍弃画框从而放弃斗争。可是我们西方人是理智的仆从，我们不可能那样做。曾经有几段不长的时间，我们觉得可以舍弃图画，但是这种对人人都熟知的事物的否定从来都是片面的，持续的时间也都不长。我们目前努力寻求的平衡对我们来说不仅看上去比以前任何时候都要困难得多，而且实际上也确实要困难得多，因为我们意识到了更多的东西，我们觉得值得去思考人类在过去取得的那些平衡。在所有的平衡之中，希腊人获得的是最完全的平衡。希腊人没有将外在世界抽象、淡化而专顾内心世界的呼声；他们也从来没有拒绝精神而偏爱其物化的形体。对他们来说，图画和画框是契合的；可见的事物和不可见的事物获得了和谐。

在一百年的时间里，在雅典，一直处于交战状态的人们的思想和强大精神力量和谐并流：战争与和平、法律和自由、真理和宗教、美和善、主观和客观并存——它们之间永恒的战争有了一段休战的时期，然后就产生了这种平衡和明净，和谐与完整，这也成了希腊这个词所代表的意思。他们看到了真理相悖的两方面，而他们却不让任何一面占据主导地位，在希腊艺术中缺乏斗争，而有一种协和的力量，一种平静、安宁的东西，一种这个世界上还没有再次出现的东西。

（全文完）

译后记

九六年的时候,我想读点儿希腊和关于希腊的书,就去向我的师友陈嘉映先生请教。他从书柜的一个角落里拿出一本旧得发黄、带着一股霉味儿的小书,推荐给我,说这是他非常喜欢的一本书,过几年便要拿出来读一读。我拿过来一翻,纸有些发脆,书脊也一下裂开了,便笑着说,不是古希腊人印的吧。

书虽然旧了,但是作者的观点却并不过时。读完第一章,便觉得非常喜欢。作者独到的观点和优美的语言读了让人心潮涌动。读完之后,觉得理解得不够透彻,就想到把它翻译一遍,这样一则可以加深理解,二则也可以算得上是一种锻炼,还可以仔细地欣赏作者带有希腊风格的优美的文风。当时的想法不过是自己译着玩儿,没有想到拿来出版,所以译得不很仔细,遇到难的地方就跳过去了,这样也直到1997年10月才译完,之后就放在那里,没有再去理会。后来和朋友于奇聊天的时候说起这本书,她问我是否想出版。想了想,觉得我的译笔虽然粗糙,但不读原文的读者大体上还是可以通过我这粗糙的译文体会到作者深邃的洞察力和不同寻常的思维,也许还能多少领略到作者那种希腊式的思想情绪和那种希腊式的优雅、清晰、简洁、热情的笔触。于是又重新校译,把没有翻译的地方补上,一些引文找来名家的译文,一时找不到的,就不揣鄙陋,自行译出。书中的人名和地名多依通用的译名,有几个无处可查的,只好自己音译,以后查到,再行改正。

校译过程中曾经参考了徐齐平先生的译本，在此表示感谢。不少章节承陈嘉映先生阅过，指出了一些错误，在此一并致谢。对这些年来一直关心、帮助我的朋友，我也想把这部译作当作一次作业交上去。另外，也把它算是对在北大蔚秀园一段日子的纪念。译者才疏学浅，译得不对或不妥之处在所难免，希望读者不吝指正。

本书依1942年美国W. W. Norton公司出版的版本译出。

2001年3月29日于北京垂杨柳

时间过得真快，转眼之间，这已经是十年前的旧译了。这次趁华夏出版社再版，重新校译了全书，改正了一些错误，部分译文也作了一些改动。感谢在此过程中给予我帮助的所有朋友。

2008年3月29日于北京西二旗

再一转眼，又快十年过去了，令人高兴的是这本书还有人读，所以趁这次再版，据W. W. Norton 1958年的版本，增补了原序，又改动了一些句子，修正了很多误译的地方。多谢Puck帮着校译全书，指出我翻译中的错误。

2017年2月21日

作者简介

依迪丝·汉密尔顿(Edith Hamilton),教育家、作家和历史学家,1867年8月12日生于德国的德累斯顿,在美国印第安纳州长大,父母是美国人。7岁的时候,她开始从父亲学习拉丁文,不久又开始学习希腊文、法文和德文。1894年毕业于费城附近的Bryn Mawr学院,获硕士学位。翌年,她和姐姐Alice去德国求学,成为慕尼黑大学和莱布尼茨大学最早的一批女学生。

1896年,汉密尔顿回到美国,任教于马里兰州巴尔的摩城的Bryn Mawr预备学校,一直在那里工作了26年。1922年退休之后,她开始写一些关于希腊戏剧方面的论文。1930年,她63岁的时候,这本《希腊精神》出版,在评论界和读者群中都获得了广泛的好评。该书后来再版多次,成了一本久盛不衰的书。之后,汉密尔顿又相继出版了《以色列先知》《罗马精神》《真理的见证》《神话》《希腊文学的伟大时代》《希腊的回响》等著作,并有《希腊戏剧三种》等译作。

1957年,汉密尔顿去了希腊,获得了雅典荣誉公民的称号,并在雅典卫城观看了她翻译的一部戏剧的演出,这个时候她已经是90岁高龄了。汉密尔顿获得过许多荣誉和奖励,并被选入美国文学艺术研究院。

图书在版编目（CIP）数据

希腊精神/(美)依迪丝·汉密尔顿(Edith Hamilton)著；葛海滨译.--修订本.--北京：华夏出版社，2019.1（2022.9 重印）
（汉密尔顿的古典世界）
ISBN 978-7-5080-9542-4

Ⅰ.①希… Ⅱ.①依… ②葛… Ⅲ.①文化史－古希腊 Ⅳ.①K125

中国版本图书馆 CIP 数据核字(2018)第 174627 号

希腊精神（修订本）

作　　者	[美]依迪丝·汉密尔顿
译　　者	葛海滨
责任编辑	王霄翎　刘雨潇
责任印制	刘　洋
出版发行	华夏出版社有限公司
经　　销	新华书店
印　　装	北京汇林印务有限公司
版　　次	2019 年 1 月北京第 2 版 2022 年 9 月北京第 3 次印刷
开　　本	880×1230　1/32
印　　张	10
字　　数	230 千字
定　　价	59.00 元

华夏出版社有限公司
地址：北京市东直门外香河园北里 4 号　邮编：100028
网址：www.hxph.com.cn　电话：(010)64663331(转)
若发现本版图书有印装质量问题，请与我社营销中心联系调换。